我的朋友胡适之

林建刚 著

江苏凤凰文艺出版社
JIANGSU PHOENIX LITERATURE AND
ART PUBLISHING, LTD

图书在版编目（CIP）数据

我的朋友胡适之 / 林建刚著. — 南京：江苏凤凰文艺出版社，2019.1
ISBN 978-7-5594-3048-9

Ⅰ. ①我… Ⅱ. ①林… Ⅲ. ①知识分子－生平事迹－中国－民国 Ⅳ. ①K825.4

中国版本图书馆 CIP 数据核字(2018)第 248039 号

书　　名	我的朋友胡适之
主　　编	林建刚
责任编辑	唐　婧　黄孝阳
出版发行	江苏凤凰文艺出版社
出版社地址	南京市中央路 165 号，邮编：210009
出版社网址	http://www.jswenyi.com
印　　刷	苏州越洋印刷有限公司
开　　本	880×1230 毫米 1/32
印　　张	10.875
字　　数	268 千字
版　　次	2019 年 1 月第 1 版　2019 年 1 月第 1 次印刷
标准书号	ISBN 978-7-5594-3048-9
定　　价	49.80 元

目录

第一辑 政界篇

第二辑 学界篇

第三辑 问题及史料篇

第一辑 政界篇

朋友乎，敌人乎？

——胡适与吴景超

同胡适一样，吴景超也是安徽人。二十世纪上半叶，两人交往密切，而到了二十世纪下半叶，两人则由朋友变成了敌人。吴景超的学术成就与人生事功，就像他跟胡适的关系：“起了个大早，赶了个晚集。”

一

在清华学堂读书时，吴景超就跟胡适有了来往。1923 年 4 月 8 日，胡适在日记中写道：

> 清华学校学生吴景超（歙县人）来谈。他问求学与作文之法，我说，只有“小题大做”四字，切不可“大题小做”。①

这种“小题大做”的治学思路深刻影响了吴景超，他后来的博士论文就是“小题大作”的典范。

同年，吴景超留学美国，在芝加哥大学追随社会学的一代宗师派克，致力于都市社会学的研究。博士论文选题，吴景超研究的是“唐人街”。通过解剖“唐人街”这一麻雀，论文以小见大地阐述了华人在美国都市的生存境遇。当然，“唐人街”这一选题的背

---

① 曹伯言整理.胡适日记全集第四册[M].台北：联经出版有限公司，2004:37.

后，也意味着吴景超的中国情怀。

与当下很多留学生“留而不归”不同，吴景超所处的那个时代，中国留学生极少会有人想到留在国外。他们有着浓厚的家国情怀，他们去西方学到“绝技”，然后将此“绝技”带到古老的中国。他们最终的目标，乃是让这个古老的中华民族走向现代化的自由之路。

这种时代风气的变化不禁让人想起晚年陈衡哲的喟叹，她向女儿任以都感叹道：

> 我们那一代出去留学，都有一个理想，就是学成归国，要为国家、人民尽点心力，做点事。你们这一代却根本对公众的事，没有什么理想，只顾念个学位，找份好差事，这算什么？①

陈衡哲批评她女儿这一代没有公共意识，到了我们这个时代，许多人的姿态似乎更决绝，他们用脚投票一般地选择了“留而不归”，巧妙避开了自己的责任。

学成归国后，吴景超先任金陵大学教授，后任教于清华大学。在清华大学执教期间，吴景超与胡适有了更密切的来往，他成为以胡适为首的自由主义知识分子群中的一员。不过，在许多观点上，两人并不一致。

当时，面对四分五裂的中国，如何达到国家政权的统一是一个问题。胡适希望通过民主宪政的方式来凝聚人心，进而通过和平方式来完成统一。而吴景超则主张通过武力来完成统一。对此，

---

① 张朋园，杨翠华，沈松侨. 任以都先生访问记录[M]. 台北："中央"研究院近代史研究所，1993：120.

两人还有过一场争论。

1934年1月8日，胡适在日记中写道：

作一文论武力统一之不可能，为《独立》八十五号之用。八十四号八十三号有蒋廷黻、吴景超两文，皆主张武力统一，他们都不是有政治作用的，而其效果将有“教猱升木”之患。故我作文辟之。①

争论归争论。自由主义知识分子与左翼知识分子的一个重要区别就在于，自由派似乎更有绅士风范，他们不会因为观念不同而斗得死去活来，他们没有宗派争斗。

虽然胡适与吴景超的主张不同，但是不妨碍他们依旧是好朋友。1935年5月14日，胡适日记中还记有他们同游玉泉山和秘魔崖“甚畅快”。

二

1930年代的中国，面临的最大阴影是日本帝国主义的侵略。当时的中国，很有可能在未来十年完成现代化的民主转型之路，但日本的炮声打断了这一美好进程。在这种情形下，独立评论派知识分子大都走上了“弃学从政”之路。

当时，应蒋介石的邀请，翁文灏打算去行政院工作，并邀请吴景超与之同行。接到这一邀请后，吴景超一度有些犹豫，为此他专门拜访胡适，咨询胡适的意见。1935年12月12日，胡适日记记载：

---

① 曹伯言整理.胡适日记全集第七册[M].台北：联经出版有限公司，2004：10—11.

今天吴景超来，他得咏霓的信，要他去做他的助手，咏霓已允作行政院秘书长。……《独立》社员有三人入政府，虽是为国家尽义务，于《独立》却有大损失。①

胡适非常赏识吴景超，将他视为《独立评论》的台柱子。但在国家危急关头，胡适还是劝吴景超出山。在胡适的劝说下，吴景超最终做出了“弃学从政”的决定。

当然，在劝说吴景超等人出山的同时，胡适是有条件的。胡适希望他们给政府进谏言，充当政府的诤友。1936 年 1 月 21 日，胡适在日记中写道：

写长信给翁咏霓、蒋廷黻、吴景超、顾季高四人，谈国家的危机，分外交与财政两方面。写完时已三点半了。

我希望他们四人莫作“伴食”之官员。我常说，我反对读经，但《孝经》中“天下有诤臣七人，虽无道，不失其天下”一章不可不读也。②

吴景超接受了胡适的建议——弃学从政。1955 年，吴景超在《我与胡适——从朋友到敌人》中写道：

在 1935 年，有几个独立评论社的社员到了蒋反动政府做官，打电报到清华要我去参加工作。从教书改行做官，这

① 曹伯言整理. 胡适日记全集第七册[M]. 台北：联经出版有限公司，2004:279.

② 曹伯言整理. 胡适日记全集第七册[M]. 台北：联经出版有限公司，2004:325.

对我当时是一个很费思索的问题。我踌躇莫决，只好又去请教胡适。他毫不迟疑地劝我到南京去。由于我的不坚定，但也由于他的怂恿，我开始了十年多与蒋反动政权同流合污的生活。这是我生命史中最可痛心的事。①

弃学从政的吴景超，依然写得一手好文章。1937年1月23日，胡适在日记中写道："读吴景超《中国工业问题的检讨》，好得很！"②

通观吴景超在1930年代所写的文章，他给中国指出的现代化之路，即：大力发展工商业，吸引农村富余劳动力前往都市工作，由农民变成市民。而农村农民变少之后，土地集中实现机械化劳作，提高生产效率。需要指出的是，吴景超这一思路的前提，是建立在土地私有制以及公民自由流动基础之上的。

三

做了官的吴景超，依然与胡适来往密切。1938年10月7日，得知胡适出任驻美大使后，吴景超给胡适写了一封长信③，信中写道：

适之先生：

阅报知道你已返抵美国，不日赴任，甚为快慰。我应当向你道贺，并为中美邦交前途贺。

我从去年十月返国以来，先在工矿调整委员会当秘书，

---

① 谢泳. 清华三才子[M]. 北京：东方出版社，2009：187.

② 曹伯言整理. 胡适日记全集第七册[M]. 台北：联经出版有限公司，2004：376.

③ 北京大学图书馆编. 北京大学图书馆藏胡适未刊书信日记[M]. 北京：清华大学出版社，2003：118.

经济部成立之后，又在部中当秘书，工作并无多大趣味，可是地方却走了不少。回国后曾到南京住了一个月，十一月到汉口，今年六月，又由汉来重庆，渐渐地往西跑，不知哪一天才可往东去。这些事都是没有趣味的，现在告诉你一件好消息，就是独立的老朋友，另外还约了一些新人，组织了一个新经济半月刊社（十一月半出创刊号），社员的名单另纸附上。我与之迈、希圣为常务委员，大约编辑的工作，我要负大部分的责任。我从清华中等科起，就当编辑，所以这种工作，我倒喜欢担任。你以后若有文章，请寄回给这个刊物发表，因为我们的刊物，虽以新经济为名，但“经济”一字，不取狭义，采用中国古意，所谓“经济南阳一卧龙”之经济是也。你的文章，在这个刊物中发表，当然是最适宜的。刊物内容，除论文外，还有通信书评之类。近来买外国书，非常困难，以后你看过的外国书，请教（交）馆员寄给我们，以便好写书评。

除社员单上所载，还有实秋、努生、上沅等都在此，公余之暇，谈话的机会，到（倒）是很多的，只是失了谈话的盟主，我们有时真记念你。

业雅近来忽生求学之念，请你替她留意，倘若有什么学校里，可以给中国女子一种奖学金，她愿意得到这种机会。不过她的英文，还不能直接听讲，所以即使有奖学金的机会，她也当自费在美补习英文一年。我们虽然伉俪情深，但我对于她那种求知的欲望，很不愿意打冷她。请你替她留意为托。

此上，即请

客安。

景超

十月七日

通观吴景超此信，主要有三重意思：一来表达朋友的祝福与思念之情，二来希望胡适给《新经济》写稿，三来希望胡适给他的妻子龚业雅留意美国大学的奖学金。

忙于外交事务的胡适没有给吴景超主编的《新经济》写稿，不过，吴景超主持的《新经济》，胡适是看过的。1939 年 3 月 26 日，胡适在日记中记载：

> 第一次看见吴景超诸兄编的《新经济》半月刊。①

此外，吴景超希望胡适帮助自己的妻子龚业雅留学之事，胡适也没有办成。抗战时，吴景超一家与梁实秋住在一处。当时，梁实秋的妻子程季淑留在北平，梁实秋孤身一人，难免寂寞。而吴景超因公务繁忙，经常外出，龚业雅与梁实秋经常在一起畅聊，两人似乎有了一段暧昧的情感经历。当时，应《星期评论》主编刘英士的邀约，梁实秋致力于小品文的写作，后来结集成《雅舍小品》。据说，雅舍中的雅字，就源于龚业雅的名字。不过，这段感情似乎比较短暂，随着程季淑从北平来到重庆，这段情感纠葛也就戛然而止了。

四

到了 1940 年代，因为公务关系，吴景超还曾去美国拜访过胡适。这一时期，胡适日记有几条关于吴景超的记载。1943 年 4 月 28 日，胡适日记中写道：

---

① 曹伯言整理. 胡适日记全集第七册[M]. 台北：联经出版有限公司，2004：639.

吴景超、陈通伯、李卓敏三位从国内飞来，今天来看我，我很高兴。①

当时，吴景超还希望胡适出任中央研究院院长。1944年12月5日，胡适日记中记载：

今天张晓峰(其昀)从华府回来，他来看我，说，他和吴景超闲谈，他主张要把中央研究院脱离政治，恢复学术独立；他们主张要我回去做院长。②

可见，从政的吴景超，依旧不改学人本色，他念兹在兹的还是学术独立。

胡适希望吴景超从政，可以帮助国民政府察纳雅言。但事与愿违，吴景超从政之后，眼看国民政府日益腐败的形势，非常失望。与此同时，他的上级翁文灏有少爷脾气，殊难伺候。抗战胜利之后，吴景超辞去了一切行政职务，再次回到清华，做起了学者。

1948年，吴景超跟胡适有过两次来往。一次是《新路》创办，吴景超来咨询胡适的意见与建议。1948年1月24日，胡适日记记载：

吴景超来谈。他说，钱昌照拿出钱来，请他们办一个刊

---

① 曹伯言整理.胡适日记全集第八册[M].台北:联经出版有限公司,2004:160.

② 曹伯言整理.胡适日记全集第八册[M].台北:联经出版有限公司,2004:202.

> 物。要吴半农主编，景超任社会，刘大中任经济，钱端升任政治，萧乾任文艺。①

另一次则是胡适推荐吴景超，为国民政府的经济善后出谋划策。当时，胡适的老师王云五推行的“金圆券”政策彻底失败。一向在道义上站在国民政府一边的胡适向蒋介石推荐了吴景超、刘大中、蒋硕杰来挽救经济危机。当时，行政院院长是翁文灏。吴景超因抗战时期做过翁文灏的助手，两人有过龃龉，吴景超最终没有听从胡适的建议，依旧留在清华园中。

随着国民党军事的不断失败，在走与留的问题上，自由主义知识分子必须做出选择。抗战时期就对国民党的腐败不满的吴景超，最终选择了留下。决定留下来的吴景超还多次劝说胡适留下。1949 年，胡适给蒋廷黻的信中写道：

> 有一天，陶孟和（没有看过你的信）说，“自由是有闲阶级的奢侈品。”他虽然不是对你的信说的，但此语在今日中国不是没有赞成的人。今日大多数人当然不看重自由，即所谓“少数”智识分子，也不见得有多少人重视自由的价值。我在北平时，亲自听见所谓“前进教授”说的论调与陶孟和说的很相似！（友人中如吴景超此次一定不肯离开北平……）②

---

① 曹伯言整理. 胡适日记全集第八册[M]. 台北：联经出版有限公司，2004：351.

② 邹新明. 哈佛燕京图书馆藏胡适给蒋廷黻的一封信. 胡适研究通讯[J]. 2013 年第 4 期，3—4.

吴景超对未来充满希望。不同于吴景超，胡适毅然决然选择了离开。对局势的不同判断，使这两位老朋友最终分道扬镳。

五

离开的胡适，在美国，虽然开始寂寞的生活，但依然做着自己想做的事情，有充分的自由。而吴景超则开始用自己的努力来与新时代达成平衡，但他过去所受的教育以及在国民政府做官的经历似乎已经成为他的“原罪”。1949 年 9 月 29 日，徐铸成日记中记载了吴景超的境遇：

> 又闻吴景超近研究马列主义甚好，教书时学生听者亦极多，闻中共方面对其尚有微词，周恩来先生独排众议，谓吴景超能研究马列主义，一可喜；研究而能公开讲，二可喜；讲而能深得群众喜阅，三可喜；吾人应奖掖之，并派人往听。如确讲得好，我们应向他学习，如讲得不好，亦应考察其原因，不可一笔抹杀。①

以后的岁月中，吴景超要么自己写检讨，要么帮助翁文灏写检讨。以前，吴景超嫌翁文灏有少爷脾气，难伺候。现在，吴景超不计前嫌，努力帮助翁文灏写检讨，希望帮助他过关。但道德观念深重的翁文灏就是不愿痛骂蒋介石，毕竟，蒋介石是他的救命恩人。对此，已经脱胎换骨的吴景超不得不帮助翁文灏提高思想认识与政治觉悟。

1930 年代，吴景超谈到中国地主问题时，主张通过赎买而非没

---

① 徐铸成.徐铸成日记[M].北京：生活·读书·新知三联书店，2013:51.

收地主土地的办法，和平完成土地改革的任务。如今，吴景超自己把自己的主张批得一塌糊涂。

有意思的是，1950 年代的台湾，在以蒋梦麟为首的农业复兴委员会的带领下，恰恰采用吴景超 1930 年代的主张来搞土地改革。与此同时，当年胡适推荐给蒋介石的刘大中、蒋硕杰帮助台湾完成了金融体制改革，并由此奠定了台湾的市场经济体制。

不论是农复会关于土地改革的主张，还是蒋硕杰关于金融体制改革的主张，吴景超都是一把好手。但是，后来的岁月中，吴景超满腹的才华憋在肚子里，失去了昔日的光辉。最终，那个胡适眼中“治世之能臣”的吴景超在乱世中寂寞地死去，他上半生的光彩辉煌与下半生的黯淡灰暗形成了鲜明对比，就像一个巨大的惊叹号，留给后人无数的感慨与叹息。

卿本佳人，奈何做贼？

——胡适与王宠惠

胡适似乎对王宠惠有些不满。

1961年4月1日，同当过王宠惠特别护士的徐秋皎谈起王宠惠时，胡适说：

> 过去我和亮畴先生闹翻了的。司法一贯独立的制度，从前清起到民初，一直到罗文干、董康几个人，都能严格维持下来。到了亮畴先生，他手下的两个人在上海的胡闹，把这个制度弄坏了，我很生气。①

不难看出，胡适不满王宠惠，是因为王宠惠破坏了司法独立的制度。那么，王宠惠如何破坏了民国时期司法独立的制度？在此时期，两人又是什么样的关系呢？这一切还得从胡适与王宠惠的交往开始说起。

一

王宠惠，字亮畴，广东东莞人，美国耶鲁大学法学博士，民国时期著名的法学家。五四新文化运动时期，他一边在北洋政府内做官，一边在北京大学执教。当时，胡适也在北京大学任教。因

---

① 胡颂平编著.胡适之先生晚年谈话录[M].北京：新星出版社，2006：131.

为同事的关系，两人很快认识了。

但与胡适等人主张学习西方先进文明的观点不同，王宠惠似乎不认可西洋文明。1922年3月31日，胡适日记中曾记道：

> 夜有陆定先生请吃饭，席上有王亮畴、王儒堂等。亮畴大骂西洋的野蛮，事事不如中国，只有两件事是好的：（一）请客吃饭只到一处，不重复，不许一餐赴数处；（二）宴会很简单，不用许多肴菜，不靡费。①

当时，新文化运动很重要的精神就是输入西洋学理，学习西方先进文明，尤其是以易卜生为代表的西方个人主义的精神。然而，美国留学归来的王宠惠，不仅没有体会到西洋文明的好处，反而从根本上加以否定。

不仅如此，王宠惠对于胡适所提倡的白话文运动，也曾明确表示过反对。1922年4月1日，胡适在日记中写道：

> 亮畴的顽固真不可破！钧任也不下于他。亮畴攻击白话文，说："严又陵的周秦诸子文，固是极端；你们的拉车的白话文，也是极端。譬如钟摆，才摆向东，又摆向西，都不好；须是在中间，方才是中庸之道。"②

对于胡适所提倡的白话文运动，王宠惠也并不买账。然而，尽

---

① 曹伯言整理.胡适日记全集第三册[M].台北：联经出版有限公司，2004:486.

② 曹伯言整理.胡适日记全集第三册[M].台北：联经出版有限公司，2004:490.

管两人有诸多的分歧，但毕竟都曾留学美国，思想虽然不同，但彼此之间还可以相互容忍。胡适发起“好政府主义”时，王宠惠还曾签名支持。

那是1922年5月，针对社会上许多人提倡无政府主义的理论，胡适有针对性地提出了“好政府主义”的主张。在《我们的政治主张》一文中，胡适提出了“好政府主义”的三大主要内容：第一：我们要求一个“宪政的政府”；第二：我们要求一个“公开的政府”；第三：我们要求一种“有计划的政治”。①

此文写成之后，胡适征求他的朋友们签名，王宠惠就是签字的十六个人之一。当时的王宠惠，已经是北洋政府中的司法总长与教育总长。机缘巧合的是，当胡适正在为“好政府主义”摇旗呐喊的时候，他们也迎来了将自己的政治主张付诸实践的机会。

1922年8月，王宠惠代理国务总理。此后不久，在吴佩孚的支持下，北洋政府改组内阁，王宠惠成为内阁总理。由于这一届内阁中，王宠惠、罗文干等人都是“好政府主义”的签名支持者，这一届内阁也被称为“好人内阁”。

对这一内阁，胡适在幕后给予了不少的支持与帮助，可以毫不夸张地说，这一时期的胡适，算得上是好人内阁的幕后高参。1922年8月，王宠惠刚刚要组织内阁，胡适就在《努力周报》上写道：

> 现在事实上是王宠惠出来组织内阁了。……我们希望他先定一个大政方针，然后上台；我们希望他抱一个计划而来，为这个计划的失败而去。无计划的上台，无计划的下

---

① 欧阳哲生编．胡适文集第三册［M］．北京：北京大学出版社，2013：293.

台，是我们决不希望于王氏的！①

组阁之后，王宠惠面临的一大难题就是教授们的索薪运动。当时，北洋政府用于教育的经费捉襟见肘，经常拖欠教授薪水。当时，以北京大学为首的一大批教授，在王宠惠刚一组阁之际，就展开了一场大的索薪运动。

为了解决索薪风潮，王宠惠决定邀请胡适出来担任教育次长。胡适没有答应，他推荐了汤尔和。在胡适、蔡元培的劝说下，汤尔和也答应了，但答应的前提则是让王宠惠指定用关税来做教育经费。一开始，对于这一条件，王宠惠并不答应，但最终，在胡适的劝说下，王宠惠勉强答应了。

这一时期，也是胡适最积极有为的一段时期。例如，为推广白话文运动，胡适向当时的教育部提了一个议案，请教育部把一切公文都改用国语，并加标点符号。为这一议案，胡适不惜为教育部次长汤尔和做一个月的秘书。同样是在这一时期，胡适去济南参加了第八届全国教育会联合会议。在这场会议中，胡适拟定了学制草案。对这一草案，胡适研究专家耿云志曾评价说："这个学制草案奠定了整个民国时期学制的基础，甚至一直沿用到 1950 年代初期。"②

在这一时期，胡适对王宠惠并不满意。1922 年 10 月 27 日，胡适在日记中写道：

"好人"政府不等于"好"政府。好政府不但要人格上的

---

① 曹伯言整理. 胡适日记全集第三册[M]. 台北：联经出版有限公司，2004：713.

② 耿云志编著. 胡适年谱[M]. 福州：福建教育出版社，2012：97.

可靠，还要能力上的可以有为。亮畴（王宠惠）竟是一个无用之人；钧任（罗文干）稍胜，但也不能肩此重担；少川（顾维钧）稍镇静，头脑也稍明白，但他终为罗、王所累，不能有为。①

很快，以王宠惠为首的好人内阁就倒台了。虽然王宠惠得到了吴佩孚的支持，但是国会的实力派人物则是曹锟。在经费以及借款问题上，双方有重大分歧。为了使王宠惠内阁倒台，国会议长吴景濂以罗文干在签订中国与奥地利借款协议时有受贿行为为由，将当时的财政总长罗文干逮捕入狱。没有走基本的司法程序，没有基本的人证、物证，堂堂的财政总长就被非法逮捕了，这种公然违背司法程序的行为完全违背了司法独立的原则。

罗文干案一发生，胡适在《努力周报》上就评论说：

法律是政治的根本，违法的恶例是开不得的。……今天政府不经法律手续就查抄曹汝霖、陆宗舆的财产，我们固然快意；但假如明天政府不经手续就查抄蔡元培、李煜瀛的家产，我们就不快意了。然而在逻辑上却实在是同样的例子。②

与胡适不谋而合的还有梁启超。当时有学生问起梁启超对罗文干案的看法，梁启超说："宁可让犯人跑掉，否则犯人抓了，法律跑了。"

---

① 曹伯言整理. 胡适日记全集第三册[M]. 台北：联经出版有限公司，2004：904—905.

② 胡适. 胡适文存第二卷[M]. 北京：首都经济贸易大学出版社，2013：341—342.

与胡适、梁启超意见相同的还有蔡元培。如果说胡适、梁启超等人的批评还仅限于言论上的话，那么，蔡元培则用辞职的方式向有关当局表达了自己的愤怒。在辞职启事中，蔡元培写道："元培为保持人格起见，不能与主张干涉司法独立蹂躏人权之教育当局再生关系。业已呈请总统辞去国立北京大学校长之职，自本日起，不再到校办事。特此声明。"①

而在此事之前，虽然也有司法不公的事件，但司法独立的制度是基本建立起来了的。在此之前宋教仁案发生时，上海一个地方的普通法院就可以传唤国务总理赵秉钧，就是一个明证。

在胡适看来，罗文干的办事能力远胜王宠惠。罗文干被捕之后，无能为力的王宠惠也就黯然下台了。至此，胡适非常期待的"好人政府"以失败告终。

二

"好人政府"的倒台，表面看起来源于曹锟、吴景濂、彭允彝等人对王宠惠内阁的内斗。其实，这似乎也与王宠惠本人的人格缺陷有很大的关系。

1924年1月6日，胡适在日记中写道：

> 钧任为我谈王亮畴逸事数则，可补史料之缺：
>
> 亮畴性极吝啬，几个极熟的朋友给他取个绰号，叫做"办法"。他在北京时，已做很大的官了，但家中不用厨子，不开饭。早饭随便吃一点稀饭。午饭晚饭则到熟人家去吃。晚饭尤其如此。……亮畴今年往欧洲，张绍曾托他带

---

① 胡适. 胡适文存第二卷[M]. 北京：首都经济贸易大学出版，2013：346.

一信与孙中山，他索价三千元。张绍曾如数给了他。

以上几则故事，可以解释前年“好人内阁”的失败了。[①]

如果说吝啬不是致命缺陷的话，那么，贪财则毫无疑问成为他政治生涯的一大污点。不过，从张绍曾让王宠惠带信给孙中山这个事情，我们也可以看出王宠惠与孙中山的密切关系。

果然，曾任北洋政府内阁总理的王宠惠在国民党北伐之后，顺利地成为了国民政府司法院院长。而此时他的所作所为，使得司法独立的制度完全崩溃了。毫无疑问，北洋政府时期的司法独立虽然遭到了严重破坏，但是司法独立的原则还是受到了人们的推崇与遵循。虽然有许多案子没有遵循司法独立的原则，但是司法独立的精神还是许多人的共识。随着国民党的北伐，司法独立的原则受到根本的摒弃。据《民国司法黑幕》一书介绍：

法官不党的禁令及“司法独立”精神是在 1926 年武汉政府司法改革时开始解除和摒弃的。据 1926 年 9 月 20 日上海《民国日报》报导：“广州特约通讯，国民政府司法委员会主席徐季龙（徐谦），久具改造司法行政决心，……七日在政治会议提出司法行政方针，应积极提倡党化的革命的，经已通过。”[②]

司法独立这一原则的被抛弃以及随之而来的司法党化原则的建

---

① 曹伯言整理．胡适日记全集第四册[M]．台北：联经出版有限公司，2004：232—233．

② 张庆军，孟国祥编著．民国司法黑幕[M]．南京：江苏古籍出版社，1997：67．

立，跟王宠惠脱不了关系。1930年12月8日，王宠惠在《中央周报》发表《国民会议与国民大会的区别》，其中说道：

> 在训政时期,是"以党治国",但是并不是专政,不是喜欢要怎样就怎样。这个"以党治国"的职权,是有意义的,乃是总理把这个重大的责任,付托给我们,像英国美国法律之"信托制度"一样,乃是一种义务性质。譬如说,我有一件很重大的事,自己因为某种原故,不能去做,便可托付给自己相信的朋友去代做;又如有人将身后的遗嘱,托付给律师执行,所以这乃是由于委托者的信用而委托的,不是权利。我们的责任很大,我们这个大责任,就是由本党的信托来代表国民,行使职权,这便谓之"以党治国"。①

1922年，胡适提出"好政府主义"的时候，它的核心原则之一就是主张宪政的政府。王宠惠是其中的签字人，也就是说他是主张宪政的。但是，八年之后，随着国民政府党国体制的建立，王宠惠竟然开始为司法党化做理论上的论证了。

对王宠惠，胡适其实是提过醒的。1929年，上海市教育局局长陈德征向国民党三中全会提出严厉处置反革命分子案，这一提案中，陈德征认为用法院来审查一个人是不是反革命在手续上太麻烦，他提出，只要国民党党部的证明书证明一个人是反革命，那就不需要法院审理了，只需要用反革命分子的名义来判罪就行了。这种行为，这种完全罔顾法律草菅人命的做法，恰恰就意味着司法的党化原则。对陈德征的这一提案，忍无可忍的胡适于1929年3

---

① 李在全.法治与党治——国民党政权的司法党化(1923—1948)[M].北京:社会科学文献出版社,2012:103.

月26日给当时的司法院院长王宠惠写了一封信，在陈述了这一提案的荒谬之处后，胡适写道：

先生是研究法律的专门学者，对于此种提议，不知作何感想？在世界法制史上，不知哪一世纪哪一文明民族曾经有这样一种办法，笔之于书，立为制度的吗？我的浅识寡闻，今日读各报的专电，真有闻所未闻之感。中国国民党有这样的党员，创此新制，大足夸耀全世界了。①

接到胡适言辞激烈的书信后，王宠惠回了一封很客气的信：

适之先生大鉴：奉书多日，以碌碌少暇，致稽裁答，甚歉甚歉。法院处理反革命案件，自未可稍涉轻纵，然必准诸法理，方足以昭公允而杜纠纷。承示一节，在三全大会中该案并未提出，实已无形打销矣。知注特复，即颂台祺。②

虽然这封信很客气，但说是一回事，做却是另外一回事，他后来依然为国民党司法党化的原则做了理论论证。

三

从司法独立的被破坏，到国民党体制下的司法党化原则，这些都与王宠惠有着密切关系，而且当问题出现时，胡适都第一时间出

① 曹伯言整理.胡适日记全集第五册[M].台北：联经出版有限公司，2004：551.

② 中国社会科学院近代史研究所中华民国史组编.胡适来往书信选上[M].北京：中华书局，1979：513.

来说话的，但王宠惠并没有听胡适的好言相劝，依然我行我素。对此，我常常有一个疑问，既然两人都是美国归来的留学生，都自命为新人物，应该有一定相似度的价值观，可为什么胡适成了国民党党国体制的反对者而王宠惠却成了一个党国体制的维护者呢？这个疑问直到看到胡适日记中记载的关于王宠惠的一个故事之后才得到解答。

1921年7月3日，英国参赞哈丁先生请胡适、蒋梦麟、陶孟和等人吃饭。在吃饭的时候，哈丁说到了他的一个疑惑：在哈丁看来，上海已经是中国最文明的一个地方，而上海的司法官都是最新的司法人员，但是，为什么这些最新的新式人物在验尸的时候却依然遵循中古的验尸方法呢？

对于哈丁的疑问，胡适做出了详细的回答，他说：

哈丁先生，你未免太看重我们的新人物了。他们学的是教科书里的法律，但他们从来不曾晓得什么叫做科学的验尸法。他们从不曾问过什么叫做法律上的人道主义。至于外交部的人本来是只会说英语的，更不消说了。

我且举一个例。王宠惠先生不是中国一个最有名的新式法学大家吗？有一天，我同他在北京饭店吃饭，他说，“你们提倡社会问题的人真正害死人！”我问他什么事。他说，本年四川出了一个谋杀亲夫案，女的十八岁嫁了一个残废驼背的丈夫，嫁了一年多，女的把丈夫谋死了。审问时，女的没有别的理由，只说她没有别法可以脱离她的丈夫。法官定了她十五年监禁的罪。司法部以为十五年的监禁是谋杀的最轻刑，非有十分充足的理由不能定这样的轻刑。司法部认这个女子的理由为不充足，故认十五年监禁太轻，现在正要把四川的法官交付惩戒。王宠惠先生——这一位著名的新人物——也主张这案定罪太轻,非付惩戒不可。那天席上有一位美国 Hornbeck 教授听了很不平,就问道:“她谋杀的时候,是不是因为她的丈夫要强迫执行他做丈夫的权利?若是如此,她的犯罪是为自卫起见,更当别论。”王先生说:“那个我可不知道。”他的意思好像是说,这种情节是无关紧要的!①

虽然王宠惠从美国耶鲁大学毕业,并且获得了博士学位,他甚至用英文翻译了《德国民法典》。但是,他在美国留学期间,所学到的东西,其实都是一些工具类的技术手段,对于西方核心的价值理念、西方的人道主义观念,对于妇女儿童的尊重,等等,王宠惠似乎没有学到,他的价值观、价值理念也还是中国的。由此不难理解,他何以会很容易地从一个主张宪政的人走向主张党国体制的人。

胡适有着自己清晰的价值立场,而王宠惠的价值立场则相对模糊。这或许就是两人最大的不同吧。这不禁让人想起胡适日记中记载的另外一个关于王宠惠的故事。在 1930 年 10 月 11 日的胡适日记中,胡适记下了王宠惠为郑毓秀做枪手写博士论文的故事。一个最知道法律的人却帮助他人作假,这不得不让人慨叹!

① 曹伯言整理.胡适日记全集第三册[M].台北:联经出版有限公司,2004:159—160.

火中取栗求真经

——胡适与王世杰

一、从北大同事到政、学两立

胡适与王世杰相识，始于1921年。这一年，从法国巴黎留学归来的王世杰被北大代理校长蒋梦麟聘为教授。虽然王世杰是在巴黎大学拿的学位，但他留学时大部分时间在英国伦敦政治经济学院读书，深受英国自由主义传统的熏陶。在价值观上，两人并没有多大分歧，他们都是英美自由主义的信徒，在北大执教时，两人很快熟识。

1921年的北大教授，因对学潮的不同态度，已经开始分化。当时，因财政紧张，北洋政府教育部常常拖欠教授工资。以马叙伦、沈尹默、汤尔和为首的浙籍教授为讨薪而罢教，还向教育部游行示威，发起请愿运动。与之不同的是以胡适为首的英美派教授，虽然也被欠薪，但他们认为，不能因为欠薪而耽误学生功课，故而反对学潮。

跟胡适一样，王世杰也反对学潮。为此，他还邀请了胡适、丁西林、李四光等人商讨学潮的善后处理，但此事最终无果。需要特别指出的是：虽然胡适、王世杰反对马叙伦等人的讨薪运动，但是，当马叙伦因讨薪被警察打伤时，恰恰是胡适，帮他联系了协和医院，让他安心养伤。

马叙伦等人被打伤之后，王世杰、李四光等人还决定以辞职的方式抗议北洋政府的蛮横行为。为此，胡适多次劝解他们。他们相约，为了北大的学术复兴，要在恶政府的统治势力下努力奋斗。当时，为推动学术研究，北大教授们创办了许多学术期刊，胡适负责《国学季刊》，王世杰负责《社会科学季刊》。

除此之外，王世杰与胡适，在国家政治制度问题上，也有分歧。其中一个重要分歧就是实行联邦制还是邦联制。1922 年 6 月 27 日，胡适在日记中写道：

> 下午，借顾少川家开第二次茶话会，到者多于前一次，讨论颇有条理；后有李石曾、王雪艇提出一个商榷书，提倡一个“邦联制”(confederation)，名为“分治的统一”，实则严格的分裂。我起来痛驳他；因为王君自说是略仿美国最初八年的邦联制，故我说，不去采用美国这一百三十年的联邦制，而去学那最初八年试验失败的邦联制，是为倒行逆施！是日加入讨论的人，没有一人赞成他们这个意见的。①

王雪艇即王世杰。他跟李石曾主张邦联制，而胡适则主张联邦制。联邦制与邦联制的背后，蕴含着他们对国民党北伐的不同态度。王世杰、李石曾跟国民党关系密切，他们支持北伐，希望国民党用武力统一中国。而胡适则反对北伐，主张联省自治，他对陈炯明的政治主张抱有同情与理解。当陈炯明与孙中山发生冲突时，胡适认为他们之间的斗争是主张上的冲突，并且为陈炯明说了很多公道话，结果遭到孙中山党徒的大肆攻击。此外，胡适坚决反对用暴力斗争的方式来统一中国，为此，他还参加了段祺瑞政府主持的善后会议，试图通过开会的方式来完成国家的统一。

---

① 曹伯言整理. 胡适日记全集第三册[M]. 台北：联经出版有限公司，2004：649—650.

1924年，王世杰、陈源、周鲠生等人在北平创办了《现代评论》，胡适与他们关系密切，在《现代评论》上发表了不少文章，成为鲁迅笔下"东吉祥胡同的诸君子"之一。这一时期，王世杰前往武昌，成为武昌大学的教授。此时，两人已是老朋友，为扩大影响，王世杰还邀请胡适前往武昌大学做演讲。

当时，"五卅"惨案刚刚发生，胡适主张外交解决，而不是空泛地高喊打倒帝国主义，结果遭到激进学生的猛烈斥责。这次武昌之行让胡适印象深刻。演讲之外，他跟王世杰、周鲠生、郁达夫等人还在当地游览参观，看了传说中的扶乩算卦以及汉口的窑子生活。

1926年，北伐军占领武汉之后，应陈友仁的邀请，王世杰加入国民政府外交部，参与了收回汉口英租界的外交谈判。1927年，王世杰被国民政府任命为法制局局长，在任上，他以法学家的专业素养，参与颁布了许多法律法规，《反革命治罪法》就是其一。以一个法学家的素养，不去制定捍卫人权的法律，却制定了这一蹂躏人权的法律，王世杰的这一行为，让许多秉持自由主义理念的好朋友很失望。很快，王世杰的好朋友胡适就变成了反革命。当时，从美国回来不久的胡适，因反对李石曾、吴稚晖等人的教育改革，被吴稚晖直接斥责为反革命。当然，以胡适的名声与影响力，他不用担心被国民政府抓进监狱。

反讽的是，1928年7月，以易培基为首的国民党党徒，看不惯胡适、王世杰等人在"三·一八"惨案时的表现，将他们都打成了反革命罪魁，还在报纸上发了一条《北平市民大会请通缉反革命罪魁》的新闻，在新闻中，胡适、王世杰等人被打成了反革命分子，而王世杰又是《反革命治罪法》的制定者，此真可算是请君入瓮，诚所谓"搬起石头砸自己的脚"了。

不过，对胡适的一些建议，王世杰还是言听计从的。国民党北伐成功后，胡适建议国民政府颁行约法。他将这一意见直接告诉了王世杰。王世杰特地组织了中华民国暂行约法起草委员会。后来，约法制定出来之后，面对口惠而实不至的“睡美人”约法，胡适与国民政府展开了一场“人权与约法”的论争。从这个角度来看，致力于制定约法的王世杰，依然秉持着自己作为法学家的职业良心，为党国向民国转换贡献着自己的力量。

二、教育上的志同道合者

1929 年，武汉大学代理校长刘树杞辞职，王世杰被任命为新校长。为了武汉大学的长期发展，王世杰给武大找了一处新址。在这片宽阔的土地上，王世杰、周鲠生、杨端六等人筚路蓝缕，创办了一所现代化的武汉大学。新校建立起来之后，王世杰再次邀请胡适前往演讲。参观了新的武汉大学之后，胡适对王世杰的办事能力由衷钦佩。1932 年 11 月 28 日，他在日记中写道：

> 上午与雪艇、皓白同去参观武汉大学。计看过的地方有工场、小学、女生宿舍、文学院、理学院、图书馆、男生宿舍。雪艇诸人在几年中造成这样一个大学，校址之佳，计划之大，风景之胜，均可谓全国学校所无。人说他们是“平地起楼台”；其实是披荆棒，拓荒野，化荒郊为学府，其毅力真可佩服。看这种建设，使我们精神一振，使我们感觉中国事尚可为。①

在参观武汉大学期间，王世杰还充当了胡适与蒋介石见面的介

① 曹伯言整理.胡适日记全集第六册[M].台北：联经出版有限公司，2004：631—632.

绍人。在王世杰的安排下，胡适第一次见到了蒋介石。蒋介石请教了胡适两个关于教育的问题：中国教育如何改革，学风如何整顿。

对蒋介石的这两个问题，胡适也很不客气，直截了当地说：

> 教育制度并不坏，千万不要轻易改动了。教育之坏，与制度无关。十一年的学制，十八年的学制，都是专家订的，都是很好的制度，可惜都不曾好好的试行。经费不足，政治波动，人才缺乏、办学者不安定，无计划之可能……此皆教育崩坏之真因，与制度无关。①

可以说，胡适与蒋介石的第一次见面，彼此印象似乎都不甚愉快。不过，王世杰成为了两人沟通的桥梁。他在胡适面前说蒋的好话，在蒋的面前说胡适的功绩，成为沟通两人交往的重要中间人。

1933 年，王世杰出任国民政府教育部部长。就任之后，王世杰颇有雄心壮志，跟胡适聊天时，他说起了自己的计划。1933 年 6 月 14 日，胡适在日记中写道：

> 雪艇又想以上海交通大学为中心，将中央的医学商学两院并入，再添一个良好的文理学院，即可成一个国立上海大学。他问我愿不愿作上海大学的校长。我说，可以考虑。
>
> 雪艇把清华的校长院长都叫来了，开了两天会，劝他们：① 决定继续送留学生，② 添农科。

---

① 曹伯言整理.胡适日记全集第六册[M].台北：联经出版有限公司，2004：635.

雪艇乐观得可爱，此人是政府中的一重镇。①

此后，因各种原因，国立上海大学没有办起来，胡适依然在北大担任文学院院长。在王世杰任教育部部长的五年时间里，中国的教育有了长足发展，成为中国教育史上的黄金时代。这其中，很重要的一个原因就是教育经费的充分保障。他任教育部长期间，教育经费从不拖欠，教授的生活也相对充实安定。后来，胡适追忆道：

记得二十余年前，中日战事没有发生时，从北平到广东，从上海到成都，差不多有一百多所的公私立大学，当时每一个大学的师生都在埋头研究，假如没有日本的侵略，敢说我国在今日世界的学术境域中，一定占着一席重要的地位。②

不过，对教育部部长王世杰在任上的所作所为，并不是所有人都满意。国民党大佬居正就对王世杰很不满。

当时，北平朝阳法学院聘请居正做了董事长，希望他可以为朝阳法学院申请更多的政府资助。在教育会议上，当居正提出这一要求时，王世杰拒绝了他。在王世杰看来，朝阳法学院办得很差，不值得政府出钱资助。孰料，自王世杰拒绝了居正之后，感觉颜面上过不去的居正处处找王世杰的麻烦，这让王世杰颇有去意。

---

① 曹伯言整理. 胡适日记全集第三册[M]. 台北：联经出版有限公司，2004：672.

② 耿云志，欧阳哲生整理. 谈谈大学，胡适全集第二十卷[M]. 合肥：安徽教育出版社，2003：307.

1937年5月7日，胡适在日记中写道：

> 十点半到教育部，访雪艇，谈① 世界教育会议，② 经农欲去湘，③ LeightonStuart 的干预中国政治。他自己谈近来遭遇居正一班人的攻击，大有去志。我力劝他不可存去意。①

抗战时期，教育部部长王世杰还是被陈立夫取代了。1938年1月2日，胡适在日记中写道：

> 陈立夫为教育部部长，想王雪艇被居党生赶跑了。②

当国民政府的开明派教育部部长王世杰下台之后，国民政府与自由主义知识分子的蜜月期在一定程度上也就结束了。陈立夫担任教育部部长之后，蓄意推行党化教育，竭力邀请许多大学的知名教授入党，还在大学里大搞“三民主义青年团”，结果造成了自由主义知识分子与国民政府之间的离心力，像张熙若、陈序经、闻一多等人，在抗战后期，对教育部部长陈立夫所推行的教育政策，深恶痛绝，而对反对国民政府的共产党，则有了更多的好感。

三、抗战时期的密切配合

1937年，“七七”事变之后，从北平来到庐山的胡适见到了蒋

---

① 曹伯言整理.胡适日记全集第七册[M].台北:联经出版有限公司,2004:412.

② 曹伯言整理.胡适日记全集第七册[M].台北:联经出版有限公司,2004:456.

介石。他这次跟蒋介石的会面，在王世杰看来，坚定了蒋介石抗战之决心。1937年7月12日，王世杰在日记中写道：

> 蒋院长一方面因日军之大部动员，一则因冯玉祥、胡适诸人之进言（是日行政院会议在牯岭蒋院长宅举行，余亦力主为"切实有效之动员"），决然命令中央停驻河南边境之动员部队（孙连仲统率），迅即开赴保定，盖已毅然不复顾虑所谓"何梅协定"之任何束缚矣。①

在胡适、冯玉祥等人的催促下，蒋介石撕毁了"何梅协定"，开始全面抗战。三十多年以后，王世杰旧事重忆，在1972年10月23日的日记中写道：

> 重阅民廿六年日记。适之于七月初抵庐山时，力向蒋先生陈述，中央不可放弃华北，冯玉祥同时亦向蒋先生如此陈述。七月十二日晚，蒋先生因决定命孙连仲、庞炳勋两人军队开赴北方。中日战事因之确定为不可免。②

胡适虽然促成了蒋介石抗日的决心。但很快，胡适似乎又变卦了，他希望通过外交手段来谋求中日之间的和平。他把希望寄托在了高宗武身上，围绕着胡适、高宗武、陶希圣等的一批人，形成了主张求和的"低调俱乐部"。1937年8月3日，王世杰在日记

---

① 林美莉编校.王世杰日记上册[M].台北："中央"研究院近代史研究所，2012：21.

② 林美莉编校.王世杰日记上册[M].台北："中央"研究院近代史研究所，2012：1465.

中写道：

今日午后约胡适之、吴达铨、周枚荪、彭浩徐、罗志希、蒋梦麟诸人在家密谈。胡、周、蒋均倾向于忍痛求和，意以为与其战败求和，不如大战发生前为之。达铨则仍谓战固必败，和必乱。余谓和之大难，在毫无保证；以日人得步进步为显然事实；今兹求和不只自毁立场，徒给敌人以一二月或数月时间，在华北布置更强固，以便其进一步之压迫。①

应该说，此时，在对日判断上，王世杰似乎更切近实际。胡适妄想通过外交途径来媾和，但这种屈膝求和的方式是满足不了得寸进尺的日本帝国主义的饕餮胃口的。而且，对胡适求和的主张，蒋介石似乎也并不满意。1937年8月6日，王世杰在日记中写道：

胡适之于日昨亲往蒋先生处，以书面提出彼之和议主张，蒋甚客气，但未表示意见。②

未表示意见的蒋介石，其实仅仅是因为当着胡适的面，他不好发作，跟胡适客气而已。1937年8月7日，王世杰日记中写道：

蒋先生在会议时颇讥某学者(指胡适之)之主和。③

---

① 林美莉编校.王世杰日记上册[M].台北:“中央”研究院近代史研究所,2012:28.

② 林美莉编校.王世杰日记上册[M].台北:“中央”研究院近代史研究所,2012:29.

③ 林美莉编校.王世杰日记上册[M].台北:“中央”研究院近代史研究所,2012:30.

当时，胡适与蒋介石见面，除了谈及抗日问题之外，似乎还谈到了陈独秀的问题。因共同抗日，国共两党已经全面合作，此时还把陈独秀关在狱中已然说不过去。在胡适提出陈独秀问题之后，陈独秀很快就出狱了。1937 年 8 月 22 日，王世杰日记中写道：

> 陈独秀因国府明令减刑，今日可出狱。①

除此之外，此时的蒋介石，很希望借助胡适在美国的良好形象，去美国为国家寻求美援。1937 年 8 月 21 日，王世杰日记中写道：

> 蒋先生意欲胡适之赴美宣传，促予与之商宣传纲要。②

王世杰与胡适商量此事时，孰料胡适坚决不去美国。他的理由也很简单，值此国破家亡之际，他怎么能去美国逃避这一公民责任呢？为此，胡适还说了“要与南京共存亡”的重话。说不服胡适的王世杰，只好搬出救兵傅斯年。有着浓厚民族主义情绪的傅斯年，在说服胡适时，慷慨激昂，动情处泪流满面。最终，胡适决定接下这一任命。1937 年 9 月，国民政府决定派遣胡适、钱端升、张忠绂三人赴美。

胡适前往美国之后，跟他保持电报联系的就是王世杰。此时

---

① 林美莉编校. 王世杰日记上册[M]. 台北：“中央”研究院近代史研究所，2012：34.

② 林美莉编校. 王世杰日记上册[M]. 台北：“中央”研究院近代史研究所，2012：39.

的王世杰，因战争需要，担任军事委员会参事室主任一职，两人电报来往频繁。令胡适失望的是，当时的驻美大使王正廷，对胡适的民间外交并不太合作。1938 年 1 月 2 日，王世杰在日记中写道：

> 胡适之自美来函，谓王儒堂大使，不能抑且不肯为彼协助；闻之喟然。①

不过，很快，驻美大使王正廷就因耗费公款而被蒋介石撤换了。1938 年 7 月 23 日，王世杰在日记中写道：

> 蒋先生决定撤换驻美大使王正廷，而以胡适之继任。此事由来，系因王氏在美办理借款，耗费巨款，毫无成效，受各方之指责。日前傅斯年曾面向蒋先生指责之。周鲠生向蒋先生所提外交方略中（由予送阅），亦力言关于对美外交，应调整使节。②

撤换了王正廷之后，蒋介石有意让胡适担任驻美大使。1938 年 7 月 29 日，身在伦敦的胡适接到了蒋介石让他做驻美大使的电报。与此同时，胡适还接到了他的好朋友徐新六的信，而当他收到徐新六的信时，徐新六已经被日本帝国主义炸死了。在这封信中，徐新六写道："此时，当一切一切以国家为前提。"

深思熟虑之后，胡适决定做驻美大使。在给蒋介石的回电中，

---

① 林美莉编校.王世杰日记上册[M].台北："中央"研究院近代史研究所，2012：78.

② 林美莉编校.王世杰日记上册[M].台北："中央"研究院近代史研究所，2012：129.

他写道：

> 现在国家是战时。战时政府对我的征调，我不敢推辞。①

胡适答应做驻美大使，但这一任命却迟迟未到，他只好再次向王世杰发电报询问此事。1938年8月25日，王世杰在日记中叙述了其中的经过：

> 胡适之使美事，本已确定。王儒堂近又电孔庸之，意欲候其请假返国报告后，然后发表胡为美使，孔庸之复欲令儒堂在美继续奔走借款事，胡事遂致搁置。胡适之今日自英来电询问内容，予今日电陈布雷请其转陈介公，确定发表期。②

最终，在王世杰的奔走下，胡适被任命为驻美大使。消息公布后，美国的主流媒体纷纷给予了高度评价。

这一时期，原来跟胡适一样，同属"低调俱乐部"成员的高宗武、陶希圣等人则怂恿着汪精卫公开打出了"主和"的言论。而此时的胡适，早已改变了他过去的"主和"主张，他认为"和比战难"，坚决反对主和。为此，胡适提出了"苦撑待变"的主张。王世杰日记中记录了胡适外交思想的转变历程。在1939年1月4日的日记中，他写道：

---

① 白吉庵.胡适传[M].北京：人民出版社，1993：387.

② 林美莉编校.王世杰日记上册[M].台北："中央"研究院近代史研究所，2012：137.

胡适之来电，谓前接予电后，已电汪先生请其勿公开主和。适之在开战前极力反对战事，近一年来则力主“苦撑”，反对妥协。①

无疑，对胡适苦撑待变的外交方针，王世杰是非常赞同的。在他的日记中，他已经开始设想与英美结成军事同盟的可能性。

除此之外，此时的王世杰，还充当了胡适的保护伞。1939年，冯玉祥抓住胡适在美国的相关言论，断章取义，认为他言论失当，并当面向蒋介石告状，要求撤掉胡适。

1939年1月27日，王世杰日记中写道：

冯焕章于前日根据私人报告，在会场指责胡适之在美言论之不当（指其有“失败主义”之倾向）后，并另有函致蒋先生，请其撤回胡适之。②

面对这种情况，王世杰多次为胡适辩护。除冯玉祥之外，白崇禧也对胡适不满。但在王世杰看来，这未免有公报私仇的意味。1939年7月11日，他在日记中写道：

今晨晤陈辞修，据云白健生对胡适之极不满，前此中央全会时攻击胡适之最力者非冯焕章而实为白健生。余意民国二十五年夏粤桂称兵与冬间西安事变时，适之曾为文切责健生

① 林美莉编校．王世杰日记上册[M]．台北：“中央”研究院近代史研究所，2012：172.

② 林美莉编校．王世杰日记上册[M]．台北：“中央”研究院近代史研究所，2012：178.

等。如健生之反对出自此等嫌怨，则其为人未免狭刻可畏。①

此时的王世杰，多次为胡适斡旋奔走。可以说，当时的胡适没有因冯玉祥、白崇禧的大肆攻击而被撤职，很大程度上源于王世杰的功劳。

四、中央研究院院长风波

1940年3月5日，中央研究院院长蔡元培在香港逝世。蔡元培逝世之后，中央研究院院长空缺由谁填补，成为知识界关注的一个焦点问题。在当时的知识分子看来，最理想的人选无疑是胡适。但胡适现在重任在肩，不可能担任中央研究院院长。

按中央研究院的正常程序，此事应该由中央研究院评议员选出三个人，提交给国民政府。然后，由国民政府最高领袖从这三人中挑选一位做院长。但是，蒋介石此时却通过下条子的方式要求选举顾孟余做中央研究院院长。顾孟余是汪精卫的决策顾问，但他却没有追随汪精卫的道路，在大是大非面前，他选择站在以蒋介石为首的国民政府一边。或许正是由于这一原因，中央研究院院长一职，蒋介石属意顾孟余。

蒋介石这种通过下条子的方式来要求知识分子选举顾孟余的做法，激怒了很多人。在傅斯年、陈寅恪、周炳琳等人看来，这不仅违背了程序正义的原则，更是对学术自由的侵犯。为表示抗议，在选举的时候，他们选出了翁文灏、朱家骅、胡适三位候选人。原本口碑不错的顾孟余，却因为蒋介石下了条子，一票都没有得到。

---

① 林美莉编校.王世杰日记上册[M].台北:“中央”研究院近代史研究所,2012:210.

不料，道高一尺，魔高一丈。傅斯年、周炳琳、陈寅恪通过选举来捍卫学术自由的举动，刺激了蒋介石。看到票选结果之后，蒋介石想来一个顺水推舟，既然你们想要胡适担任院长，那就让胡适从驻美大使任上调离回来，担任院长。这种情形，无疑让傅斯年、周炳琳等人始料未及。1940 年 3 月 23 日，王世杰在日记中写道：

> 中央研究院评议会昨、今两日均开会，余被推为临时主席。举出翁泳霓、朱骝先、胡适之为院长候补人。据张岳军言，蒋先生因闻中研院评议会坚拒顾孟余，并推胡、翁、朱等，有将适之调回任院长意。①

更糟糕的是，在风闻了蒋介石的心思之后，早就对驻美大使胡适不满的孔祥熙也开始活动起来。1940 年 4 月 7 日，王世杰在日记中写道：

> 杭立武为余言，孔庸之欲调胡适之返国任中央研究院院长，并拟以宋子文使美，宋表示不愿往。②

宋子文虽然不愿做驻美大使，但愿意做驻美大使的人多的是，颜惠庆、施肇基等人都纷纷开始活动。这无疑违背了傅斯年、陈寅恪等人选举院长时的本意。为解决此事，王世杰又开始忙前忙后。

---

① 林美莉编校.王世杰日记上册[M].台北："中央"研究院近代史研究所，2012：259.

② 林美莉编校.王世杰日记上册[M].台北："中央"研究院近代史研究所，2012：262.

1940年5月3日，他在日记中写道：

> 陈布雷自成都来电，谓驻美使节问题已入严重阶段，余因向电蒋先生指陈三点：（一）战时外交人选，非有重大过失，不宜常换。（二）胡适之如被内调，彼或拒绝新职。（三）适之信望在颜、施诸人之上。（近日颜托人为余言，彼甚愿赴美任美使。）①

王世杰跟蒋介石所说的这三点，无疑是希望蒋介石继续让胡适担任驻美大使。除此之外，王世杰还用上了陈光甫这张王牌。1940年7月25日，他在日记中写道：

> 今日午后晤陈光甫，彼甚钦佩胡适之。当即商定由彼致函蒋先生，申论美使不可易人。②

陈光甫是民国时期著名的银行家。抗战时期，他临危受命，前往美国，参与中美借款之事。他直接促成了中美之间两千五百万美元的桐油贷款与两千万美元的滇锡贷款。因此，对他的意见与建议，蒋介石还是非常看重的。

此后不久，王世杰接到了胡适的电报。电报内容在1940年7月22日的胡适日记中有记载：

---

① 林美莉编校. 王世杰日记上册[M]. 台北："中央"研究院近代史研究所，2012：267.

② 林美莉编校. 王世杰日记上册[M]. 台北："中央"研究院近代史研究所，2012：284.

今天发愤写航空信给王雪艇，说我若不做大使，决不就中央研究院院长。因① 我舍不得北大，要回去教书。② 泳霓或朱骝先都比我更适宜。③ 我要保存（或恢复）我自由独立说话之权，故不愿做大官。④ 大使是“战时征调，我不敢辞避”。中研院长一类的官不是“战时征调”可比。[①]

收到胡适的这一电报之后，王世杰为了让蒋介石坚定对胡适担任驻美大使的信心，还专门将这封信呈给了蒋介石。1940 年 8 月 5 日，王世杰在日记中写道：

今午接胡适之一信，谓彼决不就中央研究院院长职；如解美使职，则将往昆明任北大教授，以保其独立发言之自由。余将此信送布雷阅，并请其呈蒋先生阅。[②]

在将胡适的信呈给蒋介石两天后，王世杰再次谏言蒋介石，1940 年 8 月 8 日，他在日记中写道：

今午为胡适之事，向蒋先生面言，在此时期，大使不宜更动，蒋先生亦以为然。调适之回国之议，已暂时再度取消。[③]

可以说，如果没有王世杰居中斡旋，很有可能，在中央研究院

---

① 曹伯言整理. 胡适日记全集第八册[M]. 台北：联经出版有限公司，2004：58.

② 林美莉编校. 王世杰日记上册[M]. 台北：“中央”研究院近代史研究所，2012：287.

③ 同上.

院长风波中，胡适就已经离职了吧。

五、胡适:将在外,君命有所不受

胡适担任驻美大使期间，有两次“将在外，君命有所不受”的行为，这两次行为都是胡适的大功绩。

一次发生在1939年的9月和10月。这期间，美国总统罗斯福告诉胡适，他希望以东北“共享共管”为条件来调停中日两国关系，寻求谋和的可能性。

当时的国民政府，正处于弹尽粮绝、存亡绝续的危急关头，汪精卫、孔祥熙等人都开始谋和，他们都希望胡适劝说美国总统出来调停中日关系。但此时的胡适，却坚信“和比战难”的主张，坚决反对“求和”主张。英国首相张伯伦调停德国与捷克的慕尼黑协议，结果却导致捷克亡国的前车之鉴，历历在目。在给翁文灏的电报中，他写道：

> 六年之中，时时可和，但事至今日已不能和。六年中，主战是误国，不肯负责主和是误国，但今日屈服更是误国。①

最终，胡适擅自做主，采用挡字诀，在半个多月的时间里没有去见美国的政界要人，最终使这次调停以流产而告终。

除此之外，胡适还有第二次“将在外，君命有所不受”的行动。1941年，日本派遣特使莱栖和野村来到美国，期望调停中日关系，并由此缓和日美关系。听了日本特使的计划之后，美国外长专门找到胡适，寻求中日调停的可能性。1941年5月23日，胡适

① 余英时.重寻胡适历程[M].桂林:广西师范大学出版社,2004:53.

在日记中写道：

外长 Hull 约去谈。他谈了一点十五分，说大局甚危急，使他日夜焦心，昨夜竟不能睡。他说，日本各方设法来谋拉拢日美两国。他问我，中日战争有结束的可能吗？若能把日本拉过来，使他脱离轴心国家，使他保障太平洋和平，使中日战争得早结束，岂不很好吗？有什么法子可以使日本在四个月与六个月之中不出乱子吗？①

结果，胡适在没有告知国民政府的情况下，严词拒绝了美国外长的要求。关于此事，1941 年 6 月 28 日，王世杰在日记中写道：

午间蒋先生在黄山寓邸晤郭复初。复初谓，当五月底彼抵旧金山后，胡适之曾以电话托其秘告政府一事，即美国国务卿曾非正式询问，中日战争有无和平解决之可能。赫氏并谓，日本方面近已间接向美政府人士表示，如美国不过分与日本为难，愿与中国了结战争，并逐渐脱离轴心集团云云。适之当时已经告赫氏，现时绝不可能。事后适之并已具一说帖将理由详细叙列。

予觉适之此举，实属大胆之处置，因依通常手续，适之须先请示政府。惟就当时情势言，适之迳自拒绝，确属有利之举措。倘适之据以电告政府请示，必发生无数谣诼。因

---

① 曹伯言整理.胡适日记全集第八册[M].台北：联经出版有限公司，2004：104—105.

美政府之对日，当时亦不能有决绝之表示。①

郭复初即当时的外交部部长郭泰祺。胡适做成此事后，将这件事告诉了他，而他，则在跟蒋介石会晤时告诉了蒋介石。可以说，从后果上来讲，胡适这一次的先斩后奏，对于中华民国的前途，影响甚巨。正是有了胡适的严词拒绝，才有了美国政府对日的决绝表示。有了美国对日决绝之表示后，对日美关系不抱希望的日本，很快在这一年年底发动了“珍珠港事件”，美国被迫卷入战争。中国迎来了当时世界上最强大的盟友美国，而当美国对日宣战之后，以蒋介石为首的国民政府紧接着对日宣战，这场战争，中国已然立于不败之地。

当时，胡适出任驻美大使，提出“苦撑待变”的方针。在他看来，“苦撑在我，待变在敌”，国民政府苦撑了四年之后，正处于“山重水复疑无路”之绝境，恰在此时，发疯的敌人日本帝国主义开启了自杀之路，“珍珠港事件”之后，中国的抗战进入了“柳暗花明又一村”的坦途。当美国总统罗斯福亲自打电话告诉胡适“珍珠港事件”时，电话这一头的他，深深舒了一口气，他心中的石头终于落了地。

对胡适的外交贡献，几十年之后，王世杰重新回忆往事，在1974年11月19日的日记中写道：

阅民卅年日记，觉复初、适之在外交方面，有超越其他

① 林美莉编校.王世杰日记上册[M].台北:“中央”研究院近代史研究所,2012:357.

职业外交家的贡献，而未尝作自我宣传者，令余心钦。①

六、胡适与宋子文的矛盾

1940年，当胡适还在驻美大使任上忙得不可开交时，宋子文作为蒋介石派遣的特使来到美国，为国家争取美援。在这期间，胡适与宋子文之间发生了很大的矛盾。

在宋子文看来，胡适这个驻美大使，整天忙着演讲、拿名誉学位，用于个人形象的精力太多，用于为国效力的时间太少。1940年7月12日，胡适在日记中写道：

> 宋子文也很着急。他说："你莫怪我直言。国内很有人说你讲演太多，太不管事了。你还是多管管正事罢！"②

对此，胡适也是有苦难言。忙着演讲，不也是言论报国的一种吗？至于拿名誉学位，那也是演讲之后带来的副产品而已。很快，作为蒋介石特使的宋子文升为外交部部长。这也让胡适的日子更加不好过。

远在重庆的王世杰也知道了两人之间的矛盾。1941年4月11日，王世杰在日记中写道：

> 今日接鲠生来信，谓宋子文在华盛顿遇事专擅，不顾体

---

① 林美莉编校. 王世杰日记上册[M]. 台北："中央"研究院近代史研究所，2012：1611.

② 曹伯言整理. 胡适日记全集第八册[M]. 台北：联经出版有限公司，2004：57.

统，颇使适之不快。①

宋子文的调事专擅，有一个典型体现：他垄断了跟国民政府的来往电报。1941年5月23日，胡适在日记中抱怨道：

自从宋子文做了部长以来，（去年十二月以来）他从不曾给我看一个国内来的电报。他曾命令本馆，凡馆中和外部，和政府，往来电报，每日抄送一份给他。但他从不送一份电报给我看。有时蒋先生来电给我和他两人的，他也不送给我看，就单独答复了。（他手下的施植之对人说的。）②

其实，宋子文垄断来往电报，并不仅仅是他自己的主意，蒋介石发给他的电报中，就明确要求他不要把电报给胡适看。宋子文的一些做法，其实也是奉旨行事而已。由此也可以看出，对胡适在驻美大使任上的所作所为，蒋介石也是很不满意的。当蒋宋对胡适的不满积累到一定程度，胡适被撤换也就成了水到渠成的事情。1941年7月14日，王世杰在日记中写道：

复初为予言，宋子文有电致蒋先生，要求撤换适之，并荐施肇基继适之为驻美大使。复初并谓蒋先生亦有更换适之之意，彼当时表示期期以为未可云。③

---

① 林美莉编校.王世杰日记上册[M].台北："中央"研究院近代史研究所，2012：340.

② 曹伯言整理.胡适日记全集第八册[M].台北：联经出版有限公司，2004：125.

③ 林美莉编校.王世杰日记上册[M].台北："中央"研究院近代史研究所，2012：361.

另外一方面，被架空了的胡适对驻美大使一职也不恋栈。此时，他已有急流勇退之意向。1942 年 7 月 1 日，王世杰在日记中写道：

胡适之来信，力称我政府领袖对于盟邦务取大度，不可因其一时不能充分顾及我之需要，而多所责难，并以政府中无人为诤言为可虑。彼于大使职甚消极，并谓数月来未接政府一电。故其辞意渐决。①

最终，蒋介石决定将胡适解职。与此同时，在国民党大员李石曾等人的奔走下，蒋介石有意让魏道明继任。1942 年 8 月 14 日，王世杰在日记中写道：

今晨蒋先生嘱布雷告我，谓将解胡适之使职，魏道明继其任；其议来自宋子文。予以宋与胡既不相融洽，原议势难变更，遂未争持。且适之蓄意去职已久，其心脏病近虽未发，亦须休养。②

王世杰知道胡适去职已不可避免，但他觉得由魏道明担任驻美大使不太合适，为此，他还向蒋介石谏言，希望不要派魏道明。但此时蒋介石决心已定，最终，1942 年 9 月，国民政府任命魏道明为新任驻美大使。任命公布后，美国舆论非常失望，主流报纸上指摘

① 林美莉编校. 王世杰日记上册[M]. 台北："中央"研究院近代史研究所，2012：441.

② 林美莉编校. 王世杰日记上册[M]. 台北："中央"研究院近代史研究所，2012：450.

了魏道明的各种劣迹。

1942 年 9 月 8 日，王世杰在日记中写道：

> 政府发表以魏道明继胡适之为驻美大使，中外均感觖望。适之于向美国务院及总统辞行后，致电蒋先生，力称魏甚庸劣，美报已有指摘，并谓宜设法另易他人。电中并推荐郭复初与蒋廷黻。①

与王世杰的日记相印证，1942 年 9 月 16 日，翁文灏在日记中写道：

> 访陈布雷。谈梁思成、思永事。又谈魏道明为驻美大使，美方颇为不满。②

七、出走美国

1946 年，胡适回国之后，两人来往更加密切。1946 年 11 月 13 日，王世杰在日记中写道：

> 晚间胡适之、周鲠生、傅孟真来谈。适之对国大及政府在大体上采维护态度。③

---

① 林美莉编校．王世杰日记上册[M]．台北："中央"研究院近代史研究所，2012：455.

② 李学通整理．翁文灏日记[M]．北京：中华书局，2010：811.

③ 林美莉编校．王世杰日记上册[M]．台北："中央"研究院近代史研究所，2012：830.

十天之后的11月23日，王世杰在日记中写道：

> 晚间与胡适之、傅孟真长谈。适之对国民党过去之贡献，本历史学者之眼光予以同情。值此中外是非混淆之时，适之之态度颇为国民党之一个助力。①

当时的胡适，作为自由主义的领袖，对国民政府的支持是很重要的。因为，当时有很多的自由主义者，因对国民政府的贪污腐败不满，跟国民政府已经完全离心离德。这时候，胡适公开站出来支持国民政府，对蒋介石而言，无疑是雪中送炭。这一时期，胡适对国民政府的支持，最典型地体现在他不仅参加了被中共与民盟所斥为伪国大的"国民大会"，而且做了大会主席团的主席。在此之前，胡适的好朋友周炳琳多次劝他不要去参加国大，但胡适却毅然决然地参加了。1946年12月17日，王世杰在日记中写道：

> 胡适之对于此次制宪工作甚热心，对国民党及蒋先生亦尽力维护，均出自公忠体国之诚，诚为难得。②

胡适参加国大，这其中，一个很重要的原因就是：他认为国民党这次召开的国民大会意味着国民党从苏俄式政党向英美式政党的转变。1947年3月18日，他在日记中写道：

---

① 林美莉编校. 王世杰日记上册[M]. 台北："中央"研究院近代史研究所，2012：833.

② 林美莉编校. 王世杰日记上册[M]. 台北："中央"研究院近代史研究所，2012：838.

五点访英大使 Ralph Stevenson,谈一点钟。我说,这次国民党结束训政,是一件政治史上稀有的事。国民党执有政权二十年,今日宣告结束训政,故是稀有的史实。①

此后,因美国的压力,蒋介石对胡适的倚重更加明显。1947年,他想邀请胡适就任考试院院长。1947年1月24日,王世杰在日记中写道:

蒋先生欲请胡适之任考试院院长,嘱傅孟真及予转商。②

当王世杰将这个消息传给胡适之后,胡适坚辞不就。1947年2月22日,胡适在日记中写道:

晚上写信给雪艇:"考试院长决不敢就,国府委员也决不敢就。理由无他,仍是要请政府为国家留一两个独立说话的人,在要紧关头究竟有点用处。我决不是爱惜羽毛的人,……但我不愿放弃我独往独来的自由。……国府委员而兼北大,尤为不可。当日北大同人要孟邻辞去北大,是依据大学组织法。我决不能自己解释国府委员不是官而不辞北大校长。……总而言之,我请求蒋先生容许我留在此地

---

① 曹伯言整理.胡适日记全集第八册[M].台北:联经出版有限公司,2004:276.

② 林美莉编校.王世杰日记上册[M].台北:"中央"研究院近代史研究所,2012:845.

为国家做点有用的事。……”①

除此之外，当胡适与周鲠生就国际局势问题展开论战时，王世杰也站在胡适一边。当时，周鲠生认为国际侵略的危险还在于日本，尤其是美国的扶日政策，会让日本军国主义死而复生。与周鲠生不同，胡适认为，国际形势下，最大的侵略危险不在于日本，而在于苏俄。此时的胡适，对苏俄已经高度警惕。看到胡适与周鲠生的论战文字之后，1948 年 1 月 26 日，王世杰在日记中写道：

> 接胡适之一信，示我以彼对国际形势之论文，意在驳斥周鲠生所发表之文字。适之彼此将开始其“反苏”之论战。②

王世杰说得确实不错。从此，胡适踏上了坚决反苏的历程。在美苏两种生活方式的选择中，胡适坚决站在了美国这一边。与此同时，随着国民政府在战争中节节败退的形势，蒋介石希望让胡适做“总统”，这样至少可以争取美国更多的援助。当王世杰等人告诉胡适这一消息时，胡适一开始不答应，但念于蒋介石一而再、再而三的诚意，胡适最终决定姑且一试。结果，当蒋介石在国民党党内提出这个建议时，国民党大员中只有罗家伦、吴稚晖站出来表示同意，其他人都坚决反对。此事最终无疾而终。几十年之后，

---

① 曹伯言整理. 胡适日记全集第八册[M]. 台北：联经出版有限公司，2004：269—270.

② 林美莉编校. 王世杰日记上册[M]. 台北：“中央”研究院近代史研究所，2012：889.

王世杰旧事重提，在 1971 年 3 月 28 日的日记中，他充满感叹地写道：

> 阅卅七年日记，对适之初被蒋先生邀请为总统候选人，最后放弃其邀请事，断定其原因一为陈立夫诸人之反对（曾暗嗾居正竞选总统），一为李宗仁经白崇禧等之运动，有改竞选副总统为竞选总统之策动。假使适之当选，历史不知将变化为何样。①

1949 年，胡适离开大陆，远赴美国。

晚年离开大陆的胡适，跟在台湾的有关当局的关系也不好。其中的主要症结就在于胡适希望结束国民党一党专制的局面，而蒋氏父子则用白色恐怖的方式来维持自己的专制统治。这一时期，胡适夹在《自由中国》与蒋氏父子中间，处境颇为尴尬。而作为台湾当局领导人办公室负责人的王世杰，则因为一件所谓的“航空贪腐”案，成为替罪羔羊，被蒋介石免职。

1958 年，胡适回到台湾，成为台湾“中央研究院”院长。此后不久，蒋介石违背“宪法”，企图第三次连任“总统”，结果遭到胡适等人的坚决反对。1959 年 9 月 18 日，王世杰在日记中写道：

> 晚间胡适之先生来谈。渠对于蒋先生的连任问题，甚为忧虑。彼谓仍决定于下月返台北，但拟（一）于其十二月十七日六十八岁生辰，发表拟于一年内退休之意；（二）并

---

① 林美莉编校. 王世杰日记上册[M]. 台北："中央"研究院近代史研究所，2012：1339.

拟于适当时间辞“国民大会”代表。①

对于胡适犯颜直谏蒋介石的行为，王世杰还是非常赞赏的。1960年1月1日，他在日记中写道：

在台湾惟有胡适之曾直率托张岳军向蒋先生建言，反对蒋先生作第三任“总统”。②

当时，与胡适形成鲜明对照的是钱穆。当蒋介石向钱穆询问三连任问题时，钱穆明确表示支持蒋介石三连任。

其时，蒋介石明确表示反对修改“宪法”，但“宪法”中明确规定了“总统”只能连任两届。在此情况下，深知蒋介石心意的国民党要人陶希圣想通过修改临时条款的方式来帮助蒋介石谋求三连任。对这种伎俩，胡适非常不屑，在新闻媒体面前，他多次表示，修改临时条款，其实就是修改“宪法”。

为维护“宪法”，王世杰也想出了一个计划，在1960年2月5日的日记中，他写道：

推定有立场有国际声誉之人如胡适者为“总统”候选人，自任“行政院院长”，辞修为副院长，而将实际院务多交副院长负责。如是则蒋先生虽任院长，而“总统”不必如林

① 林美莉编校. 王世杰日记上册[M]. 台北：“中央”研究院近代史研究所，2012：903.

② 林美莉编校. 王世杰日记上册[M]. 台北：“中央”研究院近代史研究所，2012：928.

森主席为负空名之人，现行“宪法”之精神可实现。①

王世杰的这一计划，既维护了“宪法”的尊严，也实现了台湾当局政治上的革新，正是两全其美的办法。但这个计划对于嗜权的蒋介石而言，是完全不能接受的。最终，蒋介石还是实现了三连任。

看到国民党党内已经丧失了政治革新的条件，以雷震为首的人开始有意识组建“反对党”，并希望胡适可以成为“反对党”的党魁。1960年5月15日，王世杰在日记中写道：

台湾社会对行政当局尚无恶感，故韩国政变，其影响虽已及土耳其及越南，对台湾地区尚无显著影响。但台湾地区反对人士亦颇酝酿组织“反对党”，并有拟劝胡适之为之领导者。②

1960年6月5日，王世杰在日记中写道：

此间政治失意之人及台湾绅士亦颇有组织“反对党”之活动。③

结果，就在雷震紧锣密鼓筹备“反对党”的时候，国民党趁着胡适前往美国之际，以“窝藏匪谍、知匪不报”的罪名逮捕了雷

① 林美莉编校.王世杰日记上册[M].台北:“中央”研究院近代史研究所,2012:935.

② 林美莉编校.王世杰日记上册[M].台北:“中央”研究院近代史研究所,2012:942.

③ 林美莉编校.王世杰日记上册[M].台北:“中央”研究院近代史研究所,2012:944.

震。胡适听闻这一消息，非常激动。1960 年 9 月 17 日，王世杰在日记中写道：

> 日昨胡适之来谈。彼对雷震案之愤激，超出余预计之外。言外之意似有改变其二十余年来支持当局之一贯态度。余劝其可向当局作不公开之诤议，但仍以避免公开批评为宜。彼似不甚以余意为然。余甚盼辞修能妥善处理此案。值此联大开会期间，行政当局尤应避免予敌人以攻击口实。①

当时，为了拯救雷震，胡适一方面跟蒋介石面谈，另一方面，还申请特赦。但这些方式，最终都无济于事。雷震还是被判了十年监禁。对此，胡适心中的苦涩，恐怕也只有他自己能够体会吧！

1962 年 2 月 24 日，在院士会议上，刚刚讲完话的胡适因心脏病猝发而死去。巨星就此陨落。听闻这一消息之后，王世杰陷入了巨大的悲痛之中。此后不久，蒋介石任命王世杰为新的“中央研究院”院长。

在担任院长期间，王世杰多次推动胡适相关作品的出版，并派人修葺胡适纪念馆。他还曾编制过一部为《胡适在台湾》的电影，据其 1964 年 11 月 18 日的日记：

> 余应美方友人之请，编制一电影片，名为“胡适在台湾”，系取原有零碎活动影片编制的。因原有材料甚少，故此片不甚能使余满意。然由此而顿觉与亡友重晤，看时甚

① 林美莉编校. 王世杰日记上册[M]. 台北：“中央”研究院近代史研究所，2012：952—953.

使余感动。①

晚年，他还常翻看胡适的著作。1965年3月12日，他在日记中写道：

《胡适之先生诗歌手迹》印就。余细细阅过，觉胡先生于新诗确亦曾努力自拟创一诗体，注重“明白清楚”“意境”“剪裁”与“组织”，其于“意境”一层注重“淡远”。②

1976年3月23日，他在日记中写道：

适之文集中《说儒》一文，为推尊孔子文献中最有力之文字，论者目适之为反孔，诚属谬误。③

可见，王世杰对胡适的作品是有深度理解的。他对胡适的《说儒》一文的看法，很值得注意。胡适反对孔家店，似乎只是策略，而不是真正反对孔子的真精神。胡适晚年对自由主义理念的阐释，很多都是借用孔子的名言来借题发挥。

王世杰对胡适的评价，还是很高的。1964年3月25日，他在日记中写道：

---

① 林美莉编校.王世杰日记上册[M].台北：“中央”研究院近代史研究所，2012：1056.

② 林美莉编校.王世杰日记上册[M].台北：“中央”研究院近代史研究所，2012：1072.

③ 林美莉编校.王世杰日记上册[M].台北：“中央”研究院近代史研究所，2012：1693.

> 余觉近数十年来，中国历史上之最大人格以孙中山、蔡元培、胡适、吴敬恒为最。①

胡适还是幸运的。在他死后，有王世杰这样一位老朋友为他出版相关作品、修纪念馆。

1981年，王世杰在台湾死去。在此之前，他的儿女希望他去美国定居。但他说："台湾虽是海上孤岛，但总还是中华国土的一部分。我死，也要灰留孤岛。将来有一天，也许有海风海潮把它送到崇阳故乡去，那我就含笑九泉了。"这也正应了胡适晚年最爱的一句诗："远路不须愁日暮，老年终自望河清。"

胡适与王世杰，一位是自由主义的精神领袖，一位是国民党的开明派官员，这两个人的交往，最可以看出国民党当局与自由主义知识分子之间的杯葛与离合。

---

① 林美莉编校. 王世杰日记上册[M]. 台北："中央"研究院近代史研究所，2012：1030.

凶终隙末

——胡适与罗隆基

胡适有时也会说硬话与狠话。

1929年，胡适在《新月》上发表《新文化运动与国民党》一文，文中胡适写道："前进的思想界的同情完全失掉之日，便是国民党油干灯草尽之时。"①在国民党的"党国体制"刚建立起来的时候，胡适这样的话算得上是硬话了吧！

同样是在这篇文章中，胡适还写道："如果这几件最低限度的改革还不能做到，那么，我的骨头烧成灰，将来总有人会替国民党上'反动'的谥号的。"②这样的话在当时也算得上狠话了吧！

二十八年后的1957年，已经被打成大"右派"的罗隆基努力为自己辩护，他说："即使把我的骨头烧成灰，也找不到反党阴谋。"③

罗隆基这句为自己辩护的话像是脱胎于胡适的那句狠话。胡适与罗隆基，都是留学英美的自由主义知识分子，两人的交往原本有一个很好的开始，然而，随着两人各自观点的不同，以及随之而来的政治局势的变化，两人最终分道扬镳。而且，似乎时间越往后

---

① 欧阳哲生编.胡适文集第五册[M].北京:北京大学出版社,2013:533.

② 欧阳哲生编.胡适文集第五册[M].北京:北京大学出版社,2013:534.

③ 罗广武编著.中国民主党派大事通览 1949－2000 上[M].北京:华文出版社,2010:566.

推，胡适对罗隆基的评价就越低。

一、英国的相遇相识

按照年龄来讲，罗隆基可以算得上是胡适的学生辈。当胡适以北大为阵地掀起新文化运动的时候，罗隆基还是清华学堂的学生。“五四”运动中，胡适在北大的学生傅斯年、罗家伦是学生运动的领袖，而罗隆基则是清华学堂的领袖。“五四”运动让罗隆基的组织才能初步显露，“九载清华，三赶校长”一直是罗隆基引以为豪的事情。这一时期两人还没有交往，对这一时期的胡适，罗隆基也许像当时大多数的青年学生一样，是欣赏与崇拜的吧。

胡适与罗隆基的第一次见面，大概是在1926年的英国。那一年，作为中英庚子赔款委员会的委员，胡适特地前往英国参加相关会议。而当时的罗隆基恰好也在英国伦敦政治经济学院师从拉斯基读书，两人在英国见面了。对于这次见面，1926年9月26日的胡适日记中有记载：

> 回寓吃晚饭，遇见罗隆基君，他说他现在在此研究两个题目：
>
> 1. 舞弊制止法(Corrupt Practiceslaws)
> 2. 文官考试法(Civil Service)
>
> 我听了很高兴。与他谈甚久。①

胡适对此时的罗隆基是欣赏的，隐隐有一种发现人才的喜悦。此后不久，胡适前往美国，而罗隆基则继续在英国念书。

---

① 曹伯言整理.胡适日记全集第四册[M].台北:联经出版有限公司，2004:477.

二、中国公学时期:并肩战斗

1927年，胡适从美国回到上海，这段时间胡适写了许多学术文章，是胡适最致力于学术的时期。但好景不长，1928年，上海中国公学闹学潮，校长辞职。中国公学董事会经过讨论，一致要求胡适这个曾经的中国公学学生来做校长。盛情难却，再加上这是自己的母校，胡适接受了这一邀请，做了中国公学的校长。此时的罗隆基早已留学归来，恰好也在中国公学做教授。两人交往日益频繁起来。

随着国民党的北伐，北平的言论环境大不如前。身在北平的学者教授纷纷南下来到上海，那些自由主义知识分子如徐志摩、潘光旦、梁实秋、罗隆基等人，以胡适为核心，先是根据徐志摩的设想，创办了《新月》杂志。此后不久，非常欣赏英国“费边社”的罗隆基向胡适等人介绍了英国“费边社”的相关历史，受此启发，胡适与罗隆基等人组建了一个类似的组织：“平社”。胡适与罗隆基是该社的核心成员。

“平社”应该是在1929年建立的，1929年3月25日的胡适日记中记载：

> 《平论》的人员是志摩、梁实秋、罗隆基(努生)、叶公超、丁西林。
>
> 本想叫罗努生做总编辑，前两天他们来逼我任此事。此事大不易，人才太少；我虽做了发刊辞，心却不很热。①

---

① 曹伯言整理.胡适日记全集第五册[M].台北:联经出版有限公司,2004:550.

虽然胡适“心不太热”，但平社最终还是建立起来了。在平社同仁的聚餐交流中，胡适与罗隆基的交往也更密切了。

就在胡适心不太热的第二天，上海市教育局局长陈德征就向国民党三中全会提出严厉处置反革命分子的提案，在这一提案中，陈德征认为由法院逐个甄别谁是反革命分子太麻烦，因此要求只要有国民党党部的一纸证明，法院就可以立即将一个人认定为反革命分子，并由此判决。

此提案严重违背了程序正义的法理原则，同时将党部凌驾于法院之上，完全摒弃了司法独立的原则，完全开启了党化司法的执政理念。

忍无可忍的胡适给当时的司法院院长王宠惠写信抗议此事，同时也将此信投稿通讯社发表，结果此信没有通过国民党的新闻检查，被查禁了。更令胡适生气的是，虽然这封信没有在报纸上发表，陈德征却看到了此信，并且在报纸上公开讥讽胡适。

1929 年 4 月 21 日，平社在胡适家中第一次聚餐。而恰好，此前一天的报纸上刊登了国民政府保障人权令，相信这次平社聚餐免不了谈到这个报道，胡适对国民政府这个保障人权令很不满意，认为这条保障人权令有严重缺陷。虽然它禁止个人与团体非法侵害人权，但并没有要求党部与政府尊重人权，而人权之所以得不到保障，恰恰是因为国民政府有滥用权力侵犯人权之嫌疑。由这条新闻出发，胡适写下了《人权与约法》一文，正式开启了他们与国民党的论战。

此次论战开始之后，罗隆基成为胡适的得力助手，他连续发表了《专家政治》《论人权》《告压迫言论自由者》《我对党务上的“尽情批评”》等文章，有力地支援了胡适的观点，论证了在国民党“党国体制”之下人权破产的事实。

对于胡适、罗隆基的挑战，国民党党部也反应强烈，纷纷要求严办胡适、罗隆基等人，而给他们安的罪名则是："侮辱本党总理，诋毁本党主义，背叛国民政府，阴谋煽惑民众。"除此之外，为了消除影响，国民党也采取了种种手段来对付他们，先是查禁《新月》，后来又把胡适、罗隆基等人合著的《人权论集》也查禁了，后来还曾迟迟不给中国公学立案。但由于胡适、罗隆基等人并不曾屈服，黔驴技穷的国民政府只好实施抓人这一招了，但由于胡适声名在外，国民党颇有忌惮，于是国民党就拿罗隆基开刀，所谓杀鸡儆猴是也。

1930 年 11 月 4 日，胡适正在蔡元培家吃午饭的时候，家中人急匆匆地告诉胡适说中国公学的学生有紧急事情汇报，原来罗隆基在当天上课的时候被公安局警察逮捕了。

得知此事之后，胡适第一时间展开营救。他先托蔡元培去找当时的上海市市长张群疏通，接着又托沈昆三去找公安局局长袁良。然后又专门打电话给宋子文，让他设法。经过胡适的积极营救，上午被抓的罗隆基在下午六点多钟就回家了。

对于自己的被抓，罗隆基非常生气，到家之后，罗隆基就写了《我的被捕的经过与反感》一文，发表在新一期的《新月》杂志上。此后，罗隆基在光华大学的课程也被停了，在此期间，胡适还曾为光华大学校长张寿镛出主意起草文稿。而为了表达自己的抗议，胡适也曾托金井羊带了几份《新月》给陈布雷与蒋介石看。

毫无疑问，在对抗国民党的"党国体制"上，胡适与罗隆基是同一个战壕中的战友。但在对待学生运动上，两人却出现了分歧。

罗隆基被捕之后，光华大学的几个学生就来找胡适，希望胡适来领导学生。胡适拒绝了他们，并在日记中写道："这几个学生的言论使我感觉不愉快，他们是政客一流人，将来恐于隆基有害。”①

争自由、争人权，胡适都是一人做事一人当的态度，他不想利用学生的力量来达到自己的目的，即使这种目的是为了争取民主自由。后来，为了不影响学生的学业，为了能够让中国公学顺利地立案，胡适辞去了中国公学校长的职位。

在这一点上，罗隆基与胡适不同，“五四”时代罗隆基就是学生运动的领袖，此时学生再次找上门来，胡适所说的“将来恐于隆基有害”的担心不幸言中。罗隆基很快就卷入了大学的学潮之中。1931年中国公学发生学潮，罗隆基就曾参与其中。胡适在日记中写道：

> 中公问题如此结束，甚可痛心。大概二月四日的校董会本意由子民先生暂任校长以救危局，而君武、隆基诸人不明大体，纵容学生去包围校董会。遂成僵局。于是校董会遂把学校送给教育部与党部了。②

此后不久，胡适又在日记中写道：

> 志摩到北京。我们畅谈别后的事，一是中国公学的事，一是《新月》的事。中公的事，我已知大概，但尚不知隆基玩了许多笨拙的把戏，而君武同他一样见识，遂闹到不可收拾。③

---

① 曹伯言整理.胡适日记全集第六册[M].台北：联经出版有限公司，2004:362.

② 曹伯言整理.胡适日记全集第六册[M].台北：联经出版有限公司，2004:492.

③ 曹伯言整理.胡适日记全集第六册[M].台北：联经出版有限公司，2004:502.

这两则日记颇可以看出胡适与罗隆基行事风格的不同以及两人意见之分歧。

虽然此时两人有了分歧，但此时两人毕竟是同一战壕中的战友，这一期间胡适还曾帮助过罗隆基。

罗隆基被迫辞职之后，无以为生，只好赖译书维持生计。每译出一篇文章，罗隆基常会让胡适给校对一番，看看有没有错误，而胡适也细心地为罗隆基校对并提出了一些中肯的意见。在此期间，罗隆基与妻子张舜琴琴瑟不调，两人经常吵架，在写给胡适的信中，罗隆基也常诉及自己婚姻上的苦恼。

虽然罗隆基在《新月》上发表文章，得罪了国民党执政当局，但也因此暴得大名。天津《益世报》因为要与《大公报》相颉颃，为了与张季鸾分庭抗礼，重金邀请罗隆基去《益世报》做主笔。月薪高达五百元，还配备专用小汽车。一开始，这些邀请罗隆基的电报都被国民党扣中不发，后来随着新闻报道，罗隆基很快知道了这一消息，在给胡适的信中，罗隆基再次谴责了国民党对他的迫害。

很快，罗隆基也跟胡适一样，北上了。不过两人的目的地并不一样。胡适去的是北平，他要帮助北大校长蒋梦麟，重新整顿北大。而罗隆基去的则是天津，他要去主持《益世报》的笔政。

三、1930 年代：不满与嫌隙

1931 年 9 月 15 日，在蒋梦麟、胡适等人的努力下，新北大开学了。这是蒋梦麟振兴北大的开始。然而，三天之后，“九·一八”事变发生了。国破家亡之际，面对的是如何抵抗日本侵略者的问题。

“九·一八”事变发生之后，罗隆基的主张是与日本交战。据当时的报纸记载：

上海中国公学教授罗隆基，昨应青年会之邀，演讲解决东北问题之我见。罗氏谓中国救国之运动，其过程不外始于学生罢课，经济绝交，举行市民大会，向政府请愿，而于政府安慰民众为止。循环演进，刻板程式。

此次暴日侵略，薄海共愤。而民众所恃之救国运动，又复如此。所得之实效，前车可鉴，奚用推测？故罗氏以解决东北问题，端赖开战。战而胜，一切问题迎刃而解。不幸败北，犹可藉之振起民族，挽救垂亡之国运。罗氏之言，语语警惕。

与罗隆基不同，胡适的主张则低调得多。在胡适看来，中国还没有与日本一战的资本。战争是残酷的，一旦战败，后果不堪设想。胡适主张积极与日本交涉，希望通过与日本的交涉，谋求十年的和平。

此时，高调的罗隆基与低调的胡适在抗战问题上产生了重要分歧。为了表达自己的观点，以胡适为首的自由主义知识分子创办了政论刊物《独立评论》。需要指出的是，罗隆基并不是《独立评论》的成员，胡适当然在《新月》上见识过罗隆基政论的风采，但此时却没有邀请罗隆基为《独立评论》撰稿。而且，胡适还曾在日记中批评过罗隆基犯了政论家的大忌。在1933年12月21日的日记中，胡适写道：

今晚看晚报，始知罗隆基主持社论的天津《益世报》受党部压迫，封锁邮电，故今日的报不能发出，晚上罗君来谈，说他已辞职了。

我们谈了两三个钟头。

罗君自认因父受国民党的压迫，故不能不感觉凡反对国民党之运动总不免引起他的同情。此仍是不能划清公私界限。此是政论家之大忌。①

在胡适看来，罗隆基已经犯了“敌人的敌人就是我的朋友”的大忌。

这一时期，两人虽有分歧，但关系仍很亲密。毕竟，在许多问题上他们还有很多的共识。1934年3月7日，胡适从北平到了天津，在这一天的日记中，胡适写道：

约罗努生来谈，他们现在要办一个行政研究所，我劝他用全力去研究几个县政府，而不要做什么书本上的行政研究。努生志不在此，此所恐无大成绩。

我们又谈他的政治计划，他还想组织政党，努生是一个天生的政客，应该朝这一方面做去。②

此时的罗隆基有组党的计划，而胡适也看出罗隆基是有天赋的政客，本着每个人都应该发挥所长的原则，鼓励他向这方面发展。

1935年，胡适还与罗隆基、丁文江等人一起去广西游玩了一番。对此，梁实秋在《怀念胡适》中回忆说：

有一年胡先生和马君武、丁在君、罗努生作桂林之游，

---

① 曹伯言整理．胡适日记全集第六册[M]．台北：联经出版有限公司，2004：728—729.

② 曹伯言整理．胡适日记全集第六册[M]．台北：联经出版有限公司，2004：78.

所至之处，辄为人包围。胡先生说：“他们是来看猴子！”①

这一时期的情形，1935年1月20日，胡适日记中记载：

雷厅长邀我们在榕湖吃饭，饭后到高中，对公务人员讲演。我讲“社会不配的人生观”，钧任讲外交。努生讲公务人员的要件：(1) 要科学化，(2) 要职业化，(3) 要超出党派，(4) 要互相研究自身的问题。努生谈此题最是当行出色。②

这则日记中，“雷厅长”是当时广西教育厅厅长，“钧任”指的是罗文干，他在1932年曾兼任外交部部长，所以演讲的时候讲的是外交。而罗隆基在英国时期就曾研究过英国的公务员制度，他讲的是公务员制度。对罗隆基的这次演讲，胡适还是非常赞赏的。

从广西回来之后，一贯反对国民党的罗隆基却蒙蒋介石垂询。在去见蒋介石之前，罗隆基特地征求了一下胡适关于中日问题的意见。对此，胡适专门给罗隆基写了一封长信。信中，胡适提出了自己的两个方案：一是主张与日本公开交涉，希望谋得一个喘息的时间；二是从反面着想，定下一个苦战四年的计划。信中，胡适还希望罗隆基传达胡适对蒋介石的期待，胡适当时希望蒋介石采取无为而治的治国方针，希望蒋介石效仿蔡元培。

在去见蒋介石之前，罗隆基还事先征求胡适的意见，由此也可

① 梁实秋. 梁实秋散文第三集[M]. 北京：中国广播电视出版社，1989：345.

② 曹伯言整理. 胡适日记全集第七册[M]. 台北：联经出版有限公司，2004：170.

以看出罗隆基对胡适的敬重。然而，随着“一二·九”运动的发生，两人在关于学生运动的问题上再次产生了分歧。

1935年12月9日，在中共的领导下，平津两地的学生发起爱国游行示威，也就是我们常说的“一二·九”学生运动。在这场运动中，胡适虽然赞赏了学生的爱国热情，但对于学生运用罢课手段来游行示威的行为，则明确表示了反对。在胡适看来，学生罢课是得不偿失的行为，因为最好的爱国方式乃是努力把自己铸造成器。

与胡适不同，罗隆基对学生运动无条件地支持，而且对胡适的态度表示了不满。据韦君宜在《思痛录》中回忆：

> 罗隆基……是我们这些“一二·九”学生经常请来帮我们说话的人。他家在天津，我就到他在天津的家去邀请过他。他在“五四”纪念活动时来清华讲过，痛斥胡适等人如何放弃了当年“五四”的传统。①

1937年1月3日，胡适在日记中写道：

> 到熊佛西、朱君允家吃午饭，见着梁实秋、闻一多、潘光旦、罗努生、赵太侔、顾一樵诸人。罗努生来替宋哲元办《北平晨报》了。他接事了很多时，不曾来看我。②

同样是在这一年，胡适在公开场合严厉批评了罗隆基。1937年7月7日，北平市长秦德纯邀请参加牯岭谈话会的教授们座谈。

---

① 韦君宜.思痛录[M].北京:人民文学出版社,2013:55.

② 曹伯言整理.胡适日记全集第七册[M].台北:联经出版有限公司,2004:366.

据陶希圣回忆:

当时罗隆基发言,“国民党既不能不退出河北,何妨让各党各派来干一下。”适之先生严厉指责罗隆基。他说:“国民党抗日,被迫撤退。各党各派如果抗日,也不能不撤退。若是不抗日的党派,在河北干什么? 那不是卖国吗?”胡先生一向批评训政制度,此刻却说:“依训政约法,国家的政权由国民党代行。敌人迫国民党退出河北,就是迫主权者退出河北。这是什么时候? 努生! 你不应该这样说。……”①

此后不久,随着“七七”事变与全面抗战的爆发,胡适应蒋介石的要求,前往美国寻求支援。胡适与罗隆基的交往戛然而止。不过在1939年,胡适日记中还记载了关于罗隆基的情况。1939年7月27日,胡适在日记中写道:

国民党的海外部萧吉珊来吃饭。他说起罗努生与张舜琴离婚了,两人都已再结婚;努生与王小姐结婚后,现在也“打”起来了!②

胡适日记中的这位王小姐,是罗隆基的第二任妻子王右家。两人的婚姻在当时也出现了裂痕,当时,罗隆基与杨度的女儿杨云

① 欧阳哲生编.追忆胡适[M].北京:社会科学文献出版社,2000:121.

② 曹伯言整理.胡适日记全集第七册[M].台北:联经出版有限公司,2004:681.

慧在情书中谈婚论嫁，而杨云慧当时的丈夫郭有守也是《新月》的撰稿人，罗隆基明显犯了朋友之妻不可欺的原则。罗隆基私生活的混乱，可能也是导致胡适对他不满的一大原因吧！

四、1940年代：渐行渐远

1945年，抗战胜利之后，罗隆基成为民盟的宣传部长，胡适则成了国民政府任命的北京大学校长。两人的自由主义理念虽然还是一致的，但是，在对待国民政府的态度上则明显不同。而且，对于罗隆基的个人私德，许多知识分子都不以为然，吴宓认为罗隆基"不大忠厚"，储安平则认为罗隆基"德不济才"，即使是罗隆基的好友梁实秋也曾讥讽他："才高于学，学高于品。"更加耐人寻味的是，北大教授罗常培还因为鄙视罗隆基的人品而不加入民盟。

1946年4月24日，在给胡适的信中，罗常培写道：

> 虽然挂名党籍，却还领导得起各党各派的三千多学生在露天开会六小时，不倦不吵。因此民主同盟方面的一多、光旦、昭抡极力拉我入伙。我因甚鄙努生的为人，没有被他们动动。①

与罗常培的观察一样，回国之后的胡适，也对罗隆基不以为然。1947年2月6日，在给傅斯年的信中，胡适写道：

> 外国人对我国的观察也有未可一概抹煞之处。例如老兄不喜欢马帅（即马歇尔），但我曾听一个美国朋友说，马帅

---

① 张友仁编.周炳琳文集[M].北京：北京大学出版社，2012：254—255.

> 对中国人士向不下明白坦率的判语，惟对于罗隆基，则曾坦白地说此人一无可取，且不可靠。此可见马帅不是瞎眼人也。①

马歇尔给罗隆基的判断是“此人一无可取，且不可靠”。此时的胡适则赞同马歇尔的意见，由此也可以看出当时的胡适已经对罗隆基非常不满意了。

1949年，胡适从上海乘船离开了大陆，而罗隆基则最终选择了留下。后来，批判胡适运动展开的时候，罗隆基保持了沉默。再后来，罗隆基被打成了“右派”，当他指天立誓地说“即使把我的骨头烧成灰，也找不到反党阴谋”的时候，他的女友浦熙修则说：“实际上他的骨头烧成灰，就是剩下来的灰末渣滓也都是反党反社会主义的。”由此倒是可以比较一下胡适与罗隆基两人所交的女友的水平。

胡适所交的女友，多数时候是女追男的，不论是韦莲司、曹诚英，还是陈衡哲、徐芳，都有这种倾向。这一类的女人，对胡适一往情深，都为他付出了很大的代价，却也无怨无悔。陈衡哲与曹诚英在1949年都留在了大陆，曹诚英临死之前，也要把自己的墓地选在胡适回家的必经之途，这样的爱情让人动容。陈衡哲似也不逊色，在批判胡适的时候，陈衡哲依然通过远在美国的女儿，保持与胡适的书信来往，这种勇气也让人钦佩。对曹诚英、陈衡哲而言，爱情友情可以永垂不朽。

罗隆基所交的女友就不一样了，罗隆基所交的女友，似乎都是男追女型的。虽然罗隆基才华横溢，又有绅士风度，可以迷倒无数

---

① 耿云志，欧阳哲生整理.胡适全集第二十五卷[M].合肥：安徽教育出版社，2003：222.

女性。但是，当大难来临时，不论是史良也好，浦熙修也罢，都第一时间站出来，跟他划清了界限。当时她们都面临巨大的政治压力，我们应该抱着同情之了解。但是，如果我们比较一下胡适与罗隆基两人所交的女友，似乎也可以看出两人在做人处事上的差距吧！

患难与共

——胡适与张忠绂

1937 年，“七七”事变之后，北大政治系主任张忠绂，应国民政府邀请，从北平来到南京，拜谒了何应钦，并就抗战问题提出了自己的意见与建议。之后，张忠绂从南京返回，准备继续他的教书生涯。然而，在途中的汉口，张忠绂接到了胡适的一封电报，由此改变了自己的人生轨迹，也开启了两人在美国患难与共的旅程。

电报中，胡适告诉张忠绂，蒋介石希望他和钱端升、胡适一起前往美国，向美国朝野说明中国抗战的真相，寻求美援。

一、相识相知

张忠绂，字子缨，湖北省武昌人。1915 年，求学于清华学堂，与梁实秋、罗隆基等人前后同学。清华读书期间，他亲身经历了五四新文化运动的精神洗礼，对五四新文化运动的领袖蔡元培、胡适等人非常崇拜。清华学堂毕业后，张忠绂前往美国求学，在美国攻读政治学与国际关系学。

1931 年，蒋梦麟成为北大校长，他有中兴北大的野心。为此，他邀请胡适北上，重振北大文学院。与此同时，他广泛网罗人才，经北大法学院院长周炳琳的邀请，张忠绂前往北大任教，成为北大政治系的名教授。同在北大屋檐下，又有留学英美的背景，张忠绂很快成为胡适的好朋友。1932 年，胡适主编的《独立评论》创刊，张忠绂顺理成章地成为《独立评论》的撰稿人，两人对许多问题的认识都不谋而合。

1930 年代，在如何应对日本侵略的问题上，胡适与张忠绂的认识就非常一致。当时，胡适主张对日妥协，希望通过妥协的方式来为中国谋求十年的和平。但胡适此举遭到了许多朋友的指责，其中反弹最大的是傅斯年。傅斯年是“五四”运动的学生领袖，“外争主权”的信念刻在傅斯年的骨子里，民族主义情绪浓重的他不能忍受胡适“对日妥协”的主张。看到胡适的妥协主张之后，情绪激动的傅斯年甚至要跟胡适绝交。

1935 年，面对中日关系紧张的局势，国民政府征求熟谙国际关系的张忠绂的意见。面对最高当局的垂询，张忠绂也主张暂时对日妥协。这让胡适颇为兴奋。他到处对人说：“子缨是学外交的，也不赞成立即抗战。”①

对胡适的良苦用心，晚年张忠绂还充满“同情之了解”地评价道：

> 适之是爱国的，深知中日战争，后果堪虞，倘能和平解决，忍痛一时，为建国留地步，未始非计。“七七”事变前后，国内除不负责的野心家与青年学生外，没有不希望早日和平解决的，只要不妨害中国复兴的命脉。②

1936 年，两人还一起参加了“太平洋国际学会”。太平洋国际学会成立于 1925 年，由美国的洛克菲勒基金会出资，这个学会主要致力于太平洋沿岸各个国家学术文化的交流。当时，代表各国出席学会的学者都是各国在相关领域的顶尖学者，会上有各国学者的相关发言。1936 年，参加太平洋国际学会的中国代表团团长就

---

① 张忠绂. 迷惘集[M]. 台北：文海出版社有限公司，1978：116—117.

② 张忠绂. 迷惘集[M]. 台北：文海出版社有限公司，1978：116.

是胡适，张忠绂是团员。

关于这次会议，1936年7月18日，胡适在日记中写道：

> 上午我们聚谈开会事，我与驭万略述过去十年历史，供同行诸君参考。最后决定请李榦先生与施济元先生担任第二第四题，张忠绂先生担任第五题的准备。①

日记中“驭万”，就是刘驭万，他是太平洋学会的中国常任秘书。张忠绂对于自己担任第五题的任务，很不满意，他这种不满，不是针对胡适，而是针对刘驭万。在回忆录中，张忠绂抱怨说：

> 记得1936年的那次会议，我于不到两月前方接到通知，但并无人分配给我工作。北京大学毕业礼举行后我由上海会同团长胡适，常任秘书刘驭万等乘轮赴旧金山。在船上的半个月期间，也无人提到工作问题。抵旧金山的头一夜，约在晚间十点左右，刘驭万拉着胡先生到我房间来，叫我准备一篇论文小册子，于开会前分发。那时距会期只有两周。抵新大陆后，公私应酬必繁，随身又未携任何参考书籍。指定的题目虽在我研究范围以内，但旅途中未携带任何参考材料，作起来也必事倍功半。真是天晓得。②

抱怨归抱怨，在胡适的帮助下，张忠绂最终还是圆满完成了演说任务。

---

① 曹伯言整理. 胡适日记全集第七册[M]. 台北：联经出版有限公司，2004:336.

② 张忠黻. 迷惘集[M]. 台北：文海出版社有限公司，1978:175—176.

二、共赴国难

1937 年的 8 月，身在汉口的张忠绂，接到电报后，立即回到南京，准备赴美的相关事宜。

对于此行的任务，张忠绂在他的回忆录中说：

> 我们三人到美国的最大希望为：一面使美国政府能了解我们的国情和我们政府被迫而抗战的苦衷，一面在加强美国民间对中国的同情，并唤起美国民众对孤立政策有所警惕，等待时机成熟，然后可以有所举动。①

到美国之后，他们首先面临住宿与出行的问题。当时，胡适、张忠绂与钱端升似乎都觉得自己不能待在国内与国家共患难，来到美国从事相对安全的工作，心中未免有些愧疚。而在衣食住行方面，按照张忠绂的回忆，他们节省到了极致。

先说住宿。据张忠绂回忆：

> 在非正式使美期间，他（胡适）自己使用公款，不仅清廉，而且十分节省。他和端升先到纽约，住在 Ambassador Hotel。端升住的房间只八元一天。适之的客人多，需要一点空间，作客人的坐起，也只选了一个十元一天的房间，并没有像其他的正式或非正式外交使节，动辄在旅馆中租一层楼（Apartment），至少也得租一个附有客厅的里外间。②

---

① 张忠黻. 迷惘集[M]. 台北：文海出版社有限公司，1978：115.

② 张忠黻. 迷惘集[M]. 台北：文海出版社有限公司，1978：120.

除住宿之外，出行也是一大花费。关于坐车，胡适与张忠绂也有妙招为国家省钱。张忠绂回忆说：

适之和我们外出时，总不肯在旅馆门口叫汽车，情愿走出街口或转一个小弯，不让旅馆的行者看见，然后再叫。虽然麻烦一点，而且行动有点鬼祟，但每次可以代公家省二角五分美金。①

不仅如此，他们三人在美活动期间，还不拿国家一分钱的工资，当时，他们还都没有脱离北大，按合约，北大还给他们支半薪。他们就靠北大的半薪，来开展他们的民间外交活动。

也就是在这样的条件下，他们展开了民间舆论工作，并通过电报与国民政府保持密切联系。具体细节，张忠绂回忆说："这些电报是适之订稿，端升与我参酌的意见后，再由我译成密码，直电中枢。"②

即便他们如此卖力，国内的人们因不太知情，犹嫌他们活动太少，没有能够迅速影响美国对华的舆论。这也难怪国内的人，国内正在经历血与火的战争，自然希望能看到立竿见影的效果，但事实上，美国舆论对华的转变，依赖美国民意的变化，而这只能是一个缓慢变化的过程。也就是说，对胡适、张忠绂、钱端升来说，他们只能图远功，很难谋近利。张忠绂回忆说：

在美国时，适之常说，国内有人批评我们活动太少。你知道的，那些美国普通社团能发生多大作用咧！我们与其

① 张忠黻.迷惘集[M].台北：文海出版社有限公司，1978：121.
② 张忠黻.迷惘集[M].台北：文海出版社有限公司，1978：115.

到处常说，或发表谈话，除自我宣传外，别无作用，到不如集中精力，扼要活动。自我宣传，本来毫无价值。国内人不知实情；他们的批评，随他们去好了。①

然而，他们未免也存有大奢望，但大奢望落空之后，也就难免失望。1938年初，张忠绂的家里出了一些事情，钱端升也有些心浮气躁，他们都先后离开了胡适。1938年1月27日，胡适在日记中写道：

得张子缨一电，说他得家电不得不归，今日就走了。我不知他走何路，也无法慰问他。

他去年早因家事想走，我也不劝他留，后来他决定不走了。

端升总嫌没工可做，今年病后也想回去。我对他们说：本来深知来此无事可做，无功可立，所以当时不肯来。既来了，必须耐心住下去，有事就做事，无事就留心研究。

端升自信太大，自恃过高，总觉得来此无人赏识，无用武之地，故很牢骚。子缨则因家事，心甚焦急。②

除此之外，关于胡适使美期间的外交思想，许多学者认为胡适使美之后，就抛弃了他“对日妥协”的求和主张。其实，在美的一段时间里，胡适还对“主和”的主张保持幻想。张忠绂回忆的一件小事就可以证明这一点。他写道：

---

① 张忠黻著．迷惘集[M]．台北：文海出版社有限公司，1978：116.

② 曹伯言整理．胡适日记全集第七册[M]．台北：联经出版有限公司，2004：471.

> 某次纽约外交政策协会(Foreign Policy Association),请他演讲。他一向喜欢说老实话,在演讲及问答中,他表示只要日本退兵,中国不惜承认满洲国。那天晚间前国务卿史梯姆生亦在坐。会后他邀适之和我到他家中楼下酒吧间内闲谈(我们尚曾在酒吧间墙上留名。)我还记得很清楚,史梯姆生以右手扶在适之肩上,很诚恳地说:“你怎么能代替东北三千万人说这种话?”适之当时也很感动,只点首无言。①

史梯姆生对胡适的质疑切中了胡适的要害。全面抗战之前,胡适也有不惜承认伪满洲国来换取十年和平的主张。但问题在于:谁有资格代表东北三千万人来说这种话?除此之外,当时,胡适还面临一种困境,即便签订了城下之盟,如何保证日本会给中国十年的和平时间呢?当日本侵略的野心与胃口越来越大时,即使签订了城下之盟的不平等条约,也未尝不是饮鸩止渴吧。

张忠绂离开胡适之后,取道法国回到祖国。应陈布雷的邀请,他弃学从政,成为军事委员会参事室参事。胡适则应蒋介石的招呼,成为驻美大使。对胡适驻美大使的工作,张忠绂评价很高,他说:

> 二十世纪的外交家应当是一位诚恳可亲,广交游,平易近人,能获得驻任国一般人民爱戴的真君子。适之正是这种人物。他曾一度赢得“一个伟大的民主人”(A Great Democrat)的雅号。抗战期间,由他先之以半官式,继之以正式大使的身份,驻在美国,这对国民政府甚为有利。独惜

① 张忠黻.迷惘集[M].台北:文海出版社有限公司,1978:117.

在美国战争爆发后，他被撤换，外交部长亦由宋子文继任。战后美国舆论对国民政府，由同情转为敌视，其原因虽多，但与重要官吏人选，似亦不无关系。①

三、蒋廷黻的党籍问题

除此之外，晚年胡适的一个“大胆假设”也在张忠绂的回忆录中得到了印证。

胡适晚年的时候，跟唐德刚合作口述他的自传。两人交流时，胡适有一个“大胆假设”，认为蒋廷黻是国民党党员。对此，唐德刚在《胡适杂忆》中写道：

我记得我们那时还谈了些有关蒋廷黻的掌故。我偶尔提到蒋氏可能是“复兴社”里的要员。

“很有可能，很有可能！”胡先生说当他1952年返台，蒋公约见之时，他们曾涉及胡蒋二位有意组党之事。“蒋先生说，‘请告诉廷黻不要另外组党了，还是回到国民党里来吧！’”

“这‘回到’二字里有文章！”胡先生不疑处有疑地向我说，“蒋廷黻未加入过国民党，为什么要‘回到’国民党里去呢？”

胡先生怀疑蒋廷黻先生是个力能通天的“蓝衣社”大员。我们并且把《独立评论》找出来“考据”一下蒋廷黻加入“复兴社”的可能年代。

如今当事诸公俱已作古。那些力未通天的“蓝衣社”社

---

① 张忠黻. 迷惘集[M]. 台北：文海出版社有限公司，1978：118.

史家们也找不到证据来证明蒋氏是否是个“社员”，这件事，可能就永远是民国史上的疑案了。①

胡适的这个“大胆假设”，在张忠绂的回忆录中得到了印证。张忠绂回忆说：

至于蒋廷黻后来自谓不是党员，那却是骗人的。他不仅只是党员，而且是党内许多小组织中的成员。②

张忠绂披露“蒋廷黻是党内许多小组织的成员”，这里的小组织，极有可能就是胡适、唐德刚所说的“蓝衣社”。

笔者为什么不惮其烦地论述“蒋廷黻是国民党党员”这一事实呢？因为蒋廷黻的国民党党员身份可以让我们重新审视 1930 年代“民主与独裁”的论战。

1933 年 12 月，蒋廷黻在《独立评论》80 号上发表《革命与专制》一文，主张为了实现国家统一，必须先实行“国家专制”与“新式独裁”。

胡适不同意蒋廷黻“新式独裁”的鼓吹，并在下一期的《独立评论》发表文章反驳蒋廷黻，两人的论争引发了“要民主、还是要独裁”的论战。

对蒋廷黻“新式独裁”的主张，胡适非常生气。他在日记中写道：

你们这班教猱升木的学者们，将来总有一天要回想我

---

① 唐德刚. 胡适杂忆[M]. 桂林：广西师范大学出版社，2005：31—32.

② 张忠黻. 迷惘集[M]. 台北：文海出版社有限公司，1978：144.

> 的话。那时我也许早已被“少壮干部”干掉了，可是国家必定也已弄到不可收拾的地步。那时你们要忏悔自己的误国之罪，也来不及了！①

如果我们联系到当时蒋廷黻已经是国民党党员，甚至是蓝衣社社员这一身份，我们或许就不会对蒋廷黻主张“新式独裁”感到吃惊。蒋廷黻是一个事功心非常强烈的人，他明白当时的蒋介石喜欢什么，于是就堂而皇之地在《独立评论》上公开宣称什么，这样做的后果，自然会为自己赢得一个灿烂的前程。后来，蒋廷黻成为蒋介石的密使，出使苏俄，再后来，蒋廷黻更是成为驻苏大使。

如果我们联系蒋廷黻是国民党党员的身份背景，对1930年代的“民主与独裁”的大论战，我们或许就会看得更加清楚。有意思的是，晚年的胡适，对那场“民主与独裁”的论战背景似乎也心知肚明了，不然的话，他为什么会通过《独立评论》来“考据”一下蒋廷黻加入“复兴社”的可能年代呢?

考虑“民主与独裁”的论战发生在1933年，我们或许可以做“大胆假设”，蒋廷黻成为国民党党员，应该就在1933年前后。

① 曹伯言整理.胡适日记全编第六册[M].台北:联经出版有限公司，2004:427.

学生力荐老师当“总统”

——胡适与罗家伦

一、师生之间的相知相识

胡适初识罗家伦，是在1917年北大招生考试时。当时，在阅卷时，胡适对一份国文试卷极为满意，给了满分。与此同时，这位考生的数学却考了零分。爱惜人才的胡适，力荐蔡元培录取这名考生。蔡元培从善如流，这名叫罗家伦的考生由此进入北大。

此时，胡适、陈独秀所领导的新文化运动正轰轰烈烈地展开，国文造诣深湛的罗家伦密切关注这一运动。青年人往往喜新厌旧，对新文化运动，罗家伦由衷支持。这期间，他和傅斯年经常去胡适家中拜访请益，一来二去，师生二人逐渐熟识。

对这一时期的胡适，罗家伦后来曾回忆说：

> 胡适之初到北京大学，我曾去看他，他的胆子还是很小，对一般旧教员的态度还是十分谦恭，后来因为他主张改良文学，而陈独秀、钱玄同等更变本加厉，大吹大擂，于是胡之气焰因而大盛，这里仿佛有点群众心理的作用在内。①

1919年，“五四”运动发生时，罗家伦成为了学生运动领袖，

---

① 罗久芳，罗久蓉编校. 罗家伦先生文存补遗[M]. 台北：“中央”研究院近代史研究所，2009：53.

“五四”运动中的白话文宣言就源于他的手笔。“五四”这一历史名词也是罗家伦首先提出来的。此时胡适的老师杜威来华演讲，胡适陪同做翻译，许多演讲词都是由罗家伦速记下来发表的。这一系列的行为，让罗家伦声名远播。

“暴得大名，不祥。”名声在外的罗家伦、傅斯年等人被不怀善意的人造谣毁谤，说他们收了一个名为“安福俱乐部”的政治组织的钱，已经被其收买。对此，胡适帮罗家伦解了围，在《他也配》中，胡适写道：“安福部是个什么东西？他也配收买得动这两个高洁的青年！”①

1920年，在蔡元培的帮助下，罗家伦留学美国，几年后又转往欧洲留学，这一时期的罗家伦，依然与胡适保持书信来往。罗家伦为了北大老同学何思源的奖学金问题，还专门致信胡适，请胡适帮忙。此时的胡适，正在国内主编《努力周报》，而罗家伦在美期间，还曾写了一首《深林中的大雨》的新诗，投给胡适。1926年罗家伦回国的时候，没有回国路费，也曾向胡适求救。

二、“人权与约法”论争中的不同看法

1926年，罗家伦回国后，原本致力于中国近代史的研究。但1927年初，因探望朋友偶然见到了蒋介石，一席谈话之后，罗家伦决定参加蒋介石领导的北伐。

北伐军势如破竹，眼看就要胜利时，日本为了阻止国民革命军北伐，制造了“济南惨案”。当时，代表蒋介石与日军谈判的就是罗家伦、熊式辉等人，结果蔡公时被杀，罗家伦被辱。不过，这件事使罗家伦与蒋介石的关系更加亲密了。1928年8月，在蒋介石

---

① 耿云志，欧阳哲生整理．胡适全集第二十一卷[M]．合肥：安徽教育出版社，2003：172.

的支持下，罗家伦成为清华校长。

需要指出的是，这一时期罗家伦的相关活动，胡适是很清楚的，他在日记中粘贴了许多报道，其中有很多报道就是关于罗家伦的。

与罗家伦一样，胡适也对国民革命军的北伐持支持的态度。早在 1926 年，远在英国的胡适曾跟沈刚伯说：

> 我本来是反对暴力革命同一党专政的。但是革命既已爆发，便只有助其早日完成，才能减少战争，从事建设。目前中国所急需的是一个近代化的政府。国民党总比北洋军阀有现代知识。只要他们真能实行三民主义，便可有利于国。一般知识分子是应该加以支持的。①

不过，胡适并没有参与北伐，他从英国直接到了美国。直到 1927 年清党之后的 4 月 20 日，胡适才回到上海。回到上海之后，胡适致力于学术研究，很少参与政治活动。但因蔡元培竭力让他担任教育委员会的委员，盛情难却的胡适只好跟随蔡元培前往南京参加国民党召开的教育会议，当时的国民政府正致力于“党化教育”，这与胡适的一贯主张格格不入，为此，胡适与国民党的高层产生了冲突，吴稚晖更是公开斥责他是“反革命”。

或许有了这样一层隔阂，胡适与罗家伦的关系也一度不洽。1928 年胡适在南京跟罗家伦见面时，两人就曾有过争吵。

此时已成为国民党党员的罗家伦，理所当然地站在了国民党的立场上，胡适则依然坚持自己的自由主义理念，两人发生冲突，势所难免。不过，胡适很会求同存异，他从两人的共识出发，建议罗

---

① 欧阳哲生编. 追忆胡适[M]. 北京：社会科学文献出版社，2000：183.

家伦在党内努力提倡国语与新式标点。在给罗家伦的信中，胡适写道：

> 你现在政府里，何不趁此大改革的机会，提议由政府规定以后一切命令、公文、法令、条约，都须用国语，并须加标点、分段。
>
> 此事我等了十年，至今日始有实行的希望。若今日的革命政府尚不能行此事，若罗志希尚不能提议此事，我就真要失望了。①

对胡适的建议，罗家伦没有采纳。直到1929年11月，胡适在他的名文《新文化运动与国民党》中还在呼吁国民党采用国语与新式标点。文中，胡适写道：

> 国民党的忠实同志如果不愿意自居反动之名，应该做点真实不反动的事业来给我们看看。至少至少，应该做到这几件事：
>
> 废止一切"鬼话文"的公文法令，改用国语。
>
> 通令全国日报，新闻论说一律改用白话。
>
> 废止一切钳制思想言论自由的命令，制度，机关。
>
> 取消统一思想与党化教育的迷梦。
>
> 至少至少，学学专制帝王，时时下个求直言的诏令！
>
> 如果这几件最低限度的改革还不能做到，那么，我的骨

---

① 罗久芳，罗久蓉编校. 罗家伦先生文存补遗[M]. 台北："中央"研究院近代史研究所，2009：271.

头烧成灰，将来总有人会替国民党上"反动"的谥号的。①

说到《新文化运动与国民党》一文，不能不提罗家伦的尴尬。作为新文化运动的领袖，胡适在此文中公开批评国民党是新文化运动的敌人。罗家伦曾是新文化运动有力的倡导者，此时却成了国民党"一党训政"的忠实执行者。在这方面，"五四"的老师一辈与学生一辈是非常不合拍的。

当胡适、罗隆基等人与国民党展开"人权与约法"论战的时候，罗家伦站在了国民党的一边。对胡适等人公开批评国民党的做法，罗家伦认为这是胡适的领袖欲在作祟。1930年1月25日，罗家伦在日记中写道：

旋至外交部看档，为时不久，即赴叔永家晚饭，谈北平教育现状，每为叹息。又谈及适之先生最近对国民党的态度，彼谓如民国初年章行严、林宗孟始向终离之经过一般。彼以新文化运动领袖自居，其实新文化运动的名词本身即不妥当，适之先生之领袖欲真是令人肉麻。②

虽然两人意见不同，但交谊仍在。1930年，蒋介石与阎锡山、冯玉祥的"中原大战"爆发，北平一度被阎锡山所控制，罗家伦被迫离开清华。离开之后，罗家伦曾去上海拜访胡适。1930年9月29日，胡适在日记中写道：

---

① 欧阳哲生编. 胡适文集第五册[M]. 北京：北京大学出版社，2013：533—534.

② 罗久芳，罗久蓉编校. 罗家伦先生文存补遗[M]. 台北："中央"研究院近代史研究所，2009：438.

上午，罗志希夫妇来谈。他不久即往武汉大学教书。他说，他已决计不回清华去了，但他终以为杨金甫等对不住他。①

此后不久，胡适北上，协助蒋梦麟振兴北大。而罗家伦则前往南京，担任中央大学校长。

1931 年 9 月 15 日是北大开学的日子，三天之后，“九一八”事变爆发。鉴于内忧外患的险恶形势，胡适改变了与国民政府的敌对态度，转而有条件地支持国民政府。对胡适的这一转变，罗家伦很是高兴。1932 年 1 月 18 日，罗家伦在日记中写道：

中午郭有守兄家便餐，在座有适之、书贻诸位，谈时事甚多。适之对国民党态度较好，彼并云：“余冒骂国民党之名，其实余从未反对过一党专政。余在美时，曾劝罗隆基加入国民党。如能好好行监察、考试二制度，则专政等于不专”等语。②

三、力荐胡适做“总统”

1937 年，“七七”事变之后，应蒋介石要求，胡适前往美国寻求支援，后来更是出任驻美大使。罗家伦在这期间也忙于国事，两人天各一方，并无多少交往。不过抗战胜利之后，胡适作为中国代

① 曹伯言整理.胡适日记全集第六册[M].台北：联经出版有限公司，2004:283.

② 罗久芳，罗久蓉编校.罗家伦先生文存补遗[M].台北：“中央”研究院近代史研究所，2009:450.

表团首席代表在英国伦敦出席了联合国教科文组织会议，而罗家伦也恰好是代表之一，两人在1945年年底曾在伦敦有过深谈。交谈中，胡适重点谈到了“珍珠港事件”发生后他的心情。

据罗家伦后来回忆：

> 1942年12月6日，刚从美国国务院回到驻华大使馆的胡适，正准备吃饭，白宫来了电话，罗斯福总统要和他通电话，电话中，罗斯福说道：“胡适，Japs对我们在珍珠港用空军海军一道开始攻击了，战事已经开始，请你打电话报告你本国政府。”胡先生事后对我（按：罗家伦）说：“这时候我觉得大事已定，心里一块石头才放下去。”①

1946年，胡适从美国回到中国，出任北大校长。而罗家伦则在1947年被任命为首任驻印度大使。除了偶有几封书信往来之外，这一期间两人的交往很少。

1948年3月，“国大”开会期间，蒋介石有意让胡适出任总统。按照当时的《中华民国宪法》，总统权限受到很大限制，很难有所作为，真正的实权掌握在行政院院长手中。于是，一向嗜权的蒋介石希望由胡适做无所作为的总统，他自己做有实权的行政院院长。为此，蒋介石派王世杰极力游说胡适，3月30日晚，胡适勉强同意，但第二天胡适又有些反悔。蒋介石则于4月4日以国民党总裁的身份提出了这一建议。1948年4月4日，罗家伦在日记中写道：

---

① 罗久芳，罗久蓉编校. 罗家伦先生文存补遗[M]. 台北：“中央”研究院近代史研究所，2009：115.

今日开国民党国民党中央执行委员会临时全体会议，上午九时在中央党部举行，蒋先生主席。上午讨论议题为副总统选举本党提名不提名问题。王雪艇、张道藩等主张提名，以先求政党内部意见之一致，而免在国民大会中党员之互相竞争。至正午未决。下午续开会，蒋先生自己提出彼不愿竞选总统，而主张让与有下列五条件之社会贤达：(一)非国民党员；(二)忠于宪法并忠于宪政；(三)有民主风度；(四)有国家民族思想，勇于为国奋斗；(五)对中国文化历史有深刻认识。意在适之先生。蒋先生话毕，全场默然良久，因许多人看风色也。我登台说话，极力赞成，谓此举蒋先生不但表现最高政治道德，且表现最高政略，本会当予赞成。最后又说，行宪后以立法院之庞大复杂，政局恐常动荡不安，吾人万不能如第一次大战前后之法国内阁，平均八个月十三天一个，我的话是点明若蒋先生能长行政院，政局倒易于安定。吴稚晖先生亦有类似主张，但彼之无锡官话，懂者不多。邹鲁杀横枪，叫道“谁赞成总裁任总统者起立！”于是大家起立，未起者仅吴老先生、蒋夫人与我三人。蒋先生复恳切发言，谓“不能重对余之感情，而当了解余之政策”。又谓“像你们这样搅下去，政府命运不能出两年”。至沉痛。结果本党交中央常会研究后再讨论。①

第二天，蒋介石被迫让步，放弃了自己的这一主张，之所以如此，罗家伦在日记中也做了分析，他写道：

---

① 罗久芳，罗久蓉编校．罗家伦先生文存补遗[M]．台北：“中央”研究院近代史研究所，2009：461—462．

蒋先生让步原因，乃因如彼不作总统候选人，则现在竞选副总统者皆将提升一级，从事竞选总统，彼之原来目的仍达不到。更见李宗仁态度之骄横，遂牺牲原来主张也。好题目竟做出坏文章来，可惜可惜。①

“国民政府”败退台湾后，对此事，罗家伦一直耿耿于怀。在他看来，让胡适做“总统”实在是一步好棋。

四、胡适与“国民政府”的调停人

1949年，胡适前往美国寻求支援，一筹莫展。罗家伦则担任驻印度官员。当时，印度总理尼赫鲁有意承认中华人民共和国，为让印度继续承认“国民政府”，胡适曾跟罗家伦有过书信往来，但最终印度很快承认了中华人民共和国。罗家伦也就从印度回到了台湾。

回到台湾的罗家伦，充当了缓和胡适与“国民政府”关系的角色。

1951年，因为《政府不可诱民入罪》事件，胡适给《自由中国》的主编雷震写了公开信抗议。此信在《自由中国》刊登之后，引起了国民党党内开明派的担忧，他们担心雷震的做法最终会导致胡适与“国民政府”的最终决裂，而这种决裂是当时的“国民政府”所不能承受的。

1951年10月15日，为此事，罗家伦给胡适写了一封信。信中，罗家伦一方面反思了此事件中政府做得不对的地方，另一方面也把矛头指向雷震，在他看来，王世杰、陶希圣好不容易平息了此

---

① 罗久芳，罗久蓉编校. 罗家伦先生文存补遗[M]. 台北：“中央”研究院近代史研究所，2009：462.

一争端，雷震没有跟他们商量就把胡适的抗议信刊登在《自由中国》上，未免太不守承诺，信的最后，罗家伦建议胡适趁机辞去《自由中国》发行人的名义，他写道：

过几个月若是先生不能亲自到场领导大家来干(这是我们许多朋友馨香祷祝的)，则在那时候不妨轻描淡写的脱离发行人地位，“惟名与器不可以假人”，这大概也是古人经验之谈。①

对罗家伦的建议与意见，胡适是很看重的。后来，胡适还是辞去了《自由中国》的发行人职务，当了一名荣誉编委。

除此之外，1952年，牛津大学邀请胡适担任讲座教授，胡适原本有意前往。但因英国政府早已承认了中华人民共和国，胡适担心如果接受此一职位，会引起政治上的不良反应。为此，胡适专门写信征求了罗家伦、王世杰等人的意见，他们都不赞同胡适前往，胡适遂拒绝了牛津大学。

1952年11月，应台湾大学与台湾师范学院的邀请，胡适去台湾讲学。当时，台湾弥漫着白色恐怖，言论空间逼仄。胡适的到来，无疑可以改善这种政治高压。罗家伦对胡适此行抱有极大期待。当时，任国民党“中央编纂委员会”主任委员的他特意从《竞业旬报》中找出少年胡适所写的文章，寄给胡适看，并写了一首《送给适之先生》的白话诗，诗中写道：

十七岁年纪的铁儿，

---

① 罗久芳，罗久蓉编校. 罗家伦先生文存补遗[M]. 台北："中央"研究院近代史研究所，2009：278.

我发现了！
从杨斯盛传写到真如岛，
他早知道，
表现现代人的思想和感情，
要数白话好。
那时候，到现在还是，
无党籍的革命志士，
正掀动爱国的狂潮，
喉咙带着
民主和科学的呼声，
热烈的在叫。

革命的文献磨灭不了。
我给你瞧，
你说：“这是当年幼稚的作品。”
你忘记了！
乡下人推断人生有话道：
“三岁看大，七岁看老。”
难道十七岁还不能看到老？

现在，六十二岁的婴儿，
先生，请你饶恕我这样叫！
你，六十二岁的斗士，
到现在不只有斗士的精神，
还有孩子的天真，
不但腔子里有哲人的心，
口角上还露出婴儿的笑。

你永远说你心上要说的话，
可是你永不给人家困恼，
因为你任何的批评，
里面带着无限的同情。
人家说你“和易近人”，
可是在正义和主张上
你却能和人争。
请你不要骂我用古文的滥调，
真是：和而不同强哉矫。

有人说尝试什么稀奇，
可是在陈旧的束缚里，
最初尝试的胆儿真个不小。
有人说你谈吐里
常识的味儿太强，
可是“常识并不平常”：
这道理几人能晓？

吹不尽的春风，
带生气给无边的青草。
智慧的泉水永不干枯，
要说的话也永远说不了。
去罢！先生！去罢！
这去还是祖国的需要！①

① 罗家伦.逝者如斯集[M].台北：台湾传记文学出版社，1981：91—95.

此外，这一时期，胡适与罗家伦在提倡简体字的见解上也是一致的。1950年代留美的唐德刚跟晚年胡适交往密切，他们之间，曾就我国的汉字简化问题有过一次谈话。唐德刚回忆说：

“胡先生，汉字要不要改革?”我在1950年代的初期问他。

“一定要简化！一定要简化!”

那时大陆上“批胡运动”和“文字改革运动”双管齐下，正在如火如荼地进行之中。而文字改革家的副业便是“骂胡适”。胡适这个“买办学者”“洋奴大班”，被他们骂得狗血喷头。但是每次一张“简字表”一出，胡先生却立刻叫我送给他。每张他都细细看过。认真评阅之后，总是称赞不置，心平气和，言出由衷，那种为学术而学术、为文化而文化的崇高风范，真令我万般心折!①

与胡适相似，罗家伦也提倡简体字。罗家伦的女儿罗久芳在接受陈远采访时说：

1954年，他(罗家伦)找了很多专家，在台湾提倡简体字，但是后来因为大陆做了这件事，结果在台湾就被人家挡住了，没有能够实施。②

当时在台湾提倡简体字，遭到了国民党当局的蓄意阻挠。败退到台湾的“国民政府”，本着“凡敌人所支持的，我们都要坚决

① 唐德刚.胡适杂忆[M].桂林：广西师范大学出版社，2005：144.
② 陈远.在不美的时代里[M].重庆：重庆出版社，2011：36.

反对”的原则，对当时中共所推行的简体字改革，嗤之以鼻。凡在台湾推行简体字的人，在国民党眼中，都是不可取的。

1954 年 3 月 23 日，在台湾参观的胡适出席了“台湾文艺协会”，会上胡适致辞说：

> 数十年前文学革命的两个附带使命，一是使用新式标点，一是使用简体字。新式标点可以使文意显明，不致使读者误会意思，而简体字则更为新文学的一部分，简而易行，为“必然之至理”。没有想到到了今天还有人费力气来反对这件事。①

此后不久，胡适又出席了“台湾语文学会”的茶会并致辞。国民党的党报对此作了报道：

> 胡博士认为音标文字或将尚有施行之日，何况简体字，更积极可行之事，他对简体字之推行，至表拥护。②

1958 年，胡适从美国回到台湾任“中央研究院”院长。胡适回台之后，两人的交往更加密切。不过，随着《自由中国》杂志与国民党的斗争日趋激烈，罗家伦更多地充当了胡适与国民党调停人的角色。

---

① 胡颂平编著. 胡适之先生年谱长编初稿第七册[M]. 台北：台湾联经出版公司，1984：2406.

② 胡颂平编著. 胡适之先生年谱长编初稿第七册[M]. 台北：台湾联经出版公司，1984：2413.

1960 年，趁胡适去美国参加学术会议的机会，国民党逮捕了企图组党的雷震。得知这一消息后，胡适非常生气，在接受美国记者采访时，胡适多次为雷震辩护。1960 年 10 月 18 日，当胡适从美国回来时，罗家伦致电胡适说：

> 雷案尚在法律程式阶段，先生抵机场时，记者及家属必环绕，务请不必当场有所表示。详情容面陈。①

不过这一次，激动的胡适没有听罗家伦的劝告。回台之后，面对成群的记者，胡适坚持认为雷震无罪，并愿意为雷震出庭作证。蒋介石从报纸上看到这一消息后，非常恼火。

1961 年，胡适在翻阅《“五四”运动论丛》时，看到马璧在《救起“中华民国”垂危的文化》一文中写道：

> 孙中山说过：中国有一个道统，自尧、舜、禹、汤、文、武、周公、孔子，相继不绝。我的思想基础就是这个道统，我的革命就是继承这个正统思想来发扬光大。②

对这句话，胡适非常反感。在念完这段话之后，他对自己的秘书胡颂平说：

> 你看他们好像是拍拍胸口的说，“道统在我这里。”这话

---

① 罗久芳，罗久蓉编校．罗家伦先生文存补遗[M]．台北：“中央”研究院近代史研究所，2009：282.

② 耿云志，欧阳哲生编．胡适书信集下册[M]．北京：北京大学出版社，1996：1695.

说得多么可怕！①

后来，胡适查遍有关资料，也没有看到类似的话。而此时的罗家伦则是“国史馆”馆长，为此，胡适还曾专门写信给罗家伦，询问孙中山这句话的出处。在胡适看来，任何以道统自居的政权都不可避免地缺乏容忍与自由的精神，这类政权总以为自己永远正确。这是胡适所不能接受的。

1962 年 2 月 24 日，胡适在“中央研究院”蔡元培馆主持第五次院士会议，会议结束之后，因心脏病猝发，胡适不幸逝世。作为胡适在北大时期的学生，罗家伦责无旁贷地成为治丧委员会的委员。在胡适的遗体上，罗家伦亲手覆盖了北大校旗。这一时期的罗家伦日记中，记载了胡适死后的场景。

1962 年 3 月 1 日，罗家伦在日记中写道：

上午，赴胡先生(胡适之)灵堂，天阴雨，而瞻仰遗容者，仍如潮水一般，以学生、青年为最多；武装朋友亦复不少。有许多是从中南部来。据最后统计，约二万多人，可见胡先生思想与行谊感人之深。②

同样是在这一天，应记者的采访，罗家伦还口述了文章，高度评价了胡适在民族危难时刻的卓越表现。

第二天，罗家伦在日记中写道：

---

① 胡颂平编. 胡适之先生晚年谈话录[M]. 北京：新星出版社，2006：214.

② 罗久芳，罗久蓉编校. 罗家伦先生文存补遗[M]. 台北：“中央”研究院近代史研究所，2009：684.

> 下午二时半，大殓发引。大殓后，并与季陆、雪屏、天放诸位覆国旗于棺上。步行送至松江路口，换汽车随灵至南港。沿途学生、青年与一般民众肃立两旁，致祭送葬者，比比皆是，不只五六万人。不等到南港地区，沿途路祭与放鞭者，即已相接。商人、工人均停止工作，肃立致祭或敬礼。我看了真是感动到堕泪。有一个三轮车夫，即在车上燃香烛，并设水果两盘，自己低头肃立，表示祭意。看了尤为难过。①

1962年3月13日，罗家伦在日记中记写了胡适死后所留下的遗产，他写道：

> 正午十二时，胡先生治丧会在“行政院”会客室开，为墓地、遗著及遗嘱，均有讨论。墓地，我们都主张在研究院内，闻胡夫人近又犹豫。胡先生遗产，台币不到五万，美金一百余元。②

胡适死后，在一系列的挽联中，罗家伦的挽联也是意味深长的。他的挽联是：“为文化拓荒，回祖国殉道。”

---

① 罗久芳，罗久蓉编校. 罗家伦先生文存补遗[M]. 台北：“中央”研究院近代史研究所，2009：684.

② 罗久芳，罗久蓉编校. 罗家伦先生文存补遗[M]. 台北：“中央”研究院近代史研究所，2009：685.

划不清界限

——胡适与高宗武

一、从“低调俱乐部”到“高陶事件”

1937年，“七七”事变后，面对日本咄咄逼人的侵略局势，许多人坚决主张对日作战，胡适和一些朋友的调子却非常低。1937年7月30日，胡适在日记中写道：

> 到高宗武家吃午饭，在座的有萧同兹、程沧波、裴复恒。此皆南京之青年智囊团也！
>
> 我们深谈国事，决定了两事：
>
> ① 外交路线不能断绝，应由宗武积极负责去打通此路线。
>
> ② 时机甚迫切，须有肯负责任的政治家担负此大任。[①]

也就是在这次会面中，“低调俱乐部”成为一个历史名词。对此，高宗武也有回忆，依据高宗武的口述，邦克（*Gerald E. Bunker*）曾在《和平阴谋——汪精卫和中国抗战，1937—1941》一书中写道：

---

① 曹伯言整理.胡适日记全集第七册[M].台北：联经出版有限公司，2004：426.

> 胡氏向高寒暄:“高先生有何高见?”高答曰:“我的姓虽然‘高’,但我的意见却很‘低’。”从此,几个主张以外交解决中日问题之人的依据,得了个“低调俱乐部”之名。①

当时，高宗武是国民政府内部的知日派官员，是亚洲司司长。这些希望通过外交手段来解决中日问题的人，经常聚在一起吃饭，交流国际形势，被人目为“低调俱乐部”。

第二天，也就是 7 月 31 日，蒋介石邀请吃午饭，在座的有胡适、张伯苓、陶希圣等人。席间，蒋介石就抗战问题征求大家的意见。说起来之后，蒋介石决心抗战，张伯苓附和之，老泪纵横，坚决主战。毕竟，此时此刻，倾注了自己毕生心血的南开大学已经被日本帝国主义炸成一片废墟。在这样的场景中，感到难于说反对意见的胡适向蒋介石推荐了高宗武，希望蒋介石听听高宗武的意见。胡适的意图，还是希望通过外交手段来解决中日纠纷。

屋漏偏逢连阴雨，就在胡适积极活动之际，他生病了，连续拉肚子。高宗武赶紧给他找了一个叫夏禹鼎的医生来看病，结果诊断为肠炎。面临特殊使命的高宗武，对当时的局势非常悲观，胡适劝他不要太性急。在这一年的 9 月，胡适依然认为：在对日大战之前，做最大的和平努力是正确的。

这一年 9 月，应蒋介石邀请，胡适前往美国，争取美援。高宗武则积极开展对日外交。面对节节不利的抗战局势，1938 年夏，高宗武再次向蒋介石提出了言和的言论，与以往的情形不同，这次蒋介石没有说话。

对此，高宗武意会为蒋介石默许了。在没有请示的情况下，高

---

① 夏侯叙五.高宗武隐居华盛顿遗事[M].长沙:湖南教育出版社,2008:32.

宗武直接前往东京，跟日本人展开了接触。与此同时，汪精卫认同高宗武的言和主张。很快，高宗武、陶希圣、周佛海、梅思平等人追随汪精卫，展开了与日本人的求和谈判。

会错了蒋介石意的高宗武与汪精卫，最终走向了与日本媾和的道路。真正看到日本的条约时，屈膝求和的汪精卫才明白这是一杯致命的“毒酒”，一旦签了，将会身败名裂。以“牺牲自我”的名义，汪精卫走上了通往汉奸之路。

与此同时，同样看清日本人底牌的高宗武与陶希圣，在喝了半杯“毒酒”之后，幡然悔悟，在杜月笙、万墨林等人的帮助下，毅然决然地从上海逃到了香港，并将携带出来的《日汪密约》公布天下，酿成了抗战历史上有名的“高陶事件”。

大家对此事议论纷纷，1939 年 8 月 9 日，据胡适日记记载：

> 萧吉珊来谈。他说，精卫的错误在于不认识蒋先生的“假亲善”政策。他认为真诚，故深信他的亲日“班子”迟早还有用处。
>
> 萧说，政府在汉口时，高宗武从东京回来，蒋先生不肯见他。汪先生为他请见，蒋先生说，“我没有叫他去东京！他有话，告诉你就行了。我不必见他了。”①

由此可以看出，对高宗武擅自前往日本东京媾和的行动，蒋介石是很不满意的。其实，正如萧吉珊说汪精卫的，高宗武的问题，也在于没认清蒋介石“假亲善、真战争”的策略。

---

① 曹伯言整理. 胡适日记全集第七册[M]. 台北：联经出版有限公司，2004：686.

二、战时在美国的交往

“高陶事件”之后，如何处理高宗武成为国民政府很头疼的一件事。从道理上来讲，他差一点就成了汉奸，但另一方面，他又有将功赎罪的一面。最终，国民政府要求高宗武前往美国。此时的胡适，正是驻美大使。为掩人耳目，高宗武转道欧洲，又化名为“高其昌”。这一时期，高宗武给胡适写了几封信，希望胡适派人迎接。

1940 年 5 月 23 日，胡适日记写道：

> 见著高宗武夫妇。他们前天从欧洲来。①

高宗武刚到美国，国民政府发给胡适的电报也到了，电报中要求胡适对高宗武的行动严格监督。然而，信奉“对人要在有疑处不疑”的胡适，并没有按电报的要求做。这一时期，他跟高宗武夫妇来往密切。

消息传到国内，很引起一些人的非议。1940 年 8 月 14 日，傅斯年写信给胡适，其中写道：

> 近日高贼宗武夫妇常往大使馆，此则此间友人大有言论。先生本有教无类之心，以为此人有改过之迹，或因是耶？然此贼实为穷凶极恶，……而汪逆之至于此，皆高丑拉拢也。②

---

① 曹伯言整理.胡适日记全集第八册[M].台北：联经出版有限公司，2004：51.

② 中国社会科学院近代史研究所中华民国史组编.胡适来往书信选中册[M].北京：中华书局，1979：478.

此信最可以看出傅斯年当时强烈的民族主义情绪。作为“五四”学生运动的领袖，“外争国权，内惩国贼”的信念渗透在他的骨子里，在他看来，高宗武恰恰就是这样一个国贼。

对傅斯年的劝谏，胡适不以为然。对朋友，胡适是划不清界限的。这一时期，胡适跟高宗武的来往依然非常密切。为了更好地宣传日本帝国主义侵华的罪恶，胡适还让高宗武帮忙起草了一份关于对日宣传的提纲材料，以备参考。要知道，当时在美活动的高宗武，在国内还是通缉犯呢。1942 年 2 月 18 日，国民政府才专门致电胡适，撤销了高宗武通缉犯的罪名。

这一时期，在许多人的建议下，高宗武还撰写了《日本真相》的回忆录。胡适仔细阅读了高宗武的这一回忆录，并提出了自己的建议。胡适建议他写“一部好书，自己满意的书”。

1942 年，胡适卸任驻美大使。对胡适驻美大使期间的工作，高宗武给予了极高的评价。1942 年 9 月 28 日，高宗武在日记中写道：

> 胡离开华盛顿至纽约。做为外交家，他干不了外交家所干的事，但他干了外交家不能干的所有事。①

1944 年 11 月 10 日，汪精卫在日本医院去世。得知这一消息后，胡适给高宗武写了一封信。信中写道：

> 精卫以“烈士”出大名，终身不免受此“烈士心理”之累。“烈士心理”者，就是自认只要有牺牲精神，一切事情都可

---

① 夏侯叙五. 高宗武隐居华盛顿遗事[M]. 长沙：湖南教育出版社，2008：181.

做，都不会错。“我生命尚且不惜，你们还不相信我吗?”他好像常常这样想。①

这段话很可以看出胡适做人处事的个性。“世人皆欲杀”的舆论环境下，胡适展现出的，则是哀矜勿喜式的“吾意独怜才”。

三、在高家酒馆

抗战胜利之后，应国民政府任命，胡适成为北大校长。此时的高宗武，也热切期盼可以回到国内，大展身手。但是，回到国内的胡适，却专门写信给他，让他暂时不要回国。信中，胡适还附了当时报纸上的报道。

原来，抗战胜利之后，在对周佛海、梅思平、陈公博这些汉奸进行审判时，审判记录中屡屡出现高宗武的名字，他这时回国，恰好撞在火山口上。高宗武急切盼望回国的愿望，随着国民党在国共内战期间的节节败退，迅速破灭。

1949 年，胡适应蒋介石的邀请，再次前往美国，寻求美援。到美之后，胡适与高宗武来往更加密切。这一时期的胡适日记中，多次记载了高宗武、沈惟瑜夫妇去拜访胡适的片段。1950 年 12 月 17 日，是胡适五十九岁的生日，之前的一天也是江冬秀六十岁的阴历生日。高宗武、沈惟瑜都有寿礼送上。

这一时期，也是胡适最消沉最悲凉的一段时期。因经常去高宗武家吃饭喝酒，胡适戏称他们家是“高家酒馆”。

1952 年 9 月 28 日，胡适在日记中写道：

---

① 夏侯叙五. 高宗武隐居华盛顿遗事[M]. 长沙：湖南教育出版社，2008：99.

晚上与宗武、惟瑜吃小馆子。①

当时，吃晚饭之后，喝得微醺的胡适还写了一首打油诗：

大姑娘，二十一，
配个姑爷一十一。
昨儿井边去抬水，
一头高来一头低。
要不是爹妈待我好，
一脚踢你到井儿去！②

这首打油诗，是一首北方民谣。1941年4月20日，胡适在跟钱思亮吃饭时也说起过。这首民谣主要写北方人养“童养媳”之后的“老妻少夫”现象。钱思亮父亲的婚姻、李大钊的婚姻，都是典型的“老妻少夫”现象。

不过，胡适写给高宗武的这首打油诗，似乎说的是国际局势，似有批判美国放弃“国民政府”的意思。如果将大姑娘视作是美国政府的隐喻，把姑爷看作“国民政府”的隐喻，这首诗似乎表达了胡适对《白皮书》的愤懑与不满。在这一点上，胡适、高宗武、蒋介石的观点是比较一致的。在他们看来，“国民政府”的失败，其中一个重要原因就是美国对“国民政府”的支持力度不够。

这一时期，在高宗武与胡适的交往中，理财是一个很重要的方

① 曹伯言整理．胡适日记全集第八册[M]．台北：联经出版有限公司，2004：801．

② 夏侯叙五．高宗武隐居华盛顿遗事[M]．长沙：湖南教育出版社，2008：186．

面。当时，高宗武已经涉及美国股市，身手不凡，多数时候都是赚多赔少。与高宗武的长袖善舞相比，1950年代的胡适，生活相对潦倒，再加上生了几场大病，经济压力陡增。这时期，胡适的全部财产共有七八千美金，他这些钱都由高宗武代为经营保管。当时，程沧波、陈立夫等人也都把钱交由高宗武经营，他不负众望，为这些老朋友增加了不少收入。

1960年，胡适担任“中央研究院”院长之后，因院里配的车子老旧，时常熄火，需要更换新车。按规定，这些都是有公家出钱来置办。用公家的外汇来给自己配车，胡适心中不安。于是，他动用了自己在高宗武那里的储蓄，从那里取了将近两千五百美金，为自己配了车。

四、诉肠曲

1960年8月18日，在美国参加学术会议的胡适给高宗武写了一封信，在这封信中，胡适通过白居易的《桂花曲》，含蓄地表示了自己当时的心境。信①中胡适写道：

宗武兄：

你提到唐人登高诗，使我想起白香山晚年有《桂花曲》，其词甚悲哀：

遥知天上桂花孤，
为问嫦娥更要无，
月中幸有闲天地，
何不中央种两株？

① 夏侯叙五.高宗武隐居华盛顿遗事[M].长沙：湖南教育出版社，2008：193—194.

我猜想白公必是眼见当年李、牛两党斗争之惨酷，而作此“中央种两株”的梦想。但当时无人肯听此劝告，故香山晚年又有《听唱桂华曲》的诗：

桂花辞意苦叮咛，
唱得嫦娥酒便醒，
此是人间肠断曲，
莫教不得意人听！

此首作曲记忆，可能有记错的字句？

看此后一首，可知《桂华曲》含有绝大的哀呼。

偶记着此二诗，写出来给你们俩玩玩。

适之

1960年8月18日夜

胡适引用的白居易的第一首诗，寄托了他对国民党的希望。他希望国民党“何不中央种两株”。一言以蔽之，也就是希望国民党自行分裂成执政党与在野党两个政党。可惜，蒋介石并不听胡适的苦口婆心。

为了打破国民党一党专政的政治格局，当时，《自由中国》的主编雷震意图组建党派，胡适成为他依靠的主要对象。与此同时，胡适又跟许多国民党高层官员有很深的私人交往与个人情谊。夹杂在雷震与国民党之间的胡适，颇有进退两难之感。

这两首诗中，胡适以白居易自比，而唐朝“李、牛两党斗争之惨酷”则契合了雷震等与国民党的矛盾冲突。当时的白居易，既跟“牛党”的首领牛僧孺、李宗闵等人有过交往，又跟“李党”的首领李德裕等人有交情，白居易深陷于这两党政治斗争的漩涡之中，处境尴尬，跟胡适的处境非常类似。在给老朋友高宗武的这封信中，胡适通过这首诗恰切地表达了自己的内心世界。

1962 年，受雷震案的刺激，再加上各种思想围剿，在“中央研究院”院士会议上，胡适心脏病猝发而逝世，两人之间的交往戛然而止。

纵观两人的交往历程，作为少壮派官员，三十岁就成为政府智囊团的高宗武可谓春风得意。但是，在政治风暴的波云诡谲中，猜不透最高当局心思的高宗武很快出局，成为政治的牺牲品。幸运的是，遭遇滑铁卢的高宗武，在其人生历程中与胡适相遇，两人的相知相助，成就了一段朋友之谊。毕竟，政治上的翻云覆雨远远逊色于朋友之间的风轻云淡。

胡适与高宗武的交往，也反映了胡适人际交往的一个特点：“与人划不清界限。”傅斯年将高宗武称为贼，在他的词典里，汉贼不两立。与傅斯年不同，胡适的辞典里似乎没有“划清界限”这一说。陈独秀入狱了，胡适去看他，他们依然是朋友。周作人落水了，胡适也去看他，为他减轻罪责，晚年还专门收集知堂的书，他们依然是朋友。即使曾经的朋友已被万人唾骂，但在胡适眼中，朋友依旧是朋友。

纵观胡适一生，他没有跟一个朋友绝交过，这总让人想起江上的清风与闲庭中的月色。诚所谓：“云山苍苍，江水泱泱，先生之风，山高水长。”

共识背后的貌合神离

——胡适与陶希圣

提到湖北黄冈，很多人想到的可能是黄冈的高考模拟试卷。我在中学读书时，对湖北黄冈很不感冒，因为那时做过太多的黄冈高考模拟试卷，当一个人被考试考得想吐时，也就连带地恨上了那个命卷的地方了。当然，如果从历史的角度来看，晚清民国时期的湖北黄冈，却是个好地方，出了不少人才，国学大师黄侃、新儒家代表人物熊十力、自由主义的代表人物殷海光，都是黄冈人。

在这些有名的黄冈人中，“国民政府”的笔杆子陶希圣近来引起了很多文史学者的注意。而他与胡适交往中的磕磕绊绊，也值得一述，两人交往的背后，可以看出以胡适为首的自由派与“国民政府”里的开明派知识分子之间的共识与底线。然而，在一些底线共识之外，在事关重大的一些历史事件中，他们却又貌合神离。

一

五四新文化运动时，求学北大的陶希圣与北大年轻的教授胡适来往并不多，他当时似乎也不太关心白话文言之争。让陶希圣受益匪浅的北大教师是沈尹默与沈兼士。受时代思潮影响，陶希圣在思想层面接受了唯物史观，这与胡适所提倡的实验主义未免凿枘不合，两人后来还为此展开了一场笔战。

北大毕业后，陶希圣先是在安徽教书，后任职于上海商务印书馆。在商务印书馆时，他的上司就是胡适的老师王云五。本来，商务印书馆的高梦旦、张元济是邀请胡适执掌商务的，但胡适在商务印书馆考察了一段时间之后，委婉拒绝了这一邀请，推荐了王云五来替代自己。

据陶希圣回忆，他当时在商务印书馆工作时期，每天上工打卡不说，工资仅有八十块大洋，而胡适当时在北大教书每月则有三百块大洋。无论是薪资水平，还是社会声望，与风度翩翩的留洋博士胡适相比，未出过洋的陶希圣和他有很大差距。

不过，也是在这一时期，陶希圣苦学成才。说到苦学，陶希圣可谓典范。在饭都吃不饱的时候，陶希圣买起书来却出手阔绰。这一时期，他系统阅读了西洋近代以来的法学、民族学名作。此外，他也广泛涉猎了中国传统的文化典籍，并开始用西洋理论来重新审视中国传统社会。

这一时期的陶希圣，工作之余，更多依靠自由撰稿来维持生计，他的关于中国古代社会的一些认识在社会史方面掀起了轩然大波，引起了各派之间对中国古代社会性质问题的大论战。

这一时期的陶希圣，文字锋芒毕露，曾引起国民党党部的不快。好在有陈布雷向国民政府说情，陶希圣与国民政府的关系并没有闹僵。或许是不打不相识的缘故，陶希圣很快加入国民党。随着社会声望的不断提升，陶希圣先是应中央大学校长朱家骅的邀请，任中央大学的教授，到了 1930 年代初期，更是应北大法学院院长周炳琳的邀请，前往北大任教。

二

此时的胡适，已经是北大文学院的院长了，成为同事的他们，在这一时期交往密切。

当时，陶希圣虽然没有参加以胡适为首的“独立评论社”，但他与这些教授经常在一起议论国事。不过，也是在这一时期，由胡适发难，两人展开了一场论争。

1935年6月2日，胡适在《独立评论》153号发表了《今日思想界的一个大弊病》。文中，胡适批评了陶希圣滥用抽象名词的毛病。他用陶希圣《为什么否认现在的中国》一文做例子，批评陶希圣用“资本主义”这样一个简单词语概括晚清维新变法以来的一切相关活动。虽然，陶希圣在这篇中文章中还表扬了胡适与封建作斗争的光荣历史，但胡适并不买账。针对陶希圣笔下的“封建”一词，他展开质疑。胡适认为：他反对的是小脚、骈文以及道学家“以理杀人”的不人道行径，这些具体的事实，是不能用“封建”一词来概括的。

其实，两人就“资本主义”“封建”等抽象名词展开的论争，涉及两人对中国历史的认知。陶希圣接受了唯物史观，他笔下的封建主义、资本主义等名词都带有唯物史观的浓厚印记。与陶希圣不同，胡适根本不承认唯物史观，他心目中“封建”的意思，还是柳宗元《封建论》中“封土地、建诸侯”的意思。因此，两人就此展开论争，未免有鸡同鸭讲的味道。

胡适对陶希圣文章的批评，表现了他对抽象名词的警惕。其实，早在“五四”时期的《多研究些问题，少谈些主义》中，胡适就已经提醒人们不要迷恋抽象名词了。

看到此文之后，陶希圣很快就写了《思想界的一个大弱点》来为自己辩护。文中陶希圣认为：既然人们可以把人鱼狗都叫做脊椎动物，为什么不可以用“资本主义”来概括清末新政时所采取的种种举措呢？除此之外，陶希圣还重点强调了“维多利亚时代的自由主义思想不能适应当时中国”的观点。这一观点，明显针对的是胡适。

胡适很快将陶希圣的辩护文章发表在154号的《独立评论》上，并且还写了简短的答辩文章。此后不久，1935年6月10日夜，胡适专门致函陶希圣，信中说道：

但我极盼望你能暂时抛开那一套，试想：为什么动物学者把鱼狗人都叫做“脊椎动物”而人无异词，为什么你把清末新政混称为“来一个资本主义”而不能得人的承认，为什么你把骈文古文叫做“封建主义”而使我抗议。这一个“公案”想通了，你还可望有“桶底脱”的一日。禅宗大师所谓“桶底脱也”即是奇迹的来临也。①

三

论争归论争，当时，两人在对国家形势的判断上，还是非常一致的。

1935年年底，平津卫戍司令宋哲元在日本帝国主义的压力下，打算宣布冀察自治。听闻这一消息后，胡适立即召集北大教授讨论此事，他们决议“在北平一天，就要作二十年的打算”。

“一二·九”运动之后，以北大为首的大学学生与以宋哲元为首的二十九军的矛盾加剧，军队开始到学校逮捕学生。陶希圣挺身而出，利用他在国民政府的影响力，调和军队与学生之间的冲突，最终将被逮捕的学生保释出狱。

除此之外，陶希圣还利用自己的影响力，沟通并缓解宋哲元与“独立评论派”教授们的矛盾，使《独立评论》顺利复刊。事情是这样的：1936年年底，胡适前往美国参加太平洋会议，这段时期，胡适的好朋友张奚若在《独立评论》发表《冀察不应以特殊自居》；文中，张奚若对宋哲元点名批评。这让宋哲元恼羞成怒，一气之下，勒令《独立评论》停刊。胡适从美国回来之后，希望将

① 曹伯言整理. 胡适日记全集第七册[M]. 台北：联经出版有限公司，2004：222.

《独立评论》复刊，陶希圣听闻之后，主动与宋哲元手下的人员沟通，化解了彼此之间的矛盾。

这一时期，胡适的一些做法也让陶希圣肃然起敬。

第一件是“西安事变”。当时，胡适公开站在蒋介石一边。当时，左派学生策划了游行示威，他们以此庆祝蒋介石被拘。胡适与这些左派学生唱了反调，他在《独立评论》上发表《张学良的叛国》，支持国民政府公开讨伐张学良的行动。当时，他对陶希圣说：

> 你们国民党有人。国民政府颁发讨伐令，证明了国民党有人。有的是读书人。我一向反对国民党，今天我要加入国民党。蒋委员长如有差池，中国要倒退二十年。①

历史转折关头，胡适力挺蒋介石的说法，让一向忠于国民政府的陶希圣非常感动。

第二件事是胡适对尚仲衣的批评。据陶希圣回忆：

> 有一次聚餐中间，尚仲衣站起来讲话，主张增加或改订课程，讲习抗日课目。他说完之后，胡先生接着站起来，指斥尚仲衣“曲学阿世”，并且说：“我们今天要镇定，要在敌人的威胁之下，照常读书……”他的一番话，使举座为之肃然。②

---

① 陶希圣. 潮流与点滴[M]. 北京：中国大百科全书出版社，2009：134—135.

② 胡颂平编著. 胡适之先生年谱长编初稿第四册[M]. 台北：台湾联经出版公司，1984：1439.

尚仲衣是左派教授，他希望借抗战之际来宣扬马克思主义，结果遭到胡适的批评，由此可以看出胡适对学术自由、教育独立的信念。

第三件事是胡适对罗隆基的批评。在价值观上，胡适与罗隆基并无多大分歧。但是，当日本帝国主义迫使国民党党部离开河北时，罗隆基对政治的野心却暴露无遗。

那是1937年7月7日，北平市长秦德纯邀请参加牯岭谈话会的教授们座谈。据陶希圣回忆：

> 当时罗隆基发言，“国民党既不能不退出河北，何妨让各党各派来干一下。”适之先生严厉指责罗隆基。他说：“国民党抗日，被迫撤退。各党各派如果抗日，也不能不撤退。若是不抗日的党派，在河北干什么？那不是卖国吗?”胡先生一向批评训政制度，此刻却说：“依训政约法，国家的政权由国民党代行。敌人迫国民党退出河北，就是迫主权者退出河北。这是什么时候？努生！你不应该这样说。……”①

四

“七七”事变爆发之后，胡适与陶希圣两人，对抗战都抱持低调的态度，成为“低调俱乐部”的成员。

1937年7月31日，胡适在日记中写道：

> 蒋先生约午饭。在座者有梅、伯苓、希圣、布雷、蒋夫人，极难谈话。蒋先生宣言决定抗战，可支持六个月。伯苓附和之。

---

① 欧阳哲生编.追忆胡适[M].北京：社会科学文献出版社，2000：121.

> 我不便说话，只能在临别告辞时说了一句话："外交路线不可断，外交事应寻高宗武一谈，此人能负责任，并有见识。"①

当蒋介石宣言抗战可以支持六个月时，张伯苓附和蒋介石的意见，坚决主张抵抗，而胡适则希望通过外交途径来化解中日之间的战争。当时的胡适，为什么感觉不便说话呢？其中一个主要原因就是照顾张伯苓的感情。据陶希圣回忆：张伯苓先生一开口，老泪纵横，说道：

> 南开是被日军烧掉了。我几十年的努力都完了。但是只要国家有办法，能打下去，我头一个举手赞成。只要国家有办法，南开算什么？打完了仗。再办一个南开。②

张伯苓的校仇国恨，尽在这短短几句话中。面对情绪激动而又主战的张伯苓，胡适感到难于说出自己的不同意见。不过，感到难于说话的胡适，还是给出了自己的谏言。据陶希圣回忆：

> 胡适之先生建议，请委员长指示南京、上海的报纸，不可攻击张自忠。在国际法上，一个大都市被敌军侵入的时候，市长为了保全市民的生命财产，与敌军订立临时条款，是合法的。他相信张自忠是忠于国家的。二十九军是抗日的。③

---

① 曹伯言整理. 胡适日记全集第七册[M]. 台北：联经出版有限公司，2004：427—428.

② 陶希圣. 潮流与点滴[M]. 北京：中国大百科全书出版社，2009：146.

③ 同上.

蒋介石最终采纳了胡适的这一建议。胡适对张自忠的信任，也证明了他看人的眼光，1940 年，张自忠为保卫国土，壮烈殉国，成为抗战时期国民政府牺牲的最高军事将领。

这一时期，“低调俱乐部”的成员为避免战争，做了很多努力。1937 年 8 月 19 日，胡适在日记中写道：

> 昨夜谈话的人——高、周、程——所谓“低调同志”，他们要我与希圣再去见蒋先生一次。陈布雷先生今早替我们约定下午去见。①

“高、周、程”，即高宗武、周佛海、程沧波。当时，他们将希望寄托在对日外交上。这次谈话最终没有结果。此后，应蒋介石邀请，胡适前往美国从事民间外交，后出任驻美大使。陶希圣、高宗武等人则以汪精卫为领袖，企图与日谋和。

1938 年 12 月 31 日，陶希圣在给胡适的信中写道：

> 自武汉、广州陷落以后，中国没有一个完全的师，说打是打不下去了。财政是一年开支廿七万万，收入不到两万万。壮丁补充大成问题。焦土政策引起人民怨恨，至长沙事件而达于极点。这样不可乐观的内容，到了这样一个外交情势，当然应考虑存亡绝续的办法。②

---

① 曹伯言整理. 胡适日记全集第七册[M]. 台北：联经出版有限公司，2004:431.

② 中国社会科学院近代史研究所中华民国史组编. 胡适来往书信选中册[M]. 北京：中华书局，1979:397.

对陶希圣等人的建议，蒋介石不为所动，这才有了汪精卫单独与日本媾和的举动。信中，陶希圣写到了他们跟主战派的不同之处，他说：

> 我们不同的只是认定再打下去，只有更加沦亡，更加无望，应当及时谋战争的结束。①

收到此信之后，胡适曾写长信劝诫陶希圣，并在日记中写道：

> 写长信与陶希圣，交文伯交去。希圣是聪明人，然胸襟不大，成见颇深。我此函力劝他们不要抛弃“建议被拒即便退休”之原意。②

汪精卫、陶希圣等人与日本谋和，无异于与虎谋皮。与虎谋皮自然免不了被虎咬的命运，结果，谋和不成的汪精卫落水当了汉奸，而陶希圣则悬崖勒马，在最后一刻浪子回头，逃到香港。

五

1940年1月15日，在杜月笙、万墨林的策划下，成功从上海逃到香港的陶希圣给胡适写了一封信，信中道出了他当时的悲凉心境：“希圣今后决心不再混政治舞台，但求速死耳。”

1941年，随着日本空袭珍珠港，香港很快遭到日本侵略，陶希

---

① 中国社会科学院近代史研究所中华民国史组编. 胡适来往书信选中册[M]. 北京：中华书局，1979：398.

② 曹伯言整理. 胡适日记全集第七册[M]. 台北：联经出版有限公司，2004：650.

圣因揭露汪日密约《日支新关系调整要纲》，成为日本人的重点查获对象。在经历了九死一生的逃难后，陶希圣奇迹般地从香港逃了出来。当时，远在美国的胡适，已经听闻陶希圣自杀的消息。1942年1月24日，胡适在日记中写道：

> 传说陶希圣在九龙投海死了，不知确否。黄秉衡说，蒋先生当香港被攻时，曾亲笔开一名单，派飞机去香港按名救出。单上有三十多人，第一名即是希圣。蒋先生真可爱处在此。飞机到港，九龙已失，无法救出这些人了。①

陶希圣名列蒋介石抢救名单第一名，由此可以看出他在蒋介石心目中的分量。此后，回到重庆的陶希圣成为《中央日报》社的主笔，也成为蒋介石《中国之命运》的捉刀人。

抗战胜利之后，从美国归来的胡适，其社会声誉达到巅峰。而陶希圣则成为沟通蒋介石与胡适之间的桥梁。

1947年12月15日，胡适日记记载：

> 下午见了许多客，晚上在卢吉忱家吃饭，与李惟果、陶希圣诸君闲谈。他们问我对美国人作宣传，应如何办？我说，把这次立法院选举好好的办，把总统选举好好的办，都是最好的宣传。②

---

① 曹伯言整理. 胡适日记全集第八册[M]. 台北：联经出版有限公司，2004：121.

② 曹伯言整理. 胡适日记全集第八册[M]. 台北：联经出版有限公司，2004：337.

1948年11月22日，胡适在日记中写道：

> 陶希圣从南京来，奉有使命来看我。可惜我没有力量接受这个使命。①

陶希圣奉的使命，就是传达蒋介石希望胡适出来担任行政院院长的口信。对此，胡适明确表示拒绝。1949年年初，从北平逃到南京的胡适，跟陶希圣一起爬了钟山，面对风云变幻，两人感慨万千，相顾无言。此后，胡适再次去美国，寻求美援，陶希圣则追随蒋介石去了台湾。

到台湾之后，由雷震主编、胡适担任发行人的《自由中国》，在言论问题上屡屡突破“国民政府”的言论底线。在《自由中国》与政府出现矛盾摩擦时，陶希圣写了道歉文字，希望调和两者的矛盾。

例如：当《自由中国》因刊登夏道平的文章《政府不可诱民入罪》而触怒台湾当局时，出来写赔罪文字的就是陶希圣。看了这篇赔罪文字之后，胡适认为“自由中国”没有言论自由，就写信给雷震，表达自己的愤怒与抗议。雷震将胡适的这封信刊登在了《自由中国》上，导致了一场更大的风波。

1958年，胡适回到台湾，出任“中央研究院”院长。这一时期，胡适发表了对自由主义新体悟的《容忍与自由》。《容忍与自由》有两个版本，一个是演讲版，一个是文字版。在演讲版中，胡适提到了陶希圣。他说：

---

① 曹伯言整理.胡适日记全集第八册[M].台北：联经出版有限公司，2004：370.

我现在说话，并不是要驳雷先生；不过我要借这个机会问问雷先生：你是否对人没有成见呢？譬如你这一次特刊上请了二十几个人做文章；你为什么不请代表官方言论的陶希圣先生和胡健中先生做文章？①

六

除此之外，胡适与陶希圣在1960年还有一次暗战。这次暗战跟蒋介石希望三连任有关。

按1947年的《中华民国宪法》规定，“总统”任期六年，连选只能连任一次。此时，已经连任两届“总统”的蒋介石，应该引退。但他还想连任第三届“总统”，这明显是“违宪”行为。

胡适明确反对蒋介石三连任。与胡适不同，陶希圣为了让蒋介石三连任，想通过修改临时条款的方式来寻求蒋介石三连任的合法性。在胡适看来，修改临时条款就是修改“宪法”，“修宪”之后，“国民政府”的合法性又在哪里呢？针对这一点，陶希圣宣称：修改临时条款不是“修宪”。对此，胡适很不满意。

1960年2月5日，“行政院”在陈诚官邸举行宴会，胡适等人到场，记者将当时的谈话采写为《胡适之不满陶希圣，夏涛声责曲解“宪法”》，其中，胡适说到：

我（胡氏语）有一个“荒谬绝伦”的学生陶希圣，他说修

---

① 曹伯言整理．胡适日记全集第九册[M]．台北：联经出版有限公司，2004：484.

改临时条款不是“修宪”。①

对于“胡适不满陶希圣”的传说，记者曾专门采访陶希圣。面对记者的采访，陶希圣说：

> 我们应该维护“北大”这位大师的尊严，不使其玷污于谣言制造者之手。……现在关于胡先生的谣言是太多了，我们对付谣言的方法，就是不理。②

陶希圣的这些言辞，完全顾左右而言他，并且将报纸上所说的胡适的话当作谣言。世故圆滑的同时，也让人看到陶希圣老谋深算的一面。

纵观两人一生，胡适毕竟是书生，他的参政议政，乃是源于他对人类的关切与热爱，乃是基于他的公民责任。他没有党见与偏见，更看重历史的恒久价值，正所谓“风物长宜放眼量”。与胡适不同，陶希圣似属于“学而优则仕”的类型，有一些东西，他还是放不下。从这个意义来讲，两人的交往，在许多共识背后，更多的似乎是貌合神离。

---

① 曹伯言整理. 胡适日记全集第九册[M]. 台北：联经出版有限公司，2004：594.

② 同上.

不打不相识

——胡适与杭立武

作为亦学亦政的知识分子，杭立武在中国声名不彰，他似乎被人遗忘了。然而，恰恰是他，在南京沦陷前后，组建了南京难民区，保护了千千万万的普通民众；也正是他，在抗日与国共内战期间，两次全力以赴抢运中华文物，使无数国宝幸免于难。就凭这两件事，杭立武就应该在历史上留下浓墨重彩的一笔。而他与胡适的交往，则验证了“不打不相识”这句老话。

大学时代，杭立武求学于金陵大学。当时，胡适、陈独秀等人所提倡的新文化运动在青年中引起了巨大反响。对胡适所提倡的白话文运动，杭立武是一个反对者。晚年杭立武回忆说：

> 我在金大求学时期，同时在东南大学暑期班选修梅光迪的西洋文学。梅光迪主张文言不可废，遂与提倡文学革命、主废文言、改用白话的胡适，相与辩难。在文学上，我同情梅光迪的主张。我个人不擅长白话文，而偏爱曹丕与其弟曹植之文章。①

杭立武在金陵大学时，还上过胡适的课。他回忆说：

---

① 王萍访问，官曼莉纪录. 杭立武先生访问纪录[M]. 台北：“中央”研究院近代史研究所，1990：4.

> 我在金陵大学尚未毕业前，曾参加东南大学暑期班，那时胡和梅都是讲师，我曾上过两位学者的课。①

从东南大学毕业后，杭立武前往英国伦敦政治经济学院读书，师从拉斯基教授。这一时期，杭立武受拉斯基的影响很大，而胡适所秉持的自由主义理念，跟拉斯基很有相似之处，这一时期，两人在价值观念上是一致的。

1930年代，回国之后的杭立武，担任中英庚款董事会总干事。这一时期，就中英庚款的问题，杭立武与胡适发生了一场笔战。

中英庚子赔款始于1925年。在此之前，美国早已退还了多余的庚款，而且指定将那些退还的庚款用于中国的文化教育事业，清华学堂就是美国退换庚子赔款的产物。不同于美国，英国退换庚子赔款是有条件的。当时，英国爆发了经济危机，英国的许多议员要求用英国庚子赔款建造中国铁路，而且建造铁路的器材设备也要从英国购买。与此同时，中英两国的学者感觉有文化交流的必要，为此，他们设置了中英庚子赔款委员会，并设置了董事会，要求庚款设立本金与利息两项，本金主要用于中国的水利与铁路建设，这些经济建设所生的利息用于中国的文化教育事业。

1932年7月，胡适从英文版的《金融商业报》上发现：国民政府有关部门利用英国庚子赔款从英国进口机器设备之后，并没有用于经济建设，而是贱价卖掉了这些原料。

看到这则报道之后，胡适在《独立评论》发表了《英庚款的管理》。文中，胡适呼吁人们注意加强对英国庚子赔款的管理，他尤其提到两点：一、英国庚款如何保障本金都用于经济建设，借款的

---

① 王萍访问，官曼莉纪录. 杭立武先生访问纪录[M]. 台北："中央"研究院近代史研究所，1990：90.

利息如何得到保障？ 二、英国庚款所组成的中国董事会成员多是政治人物，他们随着政治的变迁而变迁，缺少独立性与持续性。 如何让董事会成员免于政治的影响而保持独立性？

杭立武看到这篇文章之后，很快在《时代公论》上发表了《英庚款之管理》的回应文章。 文章含蓄地批评了胡适的观点。 在杭立武看来，随着 1932 年 4 月《还本办法草案》在行政院备案，庚款的本金保障与利息保障已经有了法律基础。 他将胡适所说的“多数的借款至今不曾起息”的言论斥之为“道听途说”。 针对胡适所担忧的“董事会受政治影响”的弊端，杭立武也做了澄清，他说：“然就愚之所知，董事会成立一载余，事实上尚未尝一受政潮之重大波荡。”①

总体而言，杭立武与胡适的这次论争基本秉持了公平说理的原则，双方都保持了绅士风度，此后不久，两人很快熟识了。

1933 年，杭立武在南京成立了中国第一个国际性文化友好组织“中英文化协会”。 协会成立后，在杭立武的筹划下，还特地建了两层楼的别墅做会址。 建成之后，“若干学者如胡适、杨端六、钱端升等，由北平、武汉各地到首都的，都经常住在那里”。②

可以说，这一时期，两人来往频繁，胡适的日记中也多次出现杭立武的名字。

1937 年，“七七”事变之后，待在南京的胡适决定与南京共存亡，他当时就应杭立武的邀请住在了中英文化协会。 1937 年 8 月 20 日，胡适在日记中写道：

---

① 杭立武. 英庚款之管理[J]. 时代公报，1932，第二十二期：26.

② 王萍访问，官曼莉纪录. 杭立武先生访问纪录[M]. 台北："中央"研究院近代史研究所，1990：18.

上午我们的朋友都劝我搬家，雪艇部长要我迁到金陵女子大学，杭立武先生要我住中英文化协会。①

更有意思的是，也就是在杭立武成立的中英文化协会，胡适做出了他一生中最难的一个决定：弃学从政。

1942年9月10日，卸任驻美大使的胡适，专门给王世杰等人写信，回忆了当时做决定时的情形，胡适写道：

我出国五年，最远因起于我写给雪艇的三封长信（廿四年六月），尤其是第三封信（廿四、廿六、廿七）；次则廿六年八月尾蒋先生的敦促，雪艇的敦劝；但最后的原因是廿六年九月一夜在中英文化协会宿舍孟真的一哭。

孟真的一哭，我至今不曾忘记。五年中，负病工作，忍辱，任劳，都只是因为当日既已动一念头，决心要做到一点成绩，总要使这一万三千万人复认识我们这个国家是一个文明的国家，不但可与同患难，还可与同安乐。四年成绩，如斯而已。②

抗战胜利之后，胡适成为北大校长，而杭立武则成了国民政府教育部常务次长。这一时期，两人也有过多次来往，其中有一封胡适写给杭立武的信，是《胡适全集》中所失收的。全信③如下：

---

① 曹伯言整理.胡适日记全集第七册[M].台北：联经出版有限公司，2004：433.

② 耿云志，宋广波编.胡适书信选[M].北京：外语教学与研究出版社，2012：309.

③ 胡适.致杭立武信札[EB/OL].http://auction.artron.net/paimai-art51040316/.

立武吾兄：

前在会场中，承见面告小儿思杜护照满期，之迈兄有电问我应否叫他回国。当时我匆匆未及索阅原电文，即说应令他回国。

昨回校后始见尊函附来去两电，始知之迈原电说小儿请求回国旅费，我很诧异。当我 1942 年下任时，政府已付我与两儿旅费，共三份，每人两千余元，我即将两儿的旅费购买美国战时公债，各用两儿本身名义。思杜的一份，已于我回国前托人转交给他了。他已领过旅费，不应再请求回国旅费。此儿甚不安分，或曾向之迈诡辞请求，以至之迈有此电。

此事使我甚不安。如当可挽回，乞兄告之迈勿付款。如已付款，乞告他托妥人将款取回。我已函告纽约友人将此儿遣送回国，绝不敢冒领公家第二次旅费。

此事竟致烦劳吾兄，十分感愧！此儿在学校成绩甚不佳，故我在八月廿七日曾由沪去电叫他回国，万不料他会向之迈步出此“花头”，匆匆奉陈，敬谢厚谊，并祝大安。

弟胡适敬上　卅六，九，八。

从写信内容来看，胡适写这封信的目的，主要是为了阻止他的儿子胡思杜冒领国家的回国旅费。他发现，胡思杜通过自己的老朋友陈之迈骗取了国家的回国旅费，这是他绝对不能忍受的，特地写这封信向杭立武说明事实真相。

1949 年，国共内战的大趋势已经对国民党非常不利。不过，胡适决定支持蒋介石政府，他坐其指派的飞机南下，先到了南京，不久又从南京到了上海，当时杭立武也在上海。此时的胡适有意办刊物，与胡适共同筹划此事的就是杭立武。对此，杭立武回忆：

记得月涵(梅贻琦)因失去清华而烦闷,每餐常饮数杯,很容易醉卧。……开始筹备创办《自由中国》半月刊。①

恰好,此时代总统李宗仁邀请胡适出任“教育部”部长,胡适不愿就任,力荐杭立武为“国民政府教育部”部长,对此,杭立武一度比较犹豫,不过,经胡适与梅贻琦的劝说,最终还是就任了。

杭立武就任后,曾有专款拨给《自由中国》,以推动《自由中国》的出版与发行。应该说,《自由中国》的创办,也有杭立武的功劳。

此后不久,胡适应蒋介石的邀请,再次前往美国,寻求美援。到达美国不久,就被阎锡山内阁任命为“国民政府”驻外官员。胡适不愿就任,但阎锡山内阁希望他不要发表不就任的声明,一肚子委屈的胡适只好写信向杭立武倾诉,1949 年 8 月 20 日,胡适在信中写道:

弟决不愿就驻外官员,亦决不愿就任何官职。弟昨始得见新布之千页白皮书,更觉得我前所谓辩冤白谤,实有需要。若政府不许我向外界声明,岂非闭我之口,裹我之脚乎?此意前乞代称介、邻、百、骝诸公为感。②

后来,据杭立武回忆,当王世杰被蒋介石免去“总统府”秘书长一职的时候,胡适还专门给他打电报询问详情,不久之后,胡适

① 王萍访问,官曼莉纪录. 杭立武先生访问纪录[M]. 台北:“中央”研究院近代史研究所,1990:92.

② 耿云志,欧阳哲生编. 胡适书信集中册[M]. 北京:北京大学出版社,1996:1182.

利用回台的机会，帮助平息了这一人事纠纷。

总体而言，虽然两人在 1930 年代因为中英庚子赔款的问题有过论战，但在论争的背后，他们有更多的共识。 从这个意义来讲，这场小论争不仅没有影响两人的友谊，而且加速了两人的相识相知，他们无疑是志同道合的好朋友。

一次两败俱伤的拜访

——胡适与宣统

1922年5月17日，刚在皇宫安装了电话的废帝溥仪，心血来潮，翻着电话本，到处给人打电话玩。他想起了他的洋老师庄士敦跟他提起的白话文运动的领袖胡适，想听听这个人“用什么调儿说话”，便拨通了胡适家的电话。接电话的正是胡适本人。溥仪在《我的前半生》中回忆了当时他们通话的情景：

> “你是胡博士呵？好极了，你猜我是谁？”
>
> “您是谁呵？怎么我听不出来呢？……”
>
> “哈哈，甭猜啦，我说吧，我是宣统阿！”
>
> “宣统？……是皇上？”
>
> “对啦，我是皇上。你说话我听见了，我还不知道你是什么样儿。你有空到宫里来，叫我瞅瞅吧。”①

对这件事，胡适在日记中也有记载：

> 今天清室宣统帝打电话来，邀我明天去谈谈，我因为明天不得闲，改约阴历五月初二日去看他。（宫中逢二休息。）②

---

① 爱新觉罗·溥仪.我的前半生[M].北京：中华书局，1982：140.

② 曹伯言整理.胡适日记全集第三册[M].台北：联经出版有限公司，2004：577.

那年的阴历五月初二，就是阳历 5 月 30 日。此外，在约定时间时，胡适也很细心，他们选择了宫中休息日见面。十七岁的废帝溥仪之所以对胡适感兴趣，是因为他对当时风靡一时的白话诗有兴趣。而胡适恰恰是提倡白话诗最力的人。

七天之后，也就是 5 月 24 日，为了这次约见，胡适先去拜访了溥仪的洋老师庄士敦。在庄士敦那里，胡适了解了溥仪的近况。当天的日记中，胡适写道：

> 我因为宣统要见我，故今天去看他的先生庄士敦(Johnston)，问他宫中情形。他说宣统近来颇能独立，自行其意，不受一班老太婆的牵制。前次他把辫子剪去，即是一例。上星期他的先生陈宝琛病重，他要去看他，宫中人劝阻他，他不听，竟雇汽车出去看他一次，这也是一例。前次庄士敦说起宣统曾读我的《尝试集》，故我送庄士敦一部《文存》时，也送了宣统一部。这一次他要见我，完全不同人商量，庄士敦也不知道，也可见他自行其意了。①

对溥仪独行其是的行为作风，胡适持赞赏的态度。六天之后，胡适赴约，为了这次约见，胡适当天没有上课。见面时，溥仪先起立，胡适行了鞠躬礼，然后就坐在了溥仪为他准备好的大方凳子上。当时，两人聊了如何写白话诗、溥仪如何出洋留学等问题。此外，溥仪还向胡适解释说："我们做错了许多事，到这个地位，还要靡费民国许多钱，我心里很不安。我本想谋独立生活，故曾想办一个皇室财产清理处。但这件事很有许多人反对，因为我一独

---

① 曹伯言整理. 胡适日记全集第三册[M]. 台北：联经出版有限公司，2004：585.

立，有许多人就没有依靠了。”

对溥仪想独立但又不能独立的矛盾，胡适是很同情的。谈话最后，当溥仪抱怨许多新书找不到时，胡适还答应帮他找书。聊了二十分钟之后，胡适告辞。

1922年6月6日，也就是这次拜访七天之后，胡适写了一首小诗《有感》表达了自己的感受。诗中胡适写道：

> 咬不开，敲不碎的核儿，
> 关不住核儿里的生意；
> 百尺的宫墙，千年的礼教，
> 锁不住一个少年的心！①

后来，胡适在这首诗旁边还特意加了一个注释：“此是我进宫见溥仪废帝之后作的一首小诗，读者定不懂我指的是谁。”

新文化的思想领袖与旧制度的帝王见面之后，舆论方面对两人都不买账。这似乎是一次两败俱伤的拜访。

一方面，忠诚于清朝的遗老对溥仪不满意。对此，溥仪在《我的前半生》中回忆说：

> 他（胡适）走了之后，我再没费心去想这些。没想到王公大臣们，特别是师傅们，听说我和这个“新人物”私自见了面，又像炸了油锅似的背地吵闹起来了。②

---

① 欧阳哲生编.胡适文集第九册[M].北京：北京大学出版社，2013：291.

② 爱新觉罗·溥仪.我的前半生[M].北京：中华书局，1982：141.

另外一方面，那些喜欢胡适并将他视为新文化运动领袖的青年人对他也很不满意。一时之间，许多报纸纷纷以“胡适为帝王师”“胡适要求免跪拜”为标题来报道此事。

为平息舆论，胡适只好写了《宣统与胡适》一文来澄清事实。文中，在讲述了两人见面的情形之后，胡适辩解说：

> 一个人去见一个人，本也没有什么稀奇。清宫里这一位十七岁的少年，处的境地是很寂寞的，很可怜的；他在这寂寞之中，想寻一个比较也可算是一个少年的人来谈谈：这也是人情上很平常的一件事。不料中国人脑筋里的帝王思想，还不曾洗刷干净。所以这一件本来很有人味儿的事，到了新闻记者的笔下，便成了一条怪诧的新闻了。自从这事发生以来，只有《晨报》的记载（我未见），听说大致是不错的；《京津时报》的评论是平允的；此外便都是猜谜的记载，轻薄的评论了。最可笑的是，到了最近半个月之内，还有人把这事当作一件“新闻”看，还捏造出“胡适为帝者师”、“胡适请求免拜跪”种种无根据的话。我没有工夫去一一更正他们，只能把这事的真相写出来，叫人家知道这是一件可以不必大惊小怪的事。①

胡适礼节性的拜访溥仪一事，其实没什么可说的。值得可说的地方在于：因这次拜访，许多青年人都对胡适不满，这种不满背后所隐藏的心理动因，是值得审视的。

1920年代是革命逻辑开始的年代。通过这件事，我们似乎可

① 曹伯言整理．胡适日记全集第三册[M]．台北：联经出版有限公司，2004：678．

以看出革命背后潜藏的思维逻辑。在那些激进青年看来，道不同不相为谋是理所当然的。你既然是新文化运动的领袖，怎么能够去跟晚清皇帝交朋友呢？最好的方式应该是胡适与溥仪划清界限。如果说，胡适关注更多的是一个叫做溥仪的十七岁的少年的话，那么激进青年的关注点则更侧重于溥仪背后的皇权的象征意义。正是从这一逻辑出发，胡适在《宣统与胡适》一文中那句“他称我先生，我称他皇上”的话广受非议。

一个权力已经被关进笼子里的君王，充其量也就是一个荣誉性的特殊公民而已，本没什么大不了。但在当时刚刚废除帝制的年代里，许多人还是认为胡适有做帝王师的念头，这就使那些原本崇拜胡适的激进青年对他大失所望。这件引起风波的插曲，恰恰反证了时人背后帝制思想的残留。

鲁迅在《而已集·小杂感》中有一名言：

> 一见短袖子，立刻想到白臂膊，立刻想到全裸体，立刻想到生殖器，立刻想到性交，立刻想到杂交，立刻想到私生子。中国人的想象惟在这一层能够如此跃进。①

接着鲁迅这话，我想说：当时中国人的想象不仅在性爱联想方面格外发达，在关于皇帝的想象方面，似乎也格外发达。他们仿佛一想到皇帝，就立即想到专制，想到奴役，就要打倒。这种心理，注定了那个时代实行“君主立宪”的艰难。君主立宪的关键在于立宪而非君主，但当时的中国人似乎一看到“君主”两个字就本能地警惕了，这种前提下，要想实行君主立宪，实在举步维艰。

另一方面，当时人们的这一认识，也为1924年冯玉祥违背契

---

① 鲁迅.鲁迅全集第三卷[M].北京:人民文学出版社,2005:557.

约、强行将溥仪驱逐出宫提供了民意基础。1924年，当冯玉祥将溥仪驱逐的时候，舆论几乎一边倒地站在了冯玉祥一边。

在这次事件中，虽然胡适明确指出冯玉祥违背了契约精神与法治理念，但绝大多数人都没有关心程序正义的问题。用暴力威胁的方式，强行没收了一个手无寸铁的皇帝的家产，完全违背了民国建立时与清朝订立的契约。一方面，这导致了民国政府的信用危机，另一方面，这种行为本质上就是对私有财产的强制掠夺。

胡适为溥仪辩护的声音成了少数，这从侧面反映了思想启蒙的紧迫性。仅凭胡适与溥仪的一次拜访，很多人就已经认定胡适有做帝王师乃至复辟的念头。吊诡的是，经历过新文化运动的鲁迅恰恰也是这样来认定胡适的。

1931年10月，上海《申报》登载了“蒋召见胡适之丁文江”的新闻。看到这则新闻之后，鲁迅对胡适非常失望。他在《二心集·知难行难》中用小说笔法写下了一则讽刺胡适的文字：

> 中国向来的老例，做皇帝做牢靠和做倒霉的时候，总要和文人学士扳一下子相好。做牢靠的时候是“偃武修文”，粉饰粉饰；做倒霉的时候是又以为他们真有“治国平天下”的大道……
>
> 当“宣统皇帝”逊位到坐得无聊的时候，我们的胡适之博士曾经尽过这样的任务。
>
> 见过以后，也奇怪，人们不知怎的先问他们怎样的称呼，博士曰：“他叫我先生，我叫他皇上。”
>
> 现在没有人问他怎样的称呼。
>
> 为什么呢？因为是知道的，这回是“我称他主席……”
>
> 安徽大学校长刘文典教授，因为不称“主席”而关了好多天，好容易才交保出外，老同乡，旧同事，博士当然是知道

的，所以，“我称他主席”。①

这篇文章，完全以胡适见溥仪时的对话来臆测胡适与蒋介石的对话，其背后的讽刺意味不言自明。不过，需要指出的是，《申报》的这一则新闻完全是假新闻，蒋介石与胡适在1931年并没有见面，他们正式见面的时间是1932年。

鲁迅建立在假新闻基础上的对胡适的讽刺，更多的是文学性的想象，距离事实甚远。如果通过鲁迅的这段文字来认识胡适，难免失真。但也可见“去见溥仪”这件事到底还是给胡适带来了不少负面影响。

不过，拿鲁迅对胡适想象性的讽刺这件事，来对照其上面讽刺中国人想象力丰富的名言，似乎是“知易行难”了。

---

① 鲁迅.鲁迅全集第四卷[M].北京：人民文学出版社，2005：347—348.

胡适与两个山西人

1960年11月17日，身在台湾的胡适应山西人张庆恩的邀请，与毛子水、姚从吾等人一起赴晚宴。吃饭时，胡适聊到他1919年曾到过山西，还在那里做过演讲。

那是1919年10月，“五四”学生运动刚刚结束，胡适陪同自己的老师杜威来山西演讲。他此行的主要任务是给自己的老师做翻译。但是，作为五四新文化运动的主将，胡适的到来引起了山西学生的高度关注，他也被邀请做了一次演讲，这就是《娘子关外的新潮流》。

在这场演讲中，胡适批评了山西娘子关内的闭塞与保守，希望山西的学生起来拥护“五四”新思想的潮流，并提出，山西大学堂预科毕业生可不经考试直接去北京大学念书。尤其是文、法科的学生，可直接转学北京大学。

胡适演讲之后，一时之间，形成了山西大学堂的学生去北京念书的潮流。

说到胡适在山西的这次演讲，在座的张庆恩说：

> 山西从先生讲演之后，山西大学文法科没有学生了，后来是出钱请人来读的。那些转学北大毕业后，回到山西的学生，在地方上办教育，做了不少事。都是先生的学生。①

---

① 胡颂平编. 胡适之先生晚年谈话录[M]. 北京：新星出版社，2006：78.

张友渔与高叔康就是当时众多受胡适影响从山西大学转到北京大学的两个山西人。

在山西读书的时候，张友渔与高叔康就认识了，两人还一起办过杂志。据晚年张友渔回忆：

> 这个时期，我还参加过一个学术界的社会主义组织，其中的成员现在还在的有邓初民。邓是山西法政学校的教授。他们办了个刊物叫《新觉路》，主要成员是教授，只吸收了两个学生参加，我是其中之一，另一个是法政学校的高叔康。①

当时，两个人都受到新文化运动的影响，对胡适充满了崇拜之情。在这股去北京念书的潮流之中，两人都去了北京。

二

"五四"之后，马克思主义的潮流在青年中风靡一时，来到北京后的两个人都对马克思主义有了兴趣，对苏俄的体制充满好感，在当时的潮流之中，两个人都加入了国民党。后来，随着国民党的"清党"，张友渔成了国民党的左派，后来则又成为了共产党，而高叔康则一直是国民党的忠实党员。

到北京之后，张友渔凭借自己的写作才能，曾给很多报纸写过文章。1926年，在很多问题上，张友渔和胡适有共识。

那一年胡适去了苏俄，对苏俄的建设成就以及教育体制赞赏有加，在给徐志摩的信中，胡适提到了苏俄的教育政策，并认定从苏俄的教育政策出发，苏俄完全可以从政治上的"狄克维多"转向

---

① 张友渔著.报人生涯三十年[M].重庆：重庆出版社，1982：80.

“民治”。对胡适的言论，徐志摩并不赞同，他认为苏俄所推行的教育是“党化教育”，并对这种教育不以为然。

对此，张友渔站在了胡适一边，他曾专门写信给主编《晨报副刊》的徐志摩，为“党化教育”辩护。信中张友渔写道：“如果你赞成‘政党制度’，赞成凡一党者，都应确信本党的政策为好政策，而努力其实现，那你便不能不赞成‘党化教育’！”①

针对徐志摩的“党化教育乃是旧式愚民教育”的观点，张友渔反驳说：“‘党化教育’却一方着重‘情意’，一方仍欲增加受教育者的知识，又其唤起人类的奋勇，以解决实际生活的问题，亦非宗教可比，这种教育，前所未有，故谓之新。”②

需要指出的是，当时给徐志摩写信的时候，张友渔所使用的名字是张象鼎。

在主张“白话文”上，张友渔也与胡适观点相同。1934 年，胡适为《大公报》策划了《星期论文》这一栏目，其中第一期发表的是胡适的《报纸文字应该完全用白话》一文。张友渔表示高度赞同，并写了《报纸何以不完全用白话》一文来支持胡适的主张，并进一步探讨了报纸之所以不用白话的原因。

这一时期的张友渔，出于对新兴苏俄的崇拜，不仅主张苏俄的“党化教育”，还主张实行苏俄的“统制经济”。受苏俄统制经济这个新名词的影响，他还主张对新闻业进行改造，实行“统制新闻”。在《论统制新闻》中，他写道：

---

① 韩石山主编. 徐志摩散文全编下册[M]. 天津：天津人民出版社，2005：1075.

② 韩石山主编. 徐志摩散文全编下册[M]. 天津：天津人民出版社，2005：1077.

> 我相信，新闻是阶级斗争之武器。即支配阶级对于被支配阶级，在暴力的统制之外，又借新闻，来实行一种思想的统制。①

关于此一时期高叔康的文献比较少，但作为从山西走出来的学生，他和张友渔似乎都发展得不错，都曾受到过重视乡谊的“山西王”阎锡山的邀请，他们两人也都接受了阎锡山的邀请。

当时，张友渔还希望利用蒋、阎之间矛盾的加剧来开展有利于党员组织工作的活动，进而营救被捕的共产党。而高叔康本就是国民党，能够得到阎锡山的赏识，自然义不容辞。需要指出的是，这一时期的高叔康，跟张友渔一样，也主张推行苏俄式的统制经济。

1945 年抗战胜利之后，张友渔与高叔康两位山西老乡分属于不同的阵营之中。在内战期间，两人自然也都是各为其主。1946 年，高叔康曾任国民政府经济部参事，1948 年还曾任国民政府工商部参事。同样是在这一时期，张友渔则是《新华日报》社的社长。

二

1949 年，高叔康追随“国民政府”败退到台湾。痛定思痛，他开始重新反思“国民政府”十几年来的经济政策。最终，他否定了青年时代所主张的计划经济的政策，这一时期他主要在《中国文摘》上发表文章。

此时，关于自己早年对苏俄的政治、经济的迷思，胡适已有了反省。

高叔康的文章引起了胡适的注意，1954 年 3 月 5 日，胡适在

---

① 张友渔. 报人生涯三十年[M]. 重庆：重庆出版社，1982：144.

《自由中国》杂志社欢迎茶会上，做了《从〈到奴役之路〉说起》的演讲，演讲中，胡适对高叔康的思想转变表示了理解与同情。胡适说道：

> 最近一期《中国文摘》中转载了《中国经济》第三十九期的一篇文章——高叔康先生所撰的《资本主义的前途》。这一篇文章中也提到哈耶克及另外一位经济学家方米塞斯(VonMises)。《自由中国》，我不用替它登广告了；我记得高叔康先生在这篇文章里以为我们现在“对于资本主义应该有个重新估价，作为将来经济制度应走什么方向的一面镜子；这应该是我们当前在精神上认识上最重大的急务”。最后，他在结论中说：“我以为资本主义不但不会崩溃，而且还有光明灿烂的前途。”①

受到胡适赞赏后，高叔康给胡适邮寄了一册由他撰写的《经济学新辞典》。收到辞典后，胡适给高叔康写了回信。全信如下：

> 叔康先生：
>
> 四月十四日来函敬悉。先生赠我《经济学新辞典》一册，也已收到，十分感谢，我近来很忙，等我稍为安定下来，很想能与先生谈谈。先此复谢，并祝大安。胡适②

---

① 胡颂平编著.胡适之先生年谱长编初稿第七册[M].台北：台湾联经出版公司，1984：2373.

② 耿云志，欧阳哲生整理.胡适全集第二十六卷[M].合肥：安徽教育出版社，2003：781.

这封信写完不久，胡适因心脏病猝发而死。两人并没有就这一话题展开讨论。

高叔康的老乡张友渔，在 1949 之后经历了各种运动的冲击之后，在改革开放时期，多数时候都坚持依法治国的理念。对于早年提倡的“统制新闻”与“计划经济”的主张，张友渔似乎也逐渐放弃了。

从受胡适影响走出山西，到抛弃胡适的主张各奔东西，再到晚年的反思与觉悟，这两位山西人，不论是作为国民党党员的高叔康，还是作为共产党党员的张友渔，在“市场经济”与“依法治国”的理念上，他们与胡适再次达成了共识。

胡适与一对山西父子

一

1949 年后，有关部门陆续通过留在香港的记者曹聚仁、留在大陆的周鲠生来做胡适工作，希望他回来。对此，胡适都没有理睬。

其实，早在 1940 年代的抗战时期，共产党人就争取过胡适，希望他改变对共产党人的印象。当时，做胡适工作的是山西人冀朝鼎。

说到冀朝鼎，大家可能比较陌生，但说到他的弟弟冀朝铸，大家可能会熟悉一些。冀朝铸曾做过周恩来的英文秘书，英文顶呱呱，后来更写过自传性的回忆录《从红墙翻译到外交官——冀朝铸回忆录》。不过，从国共内战的历史来看，冀朝鼎是一个比冀朝铸更重要的角色。

冀朝鼎是山西汾阳人，他的父亲冀贡泉，是晚清时期的留日学生，明治大学法学毕业，民国初年曾任山西司法厅厅长，阎锡山主政山西时还曾任山西省教育厅厅长。

毕业于清华学堂的冀朝鼎，亲身参与了“五四”运动，并在“六三”学生运动中被捕入狱。与同时代的梁实秋、潘光旦、罗隆基相比，清华学堂毕业的冀朝鼎显得有些另类，虽然他清华毕业之后就去美国芝加哥大学读历史系，但他似乎没有接受英美的自由主义思想。

他在 1927 年就秘密加入了中国共产党。入党之后，冀朝鼎有意识地运用马克思主义的相关理论来进行学术研究。他的博士论文《中国历史上的基本经济区与水利事业的发展》得到了许多人的好评，其中就包括写下《中国科学技术史》的李约瑟。

不过，对冀朝鼎“理论先行，找史料证明理论”的学术思路，胡适不以为然。1936年7月18日，胡适在日记中写道：

> 读冀朝鼎的《*Key Economic Areain Chinese History*》，大失望。
>
> 此君先有理论，然后去寻材料，其方法至松懈可骇，其结论也幼稚得可笑。他的材料根据于各省通志，但取其《水利》《沟洫志》诸卷中一切治水修堤之材料，列为一表。每决一役，无论其工程大小，各列为一事，而用作统计材料。……此真是睁眼不认得事实，强要曲说以助成一己之臆说！①

冀朝鼎“理论先行”的学术研究，除了跟他的信仰有关之外，还可能跟他的老师魏特夫有关，魏特夫的名作《东方专制主义》也有浓厚的“理论先行”的色彩。

这与胡适的学术主张截然不同。胡适主张“小题大做”“大处着眼，小处着手”，他对建立在宏大叙事上的理论建构有着本能的警惕。治学时，胡适主张严格辨别史料的真假，然后从真史料出发，拿证据来，在有充分证据的基础上得出结论。而冀朝鼎则是先有理论，然后截取对自己有利的史料，来论证自己所信奉的理论。他的博士论文中，也曾引用胡适对孟子“井田制”的解释，但引用的目的乃是批评胡适的观点。在博士论文中，冀朝鼎似乎更青睐郭沫若的

---

① 曹伯言整理.胡适日记全集第七册[M].台北:联经出版有限公司,2004:336.

学术研究，他在博士论文中引用了不少郭沫若的研究成果。

胡适当时看冀朝鼎的博士论文，很可能是有意聘请冀朝鼎做北大教授。此后不久，冀朝鼎还专门拜访了胡适。不过，或许是胡适对他的博士论文很不满意的缘故吧，冀朝鼎并没有留在北大。

二

“七七”事变日本全面侵华后，冀朝鼎携自己的父亲冀贡泉到了美国，恰好胡适也于 1938 年成为驻华大使。这一时期，胡适与冀贡泉、冀朝鼎父子来往密切。

1938 年 5 月 18 日，胡适日记中记载：

> 冀朝鼎来谈，他要我为 Amerasia 写书评，评 E. R. Hughes 的 The Invasion of China by West World and Emil Lederer & EmyLederer-Scider's Japan in Transition。①

1938 年 6 月 23 日，胡适日记记载：

> 与冀朝鼎、Mr. Jaffe 同吃饭。②

这一时期的冀朝鼎，成为了陈光甫的得力助手。陈光甫是当时中国第一流的银行家，他当时去美国，主要是应国民政府的征召，前去寻求美援的。在他和胡适的通力协作下，促成了美国价值

---

① 曹伯言整理. 胡适日记全集第七册[M]. 台北：联经出版有限公司，2004：545.

② 曹伯言整理. 胡适日记全集第七册[M]. 台北：联经出版有限公司，2004：562.

两千五百万美元的“桐油贷款”。在陈光甫的提携帮助下，冀朝鼎开始进入国民党的高层。

这一时期的冀朝鼎来往于中美之间，左右逢源，如鱼得水。1939年3月26日，胡适日记记载：

> 冀朝鼎来谈，他新近从国内来。
>
> 他是冀贡泉先生（育堂）的儿子。他父亲也和他同来美国，现住纽约。山西老阎一部分的人，至今还在苦战，但（冀君说）晋南现在差不多全成焦土了。①

据智效民的《冀朝铸的父亲冀贡泉》一文记载，冀贡泉曾任纽约《华侨日报》的总编辑。《华侨日报》是共产党主办的一份报纸，主要宣传共产党的思想主张。冀贡泉的夫人擅长指画，冀贡泉希望通过卖画来改善他们一家的经济状况，为此，还让胡适给他夫人的指画题了词。1940年1月28日，胡适日记记载：

> 昨题冀夫人梅花云：
>
> 耐得雪，
>
> 耐得寒，
>
> 我们的国花，
>
> 大家看。
>
> 其余只能交白卷了。朝鼎来取去。②

---

① 曹伯言整理．胡适日记全集第七册[M]．台北：联经出版有限公司，2004：639.

② 曹伯言整理．胡适日记全集第八册[M]．台北：联经出版有限公司，2004：15.

还有一则日记可以证明胡适与冀朝鼎一家的密切程度。1940年5月5日胡适日记记载：

> 山西汾阳冀贡泉(育堂)先生来游，住在我家中。①

冀朝鼎与胡适的亲密接触，似乎带有做胡适工作的意图，他在胡适面前多次夸赞红军的长处。不过，对冀朝鼎的说辞，胡适有自己的判断。1941年1月3日，胡适日记记载：

> 冀朝鼎新从国内来，来谈。他说共产党红军的长处：① 兵士识字，有知识；② 兵官廉洁；③ 确有民主倾向，如到处令人民选村长，最受欢迎。他们的短处：① 军械不够；② 给养不够。

胡适卸任驻美大使之后，冀朝鼎一家还跟胡适有密切来往。冀贡泉还专门向胡适请教罗斯福“四大自由”如何翻译的问题。1943年7月20日，胡适日记记载：

> 冀贡泉先生问 Roosevelt 的 Four Freedom，其前二为 Freedom of，后二为 Freedom from，中文甚不易译。有人说，我曾有译法，不知如何？我说，我曾最先指出此困难，曾对总统的儿子 James 说过，亦曾对别人说过。但并未发表如何译法。
>
> 冀先生说，他曾试译后二者为“生存自由”、“安全自

---

① 曹伯言整理．胡适日记全集第八册[M]．台北：联经出版有限公司，2004：46.

由”,而太平洋岸上的O. W. L不以为然,要他和我相商。

我说,你的译法须加详说,又不能表示原文的文法。不如译作:

脱离贫乏的自由。

脱离侵略恐怖的自由。

如此则能把原文的 from 达出,又可不须另加说明了。①

三

抗战胜利之后,被国民政府任命为北大校长的胡适,还邀请冀贡泉前往北大执教。冀贡泉在北大的相关情形,当时在北大担任经济系教授的蒋硕杰在其口述回忆录中有生动的描述,他写道:

冀朝鼎的父亲,冀老先生战后也在北大教书,教法律。适之先生也真奇怪,把他从美国请回来,他那时候已七十多岁,白胡子一把了,可是很健谈,而且思想非常“前进”,当时我也觉得有点奇怪,听人说他的续弦太太也是共产党。我在北大有一段时期跟他一起在一个饭馆里包饭,我们又都同住在红楼,这很有意思,我和冀朝鼎是同事,跟他父亲也是同事。有一次在北平很吃紧的时候,冀老先生跟我说:“我儿子来了,你要不要看看他?”我说:“好呀!他也是我同事、兼长官。”于是就和冀老先生一起到北平饭店去看冀朝鼎。我说现在北平很吃紧了,共产党把城都围住了,你为什

① 曹伯言整理.胡适日记全集第八册[M].台北:联经出版有限公司,2004:170—171.

么还冒险来呢？他说他与傅作义是同乡朋友，他（指傅作义）找我来帮帮他，不能不来。其实后来听人说他是去劝傅作义投降的。①

虽然冀朝鼎做胡适工作没有成功，但这次他对傅作义的“统战”非常成功。北平和平解放之后，没有脱去国民党军装的冀朝鼎依旧坐着美军吉普车出门，结果被解放军抓住，还以为抓住了一个漏网的国民党高级官员。

国共内战时期的冀朝鼎，早已是孔祥熙身边的大红人。一来，他们是山西老乡。二来，孔祥熙跟冀朝鼎的父亲冀贡泉关系极好，孔祥熙在山西办铭贤中学时，曾得到山西省教育厅厅长冀贡泉的大力协助。此时的冀朝鼎，曾帮助孔祥熙、宋子文出了一些摧毁国民政府信用的坏主意。对此，陈立夫在其回忆录《成败之鉴》中写道：

冀朝鼎在我方财政金融方针任设计工作，他专门替孔、宋出坏主意，都是有损国家和损害政府信用的坏主意。②

1948年，冀朝鼎参与了“金圆券”改革，结果导致经济的大崩溃。王云五推行的“金圆券”政策失败之后，为挽救国民政府的经济危机，胡适推荐吴景超、蒋硕杰、刘大中做国民政府的经济顾问，希望缓解当时的经济危机，但由于行政院院长翁文灏对此不甚

---

① 陈慈玉、莫寄屏访问，陈南之、蔡淑瑄、潘淑芬纪录. 蒋硕杰先生访问纪录[M]. 台北：“中央”研究院近代史研究所，1992：50.

② 陈立夫. 成败之鉴——陈立夫回忆录[M]. 台北：正中书局，1994：338—339.

热心，此事不了了之。

当时，蒋硕杰提出通过物价指数公债的方式来缓解通货膨胀，没有得到任何响应。不过，中华人民共和国成立后，却采纳了蒋硕杰的这一做法。当时，蒋硕杰早已离开大陆，谁会采纳蒋硕杰的建议呢？据蒋硕杰回忆，他认为真正推行这一方针的就是此时已经当上人民银行行长的冀朝鼎。可以说，当年是冀朝鼎一手策划了金融危机，后来又是冀朝鼎运用蒋硕杰的经济策略化解了金融危机。正所谓“成也萧何败萧何”了。

纵观胡适与冀贡泉、冀朝鼎父子的交往，一个很有意思的现象是：胡适并非不知道他们的思想倾向，看了冀朝鼎的博士论文之后，胡适就知道冀朝鼎的思想倾向了，但胡适并不因为思想的不同就不跟他们交朋友。思想倾向的不同，不影响他们的私人情谊。胡适跟冀贡泉也住过一段时间，他当然知道冀贡泉的思想倾向，但胡适依然让冀贡泉去北大教书，因为胡适相信“思想自由、兼容并包”。但当冀朝鼎他们成功之后，胡适却选择了远走高飞，道理也很简单。此时的胡适，对“思想自由、兼容并包”能否在北大真正实行已经没有信心了。

批他的诗，学他的字

——胡适与郑孝胥

一、批他的诗

胡适与郑孝胥很有因缘。少年胡适在中国公学读书时，郑孝胥就是中国公学的校董。

1908年，中国公学高层因不尊重学生民主治校的风气，公然修改具有民主自治精神的校章，引起学生不满，最终导致学潮。当时，作为学生的胡适是这次学潮的积极参与者，许多大会的记录和文件的起草都出自胡适手笔。作为校董之一的郑孝胥无疑是这次学潮指向的潜在目标。这可谓两人在当时的隐形交锋。

除此之外，两人的诗歌理念也颇不相同。早在中国公学读书时，胡适就对作诗产生了极大的兴致。而当时，统治中国诗坛的学界前辈也恰恰就是以郑孝胥为代表的“同光体”一派的诗人。

1910年代，留学美国的胡适开始酝酿文学革命，其文学革命的一个重要对象就是郑孝胥。他认为郑孝胥是言之无物派的代表。1916年4月17日，胡适在日记中写道：

> 余人如陈三立、郑孝胥，皆言之无物者也。文胜之敝，至于此极，文学之衰，此其总因矣。①

---

① 曹伯言整理. 胡适日记全集第二册[M]. 台北：联经出版有限公司，2004：316.

此后不久，他又在给任叔永的信中写道：

> 我辈生于今日，……与其作一个作“真诗”，走“大道”，学这个，学那个的陈伯严、郑苏戡，不如作一个“实地试验”“旁逸斜出”“舍大道而不由”的胡适。①

“伯严”是陈三立的字，他是陈寅恪的父亲。郑苏戡是其实就是郑孝胥，“苏戡”是其字。他和陈三立都是“同光体”的代表性诗人。

1917年，回国之后的胡适，更是多次批评郑孝胥的诗。为此，1922年胡适还系统地读了郑孝胥的《海藏楼诗》。

遭到胡适批判的郑孝胥，对胡适也有些不以为然。这一时期的郑孝胥，曾跟反对新文化运动的“学衡派”文人有过来往。1922年9月17日，郑孝胥在日记中写道：

> 有江西邵祖平字潭秋者，持子培名刺来见，自言在南京东南大学与胡先骕等同编《学衡》杂志，斥胡适之新文白话。②

二、为溥仪说公道话

虽然两人在诗歌理念上完全不同，但因为“冯玉祥驱逐溥仪出

---

① 曹伯言整理. 胡适日记全集第二册[M]. 台北：联经出版有限公司，2004：392—393.

② 中国国家博物馆编，劳祖德整理. 郑孝胥日记第四册[M]. 北京：中华书局，1993：1922.

宫”一事，两人有了交集。

1923年，刚在皇宫安上电话的溥仪给胡适打了一个电话。此后不久，在庄士敦的引荐下，胡适见到了溥仪。当时，作为晚清遗老的郑孝胥，则是溥仪的老师。因这层关系，胡适与郑孝胥有了交往。1924年10月16日，郑孝胥在日记中写道：“作字，胡适来，彦闻来。”两天之后，郑孝胥回访胡适，可惜未遇。不过，两人真正熟悉起来，则源于“冯玉祥驱逐溥仪出宫”一事。①

1924年，冯玉祥的国民革命军公然违背《大清皇帝辞位后之优待条件》条约，将溥仪赶出皇宫。这一违背法治、背叛契约的行为却在当时赢得了一片叫好声。看不过去的胡适为此给外交总长王正廷写了公开信。信中写道：

> 我是不赞成清室保存帝号的，但清室的优待乃是一种国际的信义，条约的关系。条约可以修正，可以废止，但堂堂的民国，欺人之弱，乘人之丧，以强暴行之，这真是民国史上的一件最不名誉的事。②

胡适为溥仪辩护的声音，遭到了许多人的反对，但郑孝胥却因此对胡适的印象大为改观。民国建立之后，在郑孝胥的眼里，民国乃敌国也。当溥仪被冯玉祥的军队逐出宫时，郑孝胥颇为焦急。1924年11月5日，郑孝胥在当天的日记中写道：

---

① 中国国家博物馆编，劳祖德整理. 郑孝胥日记第四册[M]. 北京：中华书局，1993：2019.

② 中国社会科学院近代史研究所中华民国史组编. 胡适来往书信选上册[M]. 北京：中华书局，1979：269.

昨午后三点钟，冯军押皇上出宫，送至醇王府，派兵监禁。现在只求自由居住，勿视同罪人，以伤忠义之气。望公（指段祺瑞）再致电冯等，许上移居东交民巷，暂避意外危险。实为万幸！孝胥百叩。①

当时，郑孝胥希望通过段祺瑞来缓和冯玉祥与溥仪之间的矛盾。在舆论不支持溥仪时，胡适公开站出来为溥仪辩护，让郑孝胥对胡适有了好感。

1924年11月11日，郑孝胥还在日记中写道：

弢庵来，言今日金息侯，朱聘三、胡适之入见，息侯请辞五十万，并申言自设图书馆，上嘉许之。②

“金息侯”即金梁，与郑孝胥同为遗老，他当时还曾上书溥仪，建议溥仪网罗胡适，为皇上所用。这未免完全看错了胡适。作为新文化运动的思想领袖，胡适又岂能真正为溥仪所用？

三、学他的字

随着对彼此的了解，两人的联系也密切起来，似乎都能摒弃差异，欣赏彼此的优点。

1927年，胡适从美国回来，定居上海，担任中国公学校长，这时，郑孝胥也在上海居住，两人交往颇多。这一时期，胡适曾将

① 中国国家博物馆编，劳祖德整理．郑孝胥日记第四册[M]．北京：中华书局，1993：2026．

② 中国国家博物馆编，劳祖德整理．郑孝胥日记第四册[M]．北京：中华书局，1993：2027．

《白话文学史》等著作赠给郑孝胥。郑孝胥在回信中写道：

宋儒语录，出于佛氏，窃疑诸儒说理，喜用此体，如骾在胸，今当于文学史中求之。先生乃欲以语录之体，推行于诗文，用意雄迈，横绝一世，但使措辞妙绝，读者感动，与古何异。①

这自然也赢得了胡适的尊敬。郑孝胥七十大寿时，胡适曾专门写去贺信。1929年4月21日，胡适日记中写道：

今日为旧历三月十二，是郑苏戡先生（孝胥）的七十岁生日，我写了一封信去贺他。

他应生于咸丰十年（1860）三月十二日。他每天早晨四点起来，晚九点睡；早晨写一早晨的字。身体健壮，望之如五十岁人。②

接到朋友们的寿礼之后，郑孝胥还写了一首诗③，表示感谢：

适之先生哂政　谢赠诗诸公

俯仰漏将尽，踽踽犹夜行。夜行何时息，所期晦复明。
友朋颇见哀，赋诗勉艰贞。用意虽渊默，动天如雷声。
愿君莫轻言，相忘实与名。

孝胥

---

① 中国社会科学院近代史研究所中华民国史组编. 胡适来往书信选下册[M]. 北京：中华书局，1980：485.

② 曹伯言整理. 胡适日记全集第五册[M]. 台北：联经出版有限公司，2004：574.

③ 同上.

1930年代，胡适去北大做教授，与郑孝胥还曾吃过饭，1931年2月26日，胡适日记中记载：

曹纕蘅邀吃饭，席上有柯凤孙（八十二）、郑苏戡（七十二）、江叔海（七十五）、杨子勤（钟义）诸老人。①

胡适也很欣赏郑孝胥，尤其是他的字。胡适还希望郑孝胥为其父亲胡传题写墓碑。1928年4月26日，郑孝胥日记中写道：

高梦旦与胡适之同来，胡求书其父墓碣。②

几天之后，胡适又跟徐志摩一起去看郑孝胥写字。1928年5月6日，郑孝胥日记中写道：

徐志摩、胡适之来观作字。③

应胡适邀请，郑孝胥为胡适父亲题写了墓碑，题曰：

胡公奎熙及其妻程夫人之墓。

---

① 曹伯言整理.胡适日记全集第六册[M].台北：联经出版有限公司，2004：504.

② 中国国家博物馆编，劳祖德整理.郑孝胥日记第四册[M].北京：中华书局，1993：2180.

③ 中国国家博物馆编，劳祖德整理.郑孝胥日记第四册[M].北京：中华书局，1993：2182.

胡公传及其继配冯夫人之墓。①

饶有趣味的是，胡适作中国公学校长时，学生常来求字。对此，胡适来者不拒。梁实秋回忆说：

胡先生的字如其人，清癯削瘦，而且相当工整，从来不肯作行草，一横一捺都拖得很细很长，好像是伸胳膊伸腿的样子。不像瘦金体，没有那一份劲逸之气，可是不俗。②

这一描述与“字势偏长而苍劲”的郑孝胥的字体特点颇为相像。此时的胡适，给人写字时似乎已经开始有意模仿郑孝胥的字了。

需要特别指出的是，当时许多新文学家，都曾模仿郑孝胥的字。1940年7月21日，清华大学图书馆职员毕树棠在其日记中写道：

报载罗振玉于上月二十九日在旅顺逝世。郑孝胥死后，人多记念其字，罗之可记念者似应有多事，而余惟不忘其字。其书籍题跋之小字颇有小米稀饭之意味，而郑之气派则正西贡大米干饭也。徐志摩林语堂学郑均有神似处，未闻有学罗者。③

---

① 曹伯言整理.胡适日记全集第五册[M].台北:联经出版有限公司,2004:163.

② 欧阳哲生选编.追忆胡适[M].北京:社会科学文献出版社,2000:133.

③ 毕树棠.螺君日记[M].北京:海豚出版社,2014:58—59.

胡适、徐志摩、林语堂都学过郑孝胥的字。晚年胡适在美国时，还给张充和题过字，结果张充和一下子就看出了他曾学过郑孝胥的字。对此，胡适跟张充和说："当初那一辈人都学郑孝胥，很潇洒的。"

作为五四新文化运动的领袖，胡适提倡"文学革命"，打倒以郑孝胥为代表的同光体，这体现了他思想现代的一面；与此同时，他却非常喜欢郑孝胥所写的字，不仅喜欢，而且模仿学习，他对郑孝胥书法的青睐，则又体现了他传统的一面。胡适从西方习得绅士风度，而中国传统文化的熏陶又使他带有中国传统文人的一面，绅士与文人的复合体汇集于胡适一身，这也是胡适让人着迷的地方。而作为晚清遗老，郑孝胥有他固守的诗歌理念，虽然保守但并不排斥异己。这种容忍异己的传统文人的气度也让人心生敬意。

无用之用，必有大用

——胡适与翁文灏

民国时期，胡适与翁文灏是极好的朋友。但 1949 年之后，两人的人生抉择却完全不同。翁文灏 1950 年从欧洲回到了中国。这种人生抉择的背后，可能与他们的教育理念有关，在理念上，翁文灏求速成，略显急功近利；胡适则求远功，喜欢从长计议。

1937 年，面对日寇咄咄逼人的侵略态势，两人曾就人才培养问题写信讨论。首先挑起这个话题的是翁文灏。1937 年 4 月 17 日，他写信给胡适说：

> 另一方面如炼钢、炼铜……中国绝少专门人才，过去者已大后时，新来者未见其人。教育如不能供给国家所需要的人才，则教育为虚设；如更努力造就事实上不能效力之人才而使之另走不正当道路以扰乱治安，尤为非常可惜。中基会对此等事负一部分之责任，对于留学补助金等似应采取相当方针，以指示有志青年以适当进行之方向。①

当时，翁文灏与胡适都是中基会的董事，鉴于炼钢、炼铜等专门人才的匮乏，翁文灏希望胡适在筹划中基会的政策方针时侧重于专门人才的造就与培养。收到这封信之后，胡适于 1937 年 5 月 17

① 中国社会科学院近代史研究所中华民国史组编. 胡适来往书信选中册[M]. 北京：中华书局，1979：354.

日写了一封回信。信中说：

> 此时我所焦虑的是：兴学五十年，至今无一个权威政治学者，无一个大法官，无一个法理学家，无一个思想家，岂不可虑？兴学五十年，至今无一部可读的本国通史，岂不更可焦虑？在纯粹科学方面，近年稍有生色，但人才实尚甚缺乏，成绩更谈不到。故我以为中央研究院、北大、中基会一类的机关此时还应该继续注重为国家培养基本需要的人才，不必赶在人前面去求眼前的"实用"。无用之用，知之者希，若吾辈不图，国家将来必蒙其祸。①

在胡适看来，与其过于追求眼前的"实用"，不如深谋远虑，为国家培养领袖之才。分析两人的分歧，一言以蔽之，翁文灏侧重于专门教育，胡适则更重视通才教育。

此后不久，随着"七七"事变爆发，胡适应蒋介石的邀请前往美国，担任驻美大使。翁文灏则出任经济部长，主管中国的战时工业生产与经济建设。

翁文灏原本就喜欢求速效，加上当时处于战时状态，翁文灏的许多经济策略都带有了浓厚的急功近利色彩。此时的他，完全违背了胡适的教育主张，要求中基会的资金补助，在应用方面，"至少应占十分之五六"。②

不仅如此，当时翁文灏主持的资源委员会，更是大规模实施计

---

① 中国社会科学院近代史研究所中华民国史组编．胡适来往书信选中册[M]．北京：中华书局，1979：358.

② 杨翠华．中基会对科学的赞助[M]．台北："中央"研究院近代史研究所，1991：165.

划经济，大力推广国有企业、军事企业、重工业的发展，轻视民营企业、轻工业的发展。

对以翁文灏为首的资源委员会的做法，胡适不太赞同。1945年2月3日，胡适写信给资源委员会的成员王征说：

> 关于我们曾讨论的一个问题，我近来也偶然想想，我还是感觉今日国内的朋友们太注重大规模的建设计划了。套一句老话："为政不在多计划，在力行如何耳。"这一句两千年的老话，在今日仍有一部分的真实性。大乱之后，应该多注重与民休息。政治的纲纪不可不立，经济的骨干不可不有，交通的纲领不可不完成。
>
> 然而"天网恢恢，疏而不漏"一句话源出于主张自然无为的老子。后人多注重"不漏"二字，而忘了"恢恢"二字，和"疏"的一字。疏是不细密，恢恢是大而宽。"恢恢而疏"，老百姓才能充分发展其自身的能力，从各方面谋生存，谋树立，谋发展。我曾听我家乡老辈说他们的祖上在太平天国乱后的恢复情形，故深信老百姓有此恢复能力。所虑者"天网"或太密耳。①

胡适希望通过"无为"的方式来谋求经济的发展，而非通过政府的计划与控制来发展经济。对胡适的建议，王征并不赞同，而是赞同翁文灏的做法。回信中，王征写道：

> 近来重庆来人，以政府原则大谈其私人经营与政府计

---

① 中国社会科学院近代史研究所中华民国史组编. 胡适来往书信选下册[M]. 北京：中华书局，1980：8.

画之不善，不知此多系私人，又善经营，总有点个人厉害问题。究竟战后国民总储蓄每年最大估计能有多少，是否能担任国家实业化重任，关于这一点，我们咏霓老兄（即翁文灏）究系学者，比这一班半官半私的人高明多了。①

为求速效，翁文灏所主持的资源委员会推崇计划经济模式，这种经济政策带来了极大的弊端，后来形成的官僚资本主义无疑跟这一政策息息相关。战后国统区的通货膨胀，也与此有一定的关系。

1948年，应蒋介石的邀请，翁文灏成为行宪之后的第一任行政院院长。然而，恰恰就是在他任上，王云五所推行的“金圆券”政策导致了金融失调、物价飞涨的可怕局面。

面对经济的恶化，胡适向蒋介石推荐了两个青年经济学家蒋硕杰与刘大中。虽然当着蒋介石的面，翁文灏表示要重用他们，但后来此事不了了之。蒋硕杰与刘大中在经济理论方面造诣深湛，两人对以凯恩斯为代表的政府干预经济的观念都有深刻警醒。倘两人进入翁氏内阁，很有可能改变当时的计划经济运行模式。可惜翁文灏恰恰轻视这方面的经济理论，他更青睐实干性的人才，用他自己的话来说，这类实干型的人才是“又快又便宜”。

蒋硕杰与刘大中没进入政府，除了翁文灏重功利求速效的实用观念之外，似乎还与他对待下属刻薄寡恩的性格有关。

推荐蒋硕杰与刘大中时，胡适还推荐了吴景超。鉴于蒋硕杰与刘大中没有从政经验，胡适希望抗战时期已经跟随翁文灏从政的吴景超可以帮助他们尽快熟悉在政府机构工作的情形。而在抗战时期跟随翁文灏的吴景超认为翁文灏对待下属态度倨傲，与他无法

① 中国社会科学院近代史研究所中华民国史组编.胡适来往书信选下册[M].北京：中华书局，1980：9—10.

共事，坚决不去。最终，他们三人都没有进入政府。可以说，国民政府失去了一次很好的挽救经济崩溃的机会，而随着经济的崩溃，国民政府在政治与军事上也都迅速崩溃。

1950年，翁文灏依然选择了回到中国。后来，哈耶克的学生周德伟在给胡适的信中分析了翁文灏的这一人生抉择，周德伟写道：

> 中国士大夫阶级中，很有人认为社会主义是今日世界大势所趋；其中许多人受了费边社会主义的影响，还有一部分人是拉斯基的学生。但是最重要的还是在政府任职的许多官吏，他们认为中国经济的发展只有依赖政府，靠政府直接经营的工业、矿业以及其他的企业。从前持这种主张最力的莫过于翁文灏和钱昌照；他们所办的资源委员会，在过去二十年之中，把持了中国的工业、矿业，对于私有企业（大都是民国初年所创办的私有企业）蚕食鲸吞，或则被其窒息而死。他们两位（翁文灏、钱昌照）终于靠拢，反美而羡慕苏俄，也许与他们的思想是有关系的。①

晚年的胡适，对翁文灏的人生抉择非常失望。与此同时，他对翁文灏刻薄寡恩的个性也感到疑惑。1930年代，胡适对翁文灏的人格是非常推崇的。1934年9月9日，胡适在《独立评论》第117号发表《写在孔子诞辰纪念之后》，其中就提到了翁文灏的人格，胡适写道：

---

① 胡颂平编著.胡适之先生年谱长编初稿[M].台北：台湾联经出版公司，1984：2374.

> 照我这十几年来的观察，凡受这个新世界的新文化的震撼最大的人物，他们的人格都可以上比一切时代的圣贤，不但没有愧色，往往超越前人。……朋辈中，如周诒春先生，如李四光先生，如翁文灏先生，如姜蒋佐先生；他们的人格的崇高可爱敬，在中国古人中真寻不出相当的伦比。这种人格只有这个新时代才能产生，同时又都是能够给这个时代增加光耀的。①

到了1950年代，胡适似乎修正了他对翁文灏的判断。虽然翁文灏选择了回大陆，但他的孙女翁燕娟则选择留在台湾。晚年的胡适与翁燕娟有过书信往来，1961年10月25日，在回复翁燕娟的信中，胡适写道：

> 我认识你爷爷（翁文灏）多年，我最奇怪的是他做一个机关首长，总不能得他手下人的爱戴，后来做了大官，我总听见人家说他"官派"太大，天天大骂下属，许多老朋友还不免。张丽门就是天天挨大骂的一个。所以我很想知道关于你爷爷的心理分析与历史分析。②

翁文灏对下属的刻薄态度，可能也与他急功近利的形式作风有关。一个人，如果总是喜欢立刻见成效，他自然会催促他的下属，而一旦他的下属不能达到他的预期，自然会挨骂。这与胡适的行

---

① 欧阳哲生编．胡适文集第五册[M]．北京：北京大学出版社，1998：628.

② 耿云志，欧阳哲生整理．胡适全集第二十六卷[M]．合肥：安徽教育出版社，2003：734.

事作风恰好又是相反的。在办事上，胡适主张无为，而翁文灏似乎主张有为。

从专业来分析，胡适的专业是哲学。这一教育背景让主张无为的胡适深谋远虑、不图近功，他相信无用之用必有大用的道理；而翁文灏的专业则是地质学，他是民国第一流的地质学家，地质学家需要亲自动手去考察勘探，这一专业背景似乎使他在做人处事上显得急功近利一些，他对专门人才的推崇、他对计划经济的青睐、他对下属的刻薄寡恩，等等，似乎都与此相关。如果这一论断成立，我们似乎可以说：胡适是帅才，翁文灏是将才。

论争中的价值判断与思想洞见

——胡适与董时进

1933年，农学界的“逃兵”胡适与农学专家董时进展开了一场论争。

当时，中华民国面临的最大危机是日本的侵略。在对日问题上，当时的知识界大体分为两派：主战派和主和派。

主战派主张立即对日作战，哪怕与日本同归于尽，玉石俱焚。董时进是这一主张的一个代表。

与豪情满怀的主战派不同，主和派相对低调。他们认为与其盲目作战，不如尝试通过外交努力来求和。这种低调，与其对中日两国的军事实力有相对清醒的认识有关。这一派知识分子以胡适、翁文灏、蒋廷黻、高宗武、陶希圣为代表。他们在《独立评论》上写文章，希望通过求和来为中国取得喘息的机会。

在他们看来，当时中日之间的战争，是一个已经走向现代化的国家与一个尚未走向现代化的国家之间的较量。不论从经济实力，还是军事实力来讲，当时的中国要想跟日本一战，倘使没有外来力量的支援，很难有取胜的把握。当时，以胡适为代表的自由主义知识分子，对局势的一个判断就是：中日之战越晚发生，对中国越有利。

在关于抗战问题上，胡适与董时进的争论颇具典型性。

一

首先是董时进。他在1933年4月3日和4月4日的天津版《大公报》上发表了《就利用“无组织”和“非现代”来与日本一拼》的文章。文中写道：

> 对于后方接济和社会秩序，全可不必挂虑。我们未具现代国家的资格，也就免了现代国家的问题。我们所差的，只是武器。但是我们有的是不怕死的军队，也就够日本应付了。好在武器是金钱可以换来的，人力可以制成的，到必要时，我们正不妨利用百姓的弱点，使军阀惯用的手段，去榨他们的钱，拉他们的夫。反正我们的百姓好对付，能吃苦，肯服从，就拉他们上前线去死，尽其所有拿去供军需，他们也不会出一句怨言。①

不难看出作者对日本帝国主义侵略的切齿痛恨，以及将日本军国主义彻底击败、捍卫国家主权与尊严的急切心情。然而，战争的胜负并不取决于情感，同仇敌忾固然重要，人多固然重要，但决定战争胜败的是国家的经济实力与军事实力。在当时中日两国军事、经济实力悬殊的情况下，让手无寸铁的老百姓"上前线"，无非是去充当炮灰而已。

当然，这一充当炮灰的事实，是以牺牲、爱国、民族等美好的字眼包装起来的。以主权的名义，以善的名义，呼吁人们去死。

看到董时进这篇文章后，胡适在1933年4月16日出版的《独立评论》发表《我的意见也不过如此》。文章写道：

> 老实说，我读了这种议论，真很生气。我要很诚恳地对董先生说：如果这才是救国，亡国又是什么？董先生的"我

---

① 董时进. 就利用"无组织"和"非现代"来与日本一拼[N]. 大公报，1933－4－3和1933－4－4.

们”究竟是谁？董先生是不是“我们”的一个？“他们”又是谁？董先生又是不是“他们”的一个？这样无心肝的“我们”牵着“好对付，能吃苦，肯服从”的“他们”“上前线去死”，——如果这叫作“作战”，我情愿亡国，决不愿学着这种壮语主张作战！①

由此，我们可以看出胡适与董时进在价值理念上的差异。在董时进看来，国家主权是最重要的价值，为了维护国家主权，可以不惜牺牲一切，包括普通平民的生命，他坚持的是国家至上主义。与董时进不同，在国家的价值上，胡适更看重个体的生命价值，不主张为了国家而牺牲个人的一切价值。如果说董时进侧重于主权高于人权的话，那么胡适则更青睐于人权高于主权。用胡适留学日记中的一句话来说：“国家之上犹有人类在。”

批评了董时进的豪言壮语之外，胡适还提出了知识分子“立言”的问题。他写道：

孔子曾说：故君子名之必可言也，言之必可行也。君子于其言，无所苟而已矣。

言之必可行也，这就是“无所苟”，这就是自己对自己的话负责任。凡立一说，建一议，必须把此议此说万一实行时可以发生的种种结果都一一想出来，必须自己对于这种种结果准备担负责任。这才是立言无所苟。②

① 欧阳哲生编. 胡适文集第十一册[M]. 北京：北京大学出版社，2013：295.

② 欧阳哲生编. 胡适文集第十一册[M]. 北京：北京大学出版社，2013：295—296.

胡适的这段话，与马克斯·韦伯所说的“责任伦理”不谋而合。在他看来，知识分子发表言论，不能因为目的是好的，就可以不择手段；也不能因为意图是好的，就可以不负责任。

胡适还拿晚清来做例子阐释此意。在胡适眼中，晚清国事的一败涂地，与士大夫的“清议爱国”息息相关。他认为，晚清时的中法战争、中日甲午战争原本都是可以避免的，但是，那些不通国际形势的爱国（他们爱的是大清帝国）士大夫却纷纷指责那些精通洋务的主和派，他们将李鸿章、郭嵩焘等人的主张称为汉奸言论，在这种言论氛围下，主战派通过丑化主和派占据了道德制高点。迫于舆论压力，主和派只好保持沉默。这种情形下，战争不可避免地爆发，结果一败涂地，国事更加不可收拾。

二

看到胡适的批评文章后，董时进又写了一篇《我们只有两条路》来为自己辩护。不过，董时进的辩护不算高明，面对胡适的质问，董时进说：

> 我可以答复胡先生，我所说的“我们”，指的是国家，“他们”是百姓，不过这都是泛指的，也可以当做一些不定代名词看。①

胡适明明批评他以“国家”的名义来让人民牺牲，他这里的阐释恰好不打自招。此外，董时进所说的“我认为中国要救亡唯有靠自己，靠国际局势来维持终不经久”也不太准确。以后见之明视之，中国后来的抗战胜利，自己的努力固然很重要，但美国、英国

① 董时进.我们只有两条路[J].独立评论，1933年，第48号.

以及苏联的支援也是必不可少的。

董时进主战的呼声更多地代表了当时激进青年学生的主张。不过，当时的青年学生，在经过历史的反思之后，也有改弦更张的。

与董时进相比，胡适当然也爱国，不过胡适对爱国保留着一丝警惕。在他看来，国家、民族、阶级等话语都是抽象名词，人一旦陷入抽象名词的泥淖，就很容易被抽象的集体名词牵着鼻子走。早在1919年的《多研究些问题，少谈些主义》中，胡适就呼吁人们要保持对抽象名词的警惕性。在胡适眼中，爱是具体的，而非抽象的。他的这一主张，与后来的思想家汉娜·阿伦特的主张非常类似。汉娜·阿伦特在给朋友的信中写道：

> 我在自己的一生中从没“爱过”任何一个民族或者集体，德意志民族也罢，法兰西民族也罢，美国也罢，更没有爱过诸如工人阶级之类的群体。事实上我只爱我的亲朋好友，至于别的爱我无能为力。①

在抗战问题上的低调，胡适曾被许多当时的激进青年唾骂，甚至由此背负上汉奸的骂名。但这种低调是有其底线的，在给王世杰的信中，胡适写道：“委曲求全，意在求全；忍辱求和，意在求和。倘辱而不能得全，不能得十年的和平，则终不能免于一战。”②

---

① 阿洛伊斯·普林茨.爱这个世界：汉娜·阿伦特传[M].北京：社会科学文献出版社，2001：173.

② 曹伯言整理.胡适日记全集第七册[M].台北：联经出版有限公司，2004：266.

三

除了1930年代的这次论争之外，董时进与胡适在1940年代还有一次隐形论争。这次论争的主题则是“战争与和平”。

1946年9月1日，董时进在《观察》杂志发表《“和”真比“战”难么?》一文。此文公开质疑胡适“和比战难”的观点。文中，董时进先介绍了胡适的观点：

> 报载胡适之先生在北平讲演，认为中国的局势“和比战难，要难上千倍万倍，而和中共谈和平，根本是妄想”。①

紧接着，董时进反驳胡适说：

> 战是难的，越打越难，和是容易的，比战容易到千倍万倍。……在和平的社会上，大家动口不动手的环境中，任何人也不能强使全中国人民奉行他们所不信仰的生活方式。②

此时的董时进，未免有些太天真。有时候，战争不是民意所能支配的，尤其是在一个不民主而又不会妥协的国家里。

这次论争的背后，涉及两人对于国共两党的判断与认知。

与胡适不同，董时进一直对和平抱有巨大希望，并且期望民盟成为沟通国、共双方的第三者，希望双方摒弃前嫌，共同追寻和平之道。董时进坚持认定的“任何人也不能强使全中国人民奉行他

---

① 董时进.“和”真比“战”难么?[J].观察，1948年，第5卷第15期.
② 同上.

们所不信仰的生活方式”的观点，无疑是自由主义式的，但对于谁才是真正的自由主义的敌人，董时进的判断并不清晰。或许也正是在这一判断下，董时进在1949年前后选择了北上。

四

不过，董时进似乎也不是等闲之辈。虽然在国际国内形势的判断上，董时进逊色于胡适，但在土地制度问题上，董时进的看法比胡适更深刻。当胡适在1926年的《我们对于近代西洋文明的态度》中公开怀疑“土地私有制”的时候，董时进却是坚定的“土地私有制度”的捍卫者。1940年代，原本已是民盟中央委员的董时进因为民盟主张土地公有制而退出民盟，另外组建中国农民党，由此可见董时进对土地私有制的看重。

董时进在1950年选择离开中国，在香港短暂待了一段时间之后，董时进远赴美国，后来成为美国农学界的顾问。

1950年代，董时进还在胡适担任发行人的《自由中国》发表了不少文章，体现了一个自由主义知识分子的公共情怀。不过，董时进那种“舍己为群”的价值观自始至终也没有修正过来。1954年，国民党内部传出希望胡适回台竞选“副总统”的消息。听闻这个消息之后，董时进非常兴奋，他当即写信给《自由中国》的主编雷震，希望胡适出来竞选“副总统”，信中写道：

> 这样一个响亮的招牌，为什么不扛出来？在平时我也不爱管这些闲事，这是什么时候！所以我们顾不得别人的误会，我也明知道这对胡适本人并不一定是福，也许是牺牲了他，但是现在也顾不得了，为几万万人而牺牲一个人也应该。①

① 范泓.雷震传[M].桂林：广西师范大学出版社，2013：239.

1930年代的董时进，在抗战问题上本就有了“牺牲人权成就主权”这一类的思想迷思，而到了晚年，董时进依然故我，希望胡适为了几万万人来做牺牲，殊不知，这种“舍己为群”的价值理念其实是很容易通往奴役之路的。与董时进固执己见不同，那个在1926年因贫富分化对土地私有制的态度略显暧昧的胡适，到了1950年代，很快看到了土地私有制重要性。

董时进是执迷不悟。胡适是知错能改，迷途知返。从这一点来说，就思想的境界而言，胡适还是比董时进高明一些。或许，我们可以这样说，胡适是二十世纪中国一流的思想家。而董时进，则是二十世纪中国优秀的农学家。

第二辑 学界篇

两个模范公民

——胡适与张元济

张元济是胡适的前辈。晚清时，他倾向于康有为、梁启超的政治改良主张，是立宪党人。“戊戌政变”之后，张元济的仕途之路终结，他选择了一条编译西学、开启民智的道路。商务印书馆的奇迹，很大程度上就是他和高梦旦努力的结果。

1920 年代，新文化运动的领袖胡适成为张元济网罗的对象。张元济希望胡适能成为他们的“眼睛”，为他们翻译西学提供系统的书目。在考察了商务印书馆之后，思来想去的胡适最终拒绝了张元济的盛情邀请，继而推荐了他的老师王云五，而王云五则一定程度上造就了商务书馆的巅峰时刻。

虽然胡适与张元济没成为同事，但他们两人在民国时代有很多共同的价值理念，而他们的所作所为，堪称那个时代的模范公民。

一、图书馆梦

留学时期的胡适，对中国缺少优良的图书馆一直耿耿于怀。他在日记中写道：

> 国无海军，不足耻也，国无陆军，不足耻也！国无大学，无公共藏书楼，无博物馆，无美术院，乃可耻耳。我国人其

洗耳恭听此耻哉?①

真正让胡适的“图书馆梦”成真的可以说是张元济。张元济历经多年，在上海创办的东方图书馆是当时中国最好的图书馆，胡适对东方图书馆印象极好，称之为亚洲最好的图书馆。然而不幸的是，这一图书馆被日本侵略者焚毁了。那是 1932 年 2 月 1 日，日本浪人仗势欺人，闯入东方图书馆纵火。最终东方图书馆中所藏的四十余万册图书化为灰烬，其中有大量的古籍珍本，甚至是孤本。

对此，张元济老泪纵横。他对夫人说:

工厂机器、设备都可重修。唯独我数十年辛勤搜罗所得的几十万册书籍，今日毁于敌人炮火，是无从复得，从此在地球上消失了。②

得知这一消息之后，胡适专门写信安慰张元济。此后，胡适还通过中基会的资金帮助重建图书馆。

张元济珍视图书，但他更希望书尽其用。在他看来，图书馆不是藏珍楼，其真正的用途还在于给人们提供阅读便利，为学者提供学术研究资料。

1947 年，张元济给时任北大校长的胡适写了一封信。信中说道:

---

① 曹伯言整理. 胡适日记全集第二册[M]. 台北:联经出版有限公司，2004:51.

② 张人凤，柳和城编著. 张元济年谱长编下卷[M]. 上海:上海交通大学出版社，2011:890.

敝公司寄存北平图书馆藏文论集全部，贵校现尚未有此书，研习藏文诸君向寺院借阅，每觉不便，顷与朱、李诸君商议，愿以此书借与贵校公用，俟敝馆异日急需用钱之时再定办法。如尊意赞同，乞即示下，候台从回平再办移交手续。①

这封信很能体现张元济对图书馆的看法。在他看来，这些藏书与其藏在图书馆中没人使用，不如给北大的相关学者做研究之用。

我们这个时代，距张元济的图书馆理念，似乎越来越远了。同样在当下，晚清民国的公民教科书风靡一时。在这些教科书中，张元济所主持的商务印书馆所编的教科书是最好的，书中没有党化教育的意识形态灌输，更多的是对人类普世价值的热情拥抱。毕竟，作为一个老辈立宪党人，宪政是张元济的梦想。

二、民主梦

从立言的角度来说，关于“民主”，张元济似乎并没有留下多少文字。不过，当胡适与国民党展开“人权与约法”论争时，张元济是胡适的有力支持者。

当胡适、罗隆基、梁实秋以三人之力来抵抗国民党党国体制之时，那些同样反对国民党专制体制的左翼革命领袖并没有将他们视为同路人。鲁迅笔下对胡适的冷嘲热讽以及瞿秋白对胡适的政治讽刺诗，体现了他们当时不同的价值立场。

真正给胡适以温暖的是张元济。1929 年 6 月 2 日，张元济专

---

① 张人凤，柳和城编著．张元济年谱长编下卷[M]．上海：上海交通大学出版社，2011：1264.

门写信给胡适，信中写道：

> 你的大文我拜读过了。文章之好，议论之正大，我也用不着恭维。但不晓得东方式的共和国民，尤其是国民的代表，读了懂不懂？……先生写了信给王博士，又把信稿送给国闻通信社，又被什么检查者看见，我只怕这《新月》里雪林女士所说的那猛虎大吼一声，做一个跳掷的姿势，张牙舞爪，直向你扑来，你那一支毛锥子比不上陆放翁的长矛，叉他不住。古人道："邦无道，其默足以容。"这句话原不是对共和国民说的，但是我觉得我们共和国国民的面具很新，他几千年的老皮气摆脱不掉，所以他几千年前的话还是有用的。我读了你这篇文章，就是这点贡献。《新月》一本并送还。①

信中，张元济一方面大力赞扬了胡适的勇气。另一方面，作为老朋友，张元济也替胡适担心，他希望胡适不要太刺激国民党，在他看来，胡适至少可以享受沉默的自由。

不过，此时的胡适，已经处于箭在弦上之势。当国民党公开反对"五四"所提倡的文化理想时，作为新文化运动的领袖，胡适不得不挺身而出捍卫"五四"的文化理想。在回复张元济的信中，胡适写道：

> 我的那一篇文字，承先生赞许，又蒙恳切警告，使我十分感激。我也很想缄默，但有时终觉有点忍不住，终觉得社

① 张人凤，柳和城编著. 张元济年谱长编下卷[M]. 上海：上海交通大学出版社，2011：831—832.

会给了我一个说话的地位，若不说点公道话，未免对不住社会。况且我有一种信仰：“天下无白白地糟蹋的努力”，种豆种瓜终有相当的收获。不种而获，则为不可能的事。自由是争出来的，“邦有道”也在人为，故我们似宜量力作点争人格的事业。考虑乱扑人，不甚可怕；所苦者，十年来为烂纸堆的生活所诱，已深入迷阵，不易摆脱，心挂两头，既想争自由，又舍不得钻故纸，真是憾事。①

收到胡适的信之后，张元济反对胡适痛打疯狗的做法，他写道：

回信读过，佩服得很。现在街上有一群疯狗在那里乱咬人。避的避，逃的逃。忽然间有个人出来打这些疯狗，那(哪)有个不赞叹他呢？但是要防着，不要没有打死疯狗，反被他咬了一口，岂不是将来反少了一个打狗的人？昨天我的信就是这个意思，还要请先生三思。②

对国民党的专制统治，张元济当然也非常不满。但在他看来，此时似乎还不是跟国民党正面交锋的时刻，他希望胡适保持警惕，不要被国民党的一群疯狗给咬了。此后不久，为让胡适屈服，国民政府教育部部长蒋梦麟违心地签署了《国民政府第1282号训令》，训令中认为胡适的言论不符合国民党的党义与总理学说，并将胡适

---

① 耿云志，欧阳哲生编. 胡适书信集上册[M]. 北京：北京大学出版社，1996：483.

② 张人凤，柳和城编著. 张元济年谱长编下卷[M]. 上海：上海交通大学出版社，2011：832.

撤职了事。

收到教育部的公文之后，胡适油印了很多份分发给朋友，给张元济的那一份是第40号。收到这一公文之后，张元济再次写信安慰胡适，信中写道：

项奉交阅教育部公文一通，与前报纸所载无甚殊异。鄙见窃愿我兄置之不答，正所以保我尊严也。犹忆数年前，美国某邦不许学校教师讲授达尔文学说，世界认为奇谈。以彼例此，得听其留为学术史上之资料，供后人之评议可耳。敬问起居。①

又说：

若在前清康雍之朝，此事又不知闹成何等风波矣。毕竟民国政府程度不同。吾等于此应进民国颂也。一叹。②

后来，为了让私立的中国公学注册登记，胡适听从了张元济的劝告，辞去了中国公学校长一职。与此同时，胡适也与自己的老朋友蒋梦麟捐弃前嫌，前往北大，为重新振兴北大而努力。

实事求是地说，在“人权与约法”论战中，张元济是最能领会胡适主张的人，毕竟，他也是一个老牌立宪党人。张元济的文化理想与胡适的价值理念是相通的。张元济对胡适这种心领神会的理解，还体现在对胡适参加国民大会一事的看法上。

---

① 张人凤，柳和城编著. 张元济年谱长编下卷[M]. 上海：上海交通大学出版社，2011：837.

② 同上.

1946年年底，鉴于国民党宣布放弃训政，走向宪政，胡适认为这是国民党从专制政党走向民主政党的转捩点，在这种背景下，胡适决定参加国民政府所召开的国民大会。胡适的这一举动，一方面引起了以郭沫若、艾思奇、夏康农为代表的左倾文人的系统批判；另一方面，则是他曾经的自由主义同道张奚若、陶孟和、周炳琳等人对他都很不理解，这些胡适的老朋友都认为此时胡适的所作所为未免有花瓶之嫌。

与这两方面不同，张元济依然是理解胡适的人。1946年11月28日，张元济给胡适写信说："国民大会至为贤劳，果能将一党专制从此结局，还政于民，得以实行，虽辛苦亦值得也。"①

在张元济看来，独来独往的胡适跳入这一火炕，乃是为了更顺利地引导国民党从训政走向宪政。当国民党从专制政党走向民主政党，并进一步宣布实行宪政的时候，胡适因势利导，选择了站在国民党一方，在张元济看来是无可厚非的。

三、人格梦

张元济著有《中华民族的人格》。1950年代，在回忆自己著作此书的背景时，他写道：

> 《中华民族的人格》，鉴于当时殷汝耕之冀东独立，痛吾国人格堕地，正在校史，愤而作此。②

---

① 张人凤，柳和城编著. 张元济年谱长编下卷[M]. 上海：上海交通大学出版社，2011：1255.

② 张人凤，柳和城编著. 张元济年谱长编下卷[M]. 上海：上海交通大学出版社，2011：1377.

在张元济看来，每个人保持自己的独立人格，洁身自好、清正廉明，我们的国家与民族就会有希望。此后不久，温文尔雅的张元济显示了自己爱管闲事的一面。1937年，《大公报》披露了纱厂贪污的新闻事件。张元济看到之后，于1937年7月5日致《大公报》社书，其中说道：

近日政府撤查投机一案，独贵报著为评论。义正词严，钦佩无极。国家财政穷困，人民日被剥削，几无生路。若辈把持政局，贪污至此，可谓全无心肝。吴、盛亦不过窃钩之徒。民众若不严与监督，结果可以想见。闻诸银行家言，法院果肯持正，将所有各项支票逐一根究，必可得其主名。敢请贵社将此层明白揭破，使法院不敢含糊了事，各银行亦不敢代为隐藏，或者贪吏伏法，政局澄清，国家前途庶犹有望。贵报为民喉舌，责无旁贷，敢贡愚诚，伏祈垂詧。①

看到张元济的投书之后，一向爱管闲事的胡适也禁不住投书《大公报》，大力支持张元济的主张。1937年7月8日，胡适专门写给《大公报》的信说：

今天读张菊生先生致贵报书，我很感动，也很兴奋。张先生是七十一岁的老翁，他对于国事还如此热心，真可以使我们年轻人惭愧，也可以给我们做一个最好的公民模范。因此，我也写这一封信表示我对于贵报揭载纱布投机一案的新闻，和连日发表的正论，都十分钦佩。我也赞同张先生

---

① 张人凤，柳和城编著.张元济年谱长编下卷[M].上海：上海交通大学出版社，2011：1062.

> 要求法院“将所有各项支票逐节根究”的主张。我希望上海熟悉投机黑幕的正当商人与银行家都应该把他们的知识贡献给政府与法院，遇必要时，应该出头做证人。我们若要国家的政治清明，贪污绝迹，只有一条路，那就是我们个个公民，都得挺身出来管管闲事。如果人人都能像张菊生先生那样爱打不平，爱说正话，国家的政事就有望了。①

照一些人的理解，学者当然应该以“学术”为业。从这个意义来讲，爱管闲事的胡适、张元济都不是纯粹的学者。也许，在学术的“冷”与国事的“热”之间，形成了他们内心世界的极大张力。而在这种张力背后，我们看到了他们作为模范公民的一面。

终其一生，张元济念兹在兹的都是中华民族的人格，而他本身就是中华民族优秀人格的典型代表。1934 年，胡适在《写在孔子诞辰纪念之后》一文中高度评价了张元济等人，他写道：

> 照我这十几年来的观察，凡受这个新世界的新文化的震撼最大的人物，他们的人格都可以上比一切时代的圣贤，不但没有愧色，往往超越前人。老辈中，如高梦旦先生，如张元济先生，如蔡元培先生，如吴稚晖先生，如张伯苓先生；朋辈中，如周诒春先生，如李四光先生，如翁文灏先生，如姜蒋佐先生；他们的人格的崇高可爱敬，在中国古人中真寻不出相当的伦比。这种人格只有这个新时代才能产生，同时

① 耿云志，宋广波编. 胡适书信选[M]. 北京：外语教学与研究出版社，2012：283.

又都是能够给这个时代增加光耀的。①

1949年之后，张元济依然让人尊敬。当时，张元济曾跟某领导照相。收到相片之后，张元济还专门询问洗印照片的费用，在他看来，公家的钱哪怕数量再微细，那也是公家的钱。张元济的耿介、一分不取的风范让人感慨。而他当时对胡适的态度也与陈垣等人形成了鲜明对比。

1949年，原本跟胡适关系极好的陈垣，通过给胡适写公开信的方式表明了他对新时代的看法，并跟胡适割袍断义，划清了界限，并由此受到新政权的高度礼遇。1952年，随着知识分子思想改造的深入，胡适的许多留下来的朋友都跟他划清了界限，而张元济似乎依然我行我素。

1952年8月，张元济为华东军政委员会人事部《干部履历表》拟稿。在"社会关系"栏中，张元济写到了胡适，文中写道：

安徽人胡适，初见其文字，勇于提倡白话文，居亲不表为习俗所诱。余颇重其为人，在上海居同里弄，衡宇相望，时相过从。后入京任北京大学校长，音书不断。解放前将去美，曾劝以研究学术，异日回国，仍可有所匡助。自出国后，遂隔绝矣。②

这段文字中，全篇基本都是对胡适实事求是的评价。与那些

① 欧阳哲生编.胡适文集第五册[M].北京：北京大学出版社，1998：628.

② 张人凤，柳和城编著.张元济年谱长编下卷[M].上海：上海交通大学出版社，2011：1377.

趋势求变的知识分子相比，不变的张元济更让人敬佩。毕竟，此时与1920年代末期相比，知识人的空间更加逼仄。1920年代末期，张元济劝胡适说："邦无道，其默足以容"，然而，此时此刻，当沉默权都享受不到的时候，张元济对胡适的态度，依然故我，这也令人感慨。

四、和平梦

对张元济在商务印书馆主持编写公民课本的行为，《纽约时报》曾评论说："张元济等人提供给古老中国的是书籍，而非子弹。"

的确，和平一直是张元济的梦想。他在很多场合都曾发表过这种和平的愿望。

1948年，中央研究院举行首届院士选举，蒋介石出席了院士会议的开幕式。被选为院士的张元济在中央研究院第一次院士会议开幕式上致辞。当着蒋介石的面，张元济说道：

> 我以为这战争实在是可以不必的。根本上说来都是想把国家好好的改造，替人民谋些福利，但是看法不同，取径不同。都是一家的人，有什么不可以坐下来商量的？但是战端一开，完全是意气用事，非拼个你死我活不可。这是多么痛心的事情。
>
> 打的时候并没有多久，已经闹到所谓四海困穷，人民有些受不住了。……即以学校而论，教师所得的薪水几乎不够生活。有人告诉我，胡适之先生在北平每天不能全吃饭，晚上都是喝粥。我听见十分难过。……我们要保全我们的国家，要和平。我们要复兴我们的民族，要和平。我们为国

家为民族要研究种种的学术，更要和平。①

当时，国共内战激战正酣，双方都处于你死我活的状态之中。在这样的形势下，和平几乎不可能。但就在这不可能的情形下，张元济依然当着最高当局的面，呼吁和平。据张元济的儿子张树年回忆：散会后，在胡适车内，胡对父亲说，“先生的发言似太煞风景。”②

张元济的演讲当然很煞风景，这种煞风景的呼吁显得很天真、幼稚，但在这天真幼稚的背后，是民意的真正期盼，是对和平的真诚呼吁。从这一意义来讲，张元济的主张依然让人感动。

重视图书馆的建设，普及公民教育，呼吁和平……从这些事件中，我们看到了真正的模范公民。

张元济与胡适，堪称国之瑰宝，是二十世纪中国最优秀的模范公民。有这样的老前辈，是民族的尊荣，时代的骄傲。

---

① 张人凤，柳和城编著.张元济年谱长编下卷[M].上海：上海交通大学出版社，2011：1305.

② 同上.

师生之情，同事之雅

——胡适与杨亮功

1928 年，在河南大学教了六个月书之后，留美归来的教育学博士杨亮功决定辞职不干了。恰好，此时广州中山大学的友人邀请他去广州教书。当时的广州是北伐革命的策源地，杨亮功愉快地接受了。

去往广州的途中，杨亮功在上海待了几天，拜访了当时也在上海的胡适，并将自己的博士毕业论文拿给他看，希望他能多多指教。此外，他们还交流了当时河南的政局。1928 年 5 月 7 日的胡适日记中曾有详细记载。

拜访完胡适，杨亮功就走了。按照原定计划，他准备过几天就去广州。

然而，过了几天，胡适突然邀请他就任中国公学的副校长。由此开启了两人作为同事的美好时光。

一、师生之情：相识与相知

其实，杨亮功与胡适早就认识了。与胡适一样，杨亮功也是安徽人，他们是老乡。五四新文化运动时期，杨亮功是北大的学生。据杨亮功回忆，胡适是他的老师，曾教过他逻辑。

当时，北大校长蔡元培采取“思想自由、兼容并包”的治校方针，一时间，围绕着白话文运动，新旧各派竞相攻击，真个是“你方唱罢我登场”，热闹非凡。那时，杨亮功还领教过旧派学者黄侃对胡适等人提倡白话文的不满。据他回忆：

> 黄季刚(黄侃)先生教文学概论以《文心雕龙》为教本，著有《文心雕龙札记》。他抨击白话文不遗余力，每次上课必定对白话文痛骂一番，然后才开始讲课。五十分钟上课时间，大约有三十分钟要用在骂白话文上面。他骂的对象为胡适之、沈尹默、钱玄同几位先生。①

因为胡适提倡白话文，黄侃还曾讽刺他不应该叫胡适，而应该叫“往哪里去”。不过，青年人往往易于接受新事物，杨亮功很快就开始追逐新潮流，拥护新文化运动了。

作为学生，杨亮功很有历史眼光。1919 年，“五四”运动过后的那个夏天，杨亮功和他的表哥蔡晓舟觉得“五四”运动必然在将来的历史中占一个重要的地位，于是他们表兄弟花了一个暑假的功夫，收集当时各个报刊的第一手资料，于 1919 年当年就编纂出版了《五四》一书。这是第一本关于“五四”的书，也成为后世学者研究五四运动的必读书。

当时，拥护新文化运动的杨亮功与胡适就有了交往。1920 年 4 月 6 日的胡适日记中记载：“写《安徽旬刊》稿，交杨亮功。”②

那时，胡适、陶行知等人曾邀请他们的老师杜威来中国演讲，一时间，杜威的教育哲学风靡当时的学术界，与此同时，也引起了一些人谋求教育改革的风气。在这种风气影响之下，曾在北大听过蒋梦麟讲授西洋教育史的杨亮功，从北大毕业之后，去安徽一所中学做了校长。一年之后，他决定去美国留学，并且选择教育学作

① 杨亮功.早期三十年的教学生活·五四[M].合肥:黄山书社,2008:22.

② 曹伯言整理.胡适日记全集第二册[M].台北:联经出版有限公司,2004:681.

为自己的专业。

在美国攻读博士期间，杨亮功也与胡适有过交往。那是1927年胡适在美期间的事情。1927年1月22日胡适在日记中记载：“晚上北大同学十三人请我吃饭。”①这十三个北大学生之中，就有杨亮功，胡适还特地记下了他的地址。第二天，杨亮功再次来拜访胡适，两人相谈甚欢，畅聊甚久。很有可能，此时的杨亮功已经给胡适留下了深刻印象。

二、同事之情:相互支持

时间再次回到1928年。面对胡适的盛情邀请，杨亮功一开始有些犹豫。第一，他已经允诺了广州中山大学的友人，背诺毕竟不是一件光彩之事；第二，倘使他担任中国公学的副校长，就要担负起学校的各种行政工作，于他这个只有六个月大学教书经验的杨亮功来说也是一件困难事。

为了坚定杨亮功的决心，胡适还亲自陪他去中国公学参观了一下。结果却适得其反。在看过了中国公学的校舍环境之后，杨亮功甚为失望，他看到学校宿舍周边都是农村家舍，那里的学生多散漫、无纪律观念，他不但自己不愿接受这一工作，反而劝胡适也不要接受中国公学校长的职务。

作为从中国公学走出来的学者，胡适对母校的情感还是很深厚的。此时中国公学又面临如此困境，胡适觉得义不容辞。于是胡适使用激将法，他对杨亮功说：“你既系研究教育的人，以从事教育

---

① 曹伯言整理.胡适日记全集第四册[M].台北:联经出版有限公司,2004:622.

为职志，不妨以此作为实验。”①这里，胡适又在向他的学生宣传“自古成功在尝试”的实验哲学了。

禁不住胡适的软磨硬泡，杨亮功终于接受了这一职务。而胡适也松了一口气。1928年6月17日的胡适日记中，他写道：

> 晚上与杨亮功谈，劝他来做中公的副校长，他答应了。于是中公的问题暂为解决：亮功来替我驻校办事，我可以不必时常到校。②

杨亮功的到来，让胡适非常省心。作为校长，胡适跟蔡元培一样，采取的都是“无为而治”的方针，就是充分信任自己的下属，给他们充分的自主权。这样不仅胡适可以节省精力，也可以让下属得到一展才华的机会。胡适与杨亮功的合作恰恰就是如此。

作为校长，胡适一周只需要周四去一趟学校。给学生上完课之后，胡适顺便处理一下学校的相关事宜，其他的事情，一概让杨亮功处理。在他们的共同努力下，中国公学逐渐步入正轨，学生从三百多人增加到一千三百多人。与此同时，胡适与杨亮功也聘请了一些学有所长的学者来学校执教，冯沅君、陆侃如、梁实秋、罗隆基、叶公超等人，都是当时中国公学的教员。这其中，最令人称道的是聘请只有小学学历的作家沈从文执教中国公学的故事，这也间接促成了沈从文与张兆和的美好姻缘。

在杨亮功的帮助下，作为校长的胡适非常游刃有余，他把更多

---

① 杨亮功．早期三十年的教学生活·五四[M]．合肥：黄山书社，2008：47.

② 曹伯言整理．胡适日记全集第五册[M]．台北：联经出版有限公司，2004：188.

的时间用在了办《新月》杂志上。期间，随着徐志摩、潘光旦、罗隆基、梁实秋等人都汇集上海，他们还成立了一个叫做“平社”的组织。鉴于国民党北伐成功后推行党国体制，在政治制度上越来越背离胡适等人的政治理想，以胡适为首的“新月派”知识分子，针对国民党统治当局的一党专政，展开了一场“人权与约法”的论争。

随着胡适、罗隆基、梁实秋等一篇篇重磅文章的刊登，忍受不了的国民党统治当局先是通过警察局逮捕了罗隆基（后在胡适斡旋下很快被释放），接着还迟迟不给中国公学立案。

这也让作为中国公学副校长的杨亮功很是为难。此时，《申报》报道安徽大学因为闹学潮有意让杨亮功去安徽大学做校长。胡适可不想失去这个好帮手，据杨亮功回忆：

> 有一天我正在学校办公室预备上课，胡先生（胡适）忽然大声说：“亮功——安庆是去不得的。”……他还说：“安庆去不得的，安徽学风甚坏，说不定今日欢迎你的人，就是明天反对你的人。”①

在胡适的劝说下，杨亮功打算与胡适共进退。他们一起推荐王星拱做了安徽大学校长。

“人权与约法”时期，杨亮功对胡适的帮助，当时《工商新闻》上有过很客观的言论，其副刊“礼拜三”第27期的《市执委议惩胡适之》中写道：

---

① 杨亮功．早期三十年的教学生活·五四[M]．合肥：黄山书社，2008：58—59.

中公之有今日,胡氏之力为多,而杨亮功、丁谷音、高一涵辈亦与有力。但嫉妒中公者,仅以目标萃胡氏一人。始则蜚言中伤,继则挑拨离间。幸胡氏不为浮语所动,杨、丁、高辈亦不为所动,宵小者计乃无所得逞,然而因无日不思有以中伤之也。于是《人权与约法》等论文一出,胡氏终不免于吃眼前之亏。①

国民党统治当局迟迟不给中国公学立案,以此给胡适施加压力。虽然中国公学的学生坚决要求胡适做校长,哪怕学校不立案,但利用学生的力量来对付国民党当局,是胡适所不能赞同的。在他眼中,学生自己把自己铸造成器才是最重要的事情。为此,胡适决心辞去中国公学校长之位,并打算让杨亮功接替。

可惜,杨亮功在胡适不做校长之后,也有些心灰意冷,恰好安徽大学校长王星拱来信邀请杨亮功去安徽大学担任总秘书长。于是,胡适于1929年9月15日给杨亮功写了一封信。信中写道:

至于你的去就问题,我仔细想了,你此时千万不可就安徽大学总秘书之职。文学院长若抚五(王星拱)必须要你做,不妨一试。外传□□将任此职,大概是他的私人造的空气,若此人做院长,安大就断送了。为安大计,为抚五计,你何妨任文学院院长事?

本校的事,此时稍有眉目,但我已决心将搬家一件事办理停当,即行脱离中公,——无论校董会如何留我,我决不再留了。所以我也不再勉强留你。请你自己决定,决定后,

① 曹伯言整理.胡适日记全集第五册[M].台北:联经出版有限公司,2004:778.

请给我一电。……①

同样是在这一天，胡适在日记中还写道：

亮功任中公副校长事,已一年余,辛苦之至。他极有责任心,而能力不高,故极觉痛苦。此次我决心不再留他受苦了。②

自此之后，胡适与杨亮功这一对好搭档就分开了。此后不久，杨亮功去了安徽大学做教授，而胡适则前往北大，跟蒋梦麟一起，决心重振北大。

三、犹记当年往事:白头宫女说玄宗

1933 年，杨亮功弃学从政，进入国民政府监察院。这一时期，胡适与杨亮功也有过交往。据胡适日记记载，1934 年 2 月 3 日下午 4 点，胡适曾到杨亮功家，还见着监察院的杨千里、高曙青、田云青。

“七七”事变前夕，两人也还吃过饭。那是 1937 年 6 月 18 日，胡适南下赴南京，19 日晚到达浦口时，是杨亮功来接的，第二天下午，杨亮功等还请胡适在“皇后”饭店吃了饭。这在他当天的日记中有记载。

“七七”事变之后，胡适前往美国，而杨亮功则前往战时陪都

---

① 曹伯言整理.胡适日记全集第五册[M].台北:联经出版有限公司,2004:819.

② 曹伯言整理.胡适日记全集第五册[M].台北:联经出版有限公司,2004:820.

重庆，两人的交集也就渐行渐远了。

1949年，胡适前往美国，而杨亮功则去了台湾。一开始，两人并无多少来往，但随着胡适于1958年来到台湾，两人的交往再次密切起来。

1958年，胡适在“中央研究院”发现大陆出版的《近代史史料》刊登了杨亮功所编纂的《五四》的前三章，很兴奋地告诉了他，而这也引起了杨亮功对他这本早年著作的兴趣。于是，他“上穷碧落下黄泉，动手动脚找材料”。在去美国的时候，杨亮功曾去美国国会图书馆找寻，无果而终，后来还是通过唐德刚托人在大陆寻觅，最终寻到一本复印本。

杨亮功之所以对这本书情有独钟，一来是因为这是当时第一本描述“五四”历史的书，具有很高的史料价值，二来，这本书是他和他的表兄蔡晓舟合作编纂的，它象征着兄弟之间的深情厚谊，此外，更重要的是，此书封面上的“五四”“亮功署”这几个字都是杨亮功的父亲题名的，对杨亮功而言，这唯一遗留下来的先人手泽值得珍视。

后来，一贯提倡传记文学的胡适专门写信给杨亮功，希望他写一写中国公学的校史，为将来的史家留下一些史料。1961年2月15日，胡适在给杨亮功的信中①写道：

亮功兄：

中公周刊半张，我已看了，今天送还给你保存。君武先生的续史可惜有“中略”“下略”的部分，可能是他发牢骚的话都被删去了！我盼望早日写成你的续史。

---

① 杨亮功.早期三十年的教学生活·五四[M].合肥：黄山书社，2008：69.

送上一本《四十自述》，其中P.57—P.83，都是中公与新公学的生活，其中记戊申（一九〇八）年的风潮，我当时有资料，故写的最详细。在中国教育史上，很少追记学校风潮的文字，也很少描写学生生活的文字，所以送一本小书给你玩玩。

敬祝 府上新年康乐

适之 一九六一、二、十五。

这可能是胡适写给杨亮功的最后一封信了吧！一年之后，胡适就因心脏病猝发而逝世了。

在相互合作、相互帮助的过程中，他们彼此成就了彼此，他们两人的交谊，也成为了中国教育史上的一段佳话。

胡适与两个经济学家

胡适对经济学并不精通。留美求学时，他选修的关于经济学的课程得分都不高。他一度对私有财产不太重视，一度迷恋苏俄式社会主义，可能与他的经济学造诣不高有关。

不过，胡适倒是对青年经济学家比较关注，当时有不少青年经济学家都是胡适的朋友。谢泳写过一篇名为《胡适与两个世界知名的经济学家》的文章，重点讲述了胡适与刘大中、蒋硕杰的交往。其实，除了刘、蒋两人之外，胡适还与一些经济学家有过交往，千家驹与张培刚就是两个典型的例子。

一、胡适与张培刚

1930 年代，张培刚是武汉大学的学生，成绩优秀，是杨端六的得意门生，也引起了武汉大学著名教授周鲠生的注意。大学毕业之后，张培刚很快成为了中央研究院社会科学所的研究员。

张培刚与胡适发生联系，源于郑林庄在胡适主编的《独立评论》上发表的一篇文章。郑林庄是燕京大学的教授，他在第 137 期《独立评论》中发表了《我们可走第三条路》一文。

当时，就中国的经济发展问题，有两种针锋相对的论调，一种以梁漱溟为代表，主张复兴农村经济，通过农业的发展来实现中国经济的发展；另一种则以社会学家吴景超为代表，主张努力发展都市工业，只有大力发展都市才可以救济农村，进而促进中国经济发展。在这两种论调之外，郑林庄提出了他的第三条道路：即在农村大力发展工业。

郑林庄的观点，引起了张培刚的批评。张培刚在 138 期的《第三条道路走得通吗？》中说道：

> 最后，我们归结：把农村工业当为中国经济建设的路径，不但在理论上近乎开倒车，在事实上也是行不通的；退一步言，万一其本身是树立了，但也不能引发都市工业，从而不能蜕化出都市工业经济来。因此，我们可以说：对于中国的经济建设，农村工业这条路是走不通的。①

众所周知，胡适是《独立评论》的主编与灵魂。张培刚的这篇文章引起了胡适的注意。更有趣味的是，这篇文章中张培刚所展现出的对农业工业化的思考，成为他后来最重要的学术成就的起点。他在哈佛大学的博士论文就是《农业与工业化》，这篇论文成为发展经济学的奠基之作。

胡适与张培刚熟识起来，则要追溯到 1940 年代。那时，胡适在美国担任驻美大使，周鲠生则作为胡适的法律顾问辅佐胡，张培刚正在哈佛大学留学。当时，赵元任在哈佛的家是留美学生重要的活动基地。胡适恰好也经常去拜访赵元任，两人在赵家熟悉起来。胡适对张培刚印象很深，他曾对另一位留学的武汉大学学生谭崇台说："那你们是否知道张培刚？他在这里很有名气。"

抗战胜利后，胡适担任北大校长，周鲠生则担任武汉大学校长。应周鲠生邀请，张培刚回到武汉大学担任武汉大学经济系系主任。在这一时期，武汉大学经济系发展极好，与何廉、方显庭主持的南开大学经济研究所齐名。

1947 年，应周鲠生的约请，胡适来武汉大学做讲座，张培刚、

① 张培刚. 第三条道路走得通吗？[J]. 独立评论，第 138 号，第 20 页。

吴保安等人顺便来拜访胡适。看到武汉大学人才济济，胡适对周鲠生说：“你真配当大学校长，你很爱惜人才。”

二、胡适与千家驹

胡适与千家驹的来往，源于胡适在火车上的阅读。

那是1932年的一天，在开往南京的火车上，胡适在一个刊物上读到了一篇题为《抵制日货之史的考察并论中国工业化问题》的文章，大为欣赏。恰巧，与之同车厢的凌某是这一刊物的主办者，胡适遂向其打听文章作者千家驹的情况。得知千家驹是北大未毕业的学生时，他颇为惊讶，认为一个学生有如此水平，了不起，遂想回北平后找到这个青年。

据千家驹回忆：

> 后胡回到北平，与吴晗谈起(吴是胡的高足)，吴晗是我同乡、同学，又同年，与我为莫逆之交。吴就介绍我去见胡适。胡问我毕业后准备去哪里工作，我说，我工作还没有着落呢！胡自告奋勇，主动介绍我去陶孟和先生所主持的社会调查所工作。①

千家驹在陶孟和的社会调查所工作之后，随着学术水平的提高，胡适又介绍他去北大教书。1936年元旦，千家驹与杨梨音女士结婚，胡适亲往证婚。据千家驹回忆：

> 1936年1月1日，他(胡适)拿出一本“鸯鸳谱”来要我们夫妇签名在上面，据说最早签名的是赵元任夫妇。在举

---

① 欧阳哲生编. 追忆胡适[M]. 北京：社会科学文献出版社，2000：81.

> 行婚礼时，他致辞和我开玩笑说："千家驹在北大时，担任学生会会长，是著名的捣蛋头儿；但在今天的婚礼上，却一点捣蛋气息都没有了，大概从今天起，千家驹已变成杨家驹了。"①

需要特地指出的一点是，千家驹与胡适在政治思想上迥然不同。两人观念的不同并不妨碍两人的朋友之谊。当然，这一时期的千家驹，略微对胡适疏远了一点。当胡适邀请千家驹为《独立评论》撰稿时，千家驹用的是笔名，他似乎不希望革命青年看到胡适跟他的关系。

1949年之后，远在美国的胡适，对留在大陆的知识分子非常关注。胡适对梁漱溟择善而执的精神非常敬佩，比较起来，对千家驹的做派也就有看法了。不过，在1954年的胡适思想批判运动中，千家驹保持了可贵的沉默。

"文革"中，千家驹则又因为与胡适的关系遭了罪。"文革"一开始，吴晗首先被打倒，吴晗的一大罪恶就是从北京东厂胡同近代史研究所中找到了其与胡适的通信，这成为整垮吴晗的重要黑材料之一。而在这些书信中，其中有一封书信的内容就是吴晗介绍千家驹去拜访胡适。就因为这一封信，千家驹成了"美帝走狗"胡适的孝子贤孙。

改革开放之后，尤其到了1990年代，在历经了从追求到幻灭的人生历程之后，千家驹选择了皈依佛门。也就在这一时期，千家驹重新审视了他过去对胡适的一些错误看法，进而在精神层面上开始向胡适回归。千家驹悲欢离合的思想历程，不禁让人想起鲁迅

---

① 欧阳哲生编. 追忆胡适[M]. 北京：社会科学文献出版社，2000：82—83.

《在酒楼上》吕纬甫的一段话：

> 我在少年时，看见蜂子或蝇子停在一个地方，给什么来一吓，即刻飞去了，但是飞了一个小圈子，便又回来停在原地点，便以为这实在很可笑，也可怜。可不料现在我自己也飞回来了，不过绕了一点小圈子。又不料你也回来了。你不能飞得更远些么？①

客观地说，回归思想原点的千家驹，其实已经很不错了。更多的人，在经历了革命的暴风骤雨之后，早已失去了反思的能力，他们就连原点都回不去了。

千家驹与张培刚都是胡适看重的人才。倘使他们同蒋硕杰、刘大中一样，人生的黄金时代处于一个开放而又自由的现代社会，他们极有可能做出跟蒋硕杰、刘大中一样的学术成就。

---

① 鲁迅．鲁迅全集第二卷[M]．北京：人民文学出版社，2005：27．

伐又何伤

——胡适与向达

1946年底，据北平的《世界日报》披露，12月24日，北京大学先修班女生沈崇被美军士兵皮尔逊强奸。这激起了北平学生的义愤，事发六天后的12月30日，北平学生大游行。由于被强奸的女学生来自北大，北大的学生尤为气愤，北大的一些教授也参加了示威游行。

示威游行中，有国民党党派背景的学生企图阻止游行，甚至妄图使用暴力。这时候，一位老者怒吼道：“我在北大十多年了，我从来没有看见过北大被外人打进来过，我是向达，看你们谁敢来打我！”①听到向达的怒吼，那些阻止游行的学生也就纷纷让开道路了。

游行示威后，向达特地找到时任北大校长的胡适，让胡适主持公道。胡适安慰了向达，并将那些学生严厉斥责了一通。在胡适与向达的交往中，胡适似乎总是帮助向达，向达很长一段时期也对胡适尊敬有加。然而，这种和谐的关系却没能善始善终。

胡适与向达在1930年代就认识了。1934年，胡适帮助向达校对过译稿。这一年的3月13日，胡适在日记中写道：“校读向达译稿，不甚满意。”②15日，又在日记中写道：“改向达译稿，错误

---

① 廖风德.学潮与战后中国政治[M].台北:东大图书公司,1994:195.

② 曹伯言整理.胡适日记全集第七册[M].台北:联经出版有限公司,2004:82.

甚多。”①

抗战初期，胡适去了美国，向达则去了英国伦敦博物馆抄敦煌卷子。抄敦煌卷子这个活，胡适也干过。1926年胡适去伦敦的时候，为了找寻神会和尚的史料，也在那里抄过敦煌卷子，而且还大有斩获。凭借当时抄写的敦煌卷子，胡适还发现了神会和尚的重要性，因之而撰写的论文，改写了中国禅宗史。

1938年，向达回到祖国，在浙江大学史地系任教。此后不久，他又去西南联合大学任教。1941年，中央研究院决定组织西北史地考察团。胡适得知此事后，还特地在美国募捐了两千五百美元，用来资助他们做研究。这次考察，向达和夏鼐都去了。这时的向达，还特地写信给胡适报告相关情况，并对胡适寄予了很高的期待。

抗战胜利后，胡适成为北京大学的校长，向达依然是北大历史系的教授。随着经济的恶化，通货膨胀，向达的生活压力陡增。8月9日，在给胡适的信中，向达略带抱怨地写道：

> 至于经济困难，自是一般现象，无论学校个人，莫不如此。而家中情形，似乎更为严重：学校停止一切购置及借款，同人以前之赖学校贷款以苏喘息者，今已典贷俱穷，大都惶惶不可终日。②

入不敷出的向达逐渐像西南联大时期的闻一多一样，思想开始

---

① 曹伯言整理．胡适日记全集第七册［M］．台北：联经出版有限公司，2004：83．

② 耿云志主编．胡适遗稿及秘藏书信第二十六册［M］．合肥：黄山书社，1994：111．

左倾，对于国民党的专制统治越来越不满。与此同时，在对胡适的态度上，向达似乎也有了变化，每当胡适计划做一件事情的时候，向达总是充当了反对者的角色。

1947 年 9 月，为振兴北大，胡适提出了《争取学术独立的十年计划》，希望通过十年的努力，把北大建设成世界一流的大学。然而，在北大开“教授会”的时候，向达不但不支持胡适的主张，反而大泼冷水。1947 年 9 月 23 日，胡适在日记中颇带抱怨地写道：

> 北大开“教授会”，到了教授约百人。我作了三个半钟头的主席，回家来心理颇悲观：这样的校长真不值得做！大家谈的，想的，都是吃饭！向达先生说的更使我生气。他说：我们今天愁的是明天的生活，那(哪)有工夫去想十年二十年的计划？十年二十年后，我们这些人都死完了！①

向达不仅当面跟胡适唱反调，而且在学生面前对胡适的计划泼冷水。在跟胡适吵过三天之后，向达在给史学系的学生做演讲时说：

> 现代中国文化是不中不西的买办文化，其毒害国家民族之深，令人为之痛心；胡校长说要在十年内把北大办成世界第一流大学，据向先生看，如作风不改，则五十年也不会办到。②

① 曹伯言整理. 胡适日记全集第八册[M]. 台北：联经出版有限公司，2004：329.

② 罗荣渠. 北大岁月[M]. 北京：商务印书馆，2006：176.

这里，向达说到“买办文化”，并没有具体所指。但四年之后，向达明确地将买办文化的罪魁祸首指向了胡适。1951 年 12 月 17 日，胡适在日记中黏了一份《控诉胡适批评自己——北大教师展开批评与自我批评》的剪报。其中写道：

> 过去学历史的人，都崇拜外国祖师爷，像伯希和，显然是受了买办文化的影响。他（向达）说，这些洋祖师就是胡适搬到中国来的。①

不仅如此，向达甚至把胡适给北大买史料也看成了一项罪过。1947 年胡适担任北大校长时，正致力于《水经注》版本的考据与研究，于是花钱买了许多版本的《水经注》。向达批评胡适只买自己要用的资料，不买其他的相关资料。对此事，北大教授邓嗣禹有生动的回忆：

> 向达先生说：“胡先生，您把北大所有的图书经费，用去买《水经注》。我们教书的急添新材料作研究工作，学生无新教科书可读，请问这是正当的办法吗？”他面孔表情，相当的严厉。胡先生笑着说，“我用北大图书馆经费买几部善本《水经注》，是确实的。要说我把所有的图书经费，全用在买《水经注》上，以致学生无新书可读，那是不确实的，哈哈。”②

---

① 曹伯言整理．胡适日记全集第八册[M]．台北：联经出版有限公司，2004：638．

② 冯尔康．郑天挺学记[M]．北京：生活·读书·新知三联书店，1991：139．

1948年北大五十周年校庆时，胡适还打算将各个不同版本的《水经注》做一个展览。这背后，除了鼓励学生做学术研究之外，可能也有回应向达质询的意味吧！

1949年之后，向达取代毛子水成为了北大图书馆的馆长。1951年，向达对胡适展开了猛烈的批判。他给胡适定下的罪名，除了“文化买办”之外，还有一个罪名：“学阀”。

据当时香港《大公报》的一则题为《北大南大教授分别座谈控诉胡适，检讨张伯苓京津各高等学校教师热烈展开学习》的报道记载：

> 十一月十四日晚，北京大学汤副校长召集了十三位老教授，座谈北大一贯的主导思想问题。通过老教授们的亲身体验，并着重从历来的代表人物来进行分析的结果，公认胡适是一个具有代表性的，在旧学术界集反动之大成的人物。……特别是向达先生，反映历史系小组讨论时的情况，他们对胡适的学阀作风和反动行为举出许多生动的实例，作了感人的控诉，表现了极大的愤慨。①

由此可以看出，向达已经将胡适买《水经注》版本的问题上升到了“学阀”的高度，对胡适痛加斥责。

在台湾，针对向达等人斥责胡适为学阀的言论，李敖在《播种者胡适》中为胡适有过辩解。李敖写道：

> 在这生化转变的大世界里，日新月异的新时代里，胡适

---

① 曹伯言整理.胡适日记全集第八册[M].台北：联经出版有限公司，2004：623—624.

> 始终在变化的环境里维持他的人格、观点和气焰。他有不少 intellectualarrogance，有人骂他是“学阀”，至少我是赞同的，我不觉得这词儿有什么讥贬的意味。相反地，对这些只会浮议、毫无风骨的穷酸文人，伐又何伤？①

有时候，我禁不住想，争自由，也得看对象。向达批评胡适，其实最没有风险，因为胡适有容忍的风度。对胡适的批评，反而更能凸显他容纳异己的雅量，为其添彩。如果敢于像陈寅恪、梁漱溟那样“违千人之诺诺，独一士之谔谔”，那才可以让人敬佩呢。

---

① 李敖. 胡适研究[M]. 长春：时代文艺出版社，2012：16.

情随势转

——胡适与季羡林

二十世纪的一百年中，山东出现了难以计数的优秀学者。这其中，前五十年的杰出代表是傅斯年，后五十年的杰出代表则是季羡林。巧合的是，两人都跟胡适有过密切交往。而且，两人都是胡适的学生，都受到过胡适的提携。傅斯年与胡适的交往，很多学者早就说过，倒是季羡林与胡适的交往，一来人们说的相对较少，二来笔者看到了一些新材料，这些材料可以让我们看出两人在时代变迁中的个性特征。

民国时期，作为学生的季羡林，同大多数青年学生一样，非常崇拜胡适。季羡林第一次见到胡适，是1932年10月13日。那是听胡适关于“文化冲突”的演讲。这一天的日记里，季羡林这样评价胡适：

> 说话态度声音都好。不过，也许为时间所限。帽子太大，匆匆收束，反不成东西，而无系统。我总觉得胡先生浅薄（大不敬！），无论读他的文字，听他的说话。但是，他的眼光远大，常站在时代前面我是承认的。我们看西洋，领导一派新思潮的人，自己的思想常常不深刻，胡先生或者也是这样罢。①

---

① 季羡林.清华园日记[M].南京：江苏文艺出版社，2013：50.

此时的胡适，在季羡林心目中，虽思想略显浅薄，但依然是新思想的领袖。这一时期的季羡林，正在清华园中读书。他经常看胡适主编的《新月》，对胡适推崇有加。1933年，作为山东人的季羡林回到济南参观大明湖，还想起了胡适对大明湖的评价，日记中季羡林写道：

在白天里，看大明湖的河道实在太小了，胡适之说她是一湾臭水，实在并非过苛。但是晚上在朦朦胧胧的暮霭里，看来却不甚小呢。①

由此可以看出，季羡林对胡适的诗歌也是非常熟悉的。1922年，胡适去济南参加全国教育会议，闲暇之余，胡适在朋友的引导下参观了大明湖，并写了一首关于大明湖的新诗，诗中写道：

哪里有大明湖！
只看见无数小湖田，
无数芦堤，
把一片好湖光，
划分得七零八落！
这里缺少一座百丈的高楼，
让游人把眼界放宽，
超过这许多芦堤柳岸，
超过这种种此疆彼界，

---

① 季羡林.清华园日记[M].南京:江苏文艺出版社,2013:145.

依然还我一个大明湖。①

1930年代，季羡林虽然识得胡适，但胡适并不认识季羡林。两人真正认识，源于陈寅恪的推荐。1945年，从德国拿到博士学位即将回国的季羡林，听闻自己的老师陈寅恪在英国治疗眼疾，于是写信将自己这几年的求学经历告诉了他。得知季羡林的情形后，陈寅恪将季羡林推荐给了当时的北大代理校长傅斯年。此后，随着胡适从美归来，傅斯年很快卸任北大代理校长一职，胡适成为北大校长。也正是在这一时期，季羡林在很短的一段时间内，就从副教授升格为教授，并且成了东方语言文学系的系主任，这与胡适对他的提携是分不开的。

作为北大校长的胡适，采取无为而治的治校方针，凡事皆放权。他让季羡林接待师觉月博士一事就典型体现了胡适的办事风格。据季羡林回忆：

这时候，印度总理尼赫鲁派印度著名学者师觉月博士来北大任访问教授，还派来了十几位印度男女学生来北大留学，这也算是中印两国间的一件大事。适之先生委托我照管印度老少学者。②

除此之外，季羡林还介入了胡适与陈垣的学术争论。当胡适与陈垣就“浮屠”与“佛”谁先谁后的问题争得不可开交时，季羡林通过他所掌握的吐火罗文，提出了自己的看法，这让胡适对他刮

---

① 欧阳哲生编. 胡适文集第九册[M]. 北京：北京大学出版社，2013：226.

② 欧阳哲生选编. 追忆胡适[M]. 北京：社会科学文献出版社，2000：5.

目相看。此外，季羡林还将他写的《列子与佛典》一文呈胡适指正。在给季羡林的回信中，胡适写道：“《生经》一证，确凿之至。”对季羡林治学的严谨，胡适印象深刻，1950 年代胡适到台湾后，还对“中央研究院”的李亦园说：“做学问应该像北京大学的季羡林那样。”

虽然这一时期两人有过多次交往，但随着时局的变化，在 1948 年年底，两人在去留的问题上并不一致。胡适选择了离开，而季羡林则选择了留下。对此，季羡林在《为胡适说几句话》中回忆说：

> 1948 年秋天，有一天我到校长办公室去见胡适，商谈什么问题。忽然走进来一个人——我现在忘记是谁了，告诉胡适说，解放区的广播电台昨天夜里有专门给胡适的一段广播，劝他不要跟着蒋介石集团逃跑，将来让他当北京大学校长兼北京图书馆馆长。我们在座的人听了这个消息，都非常感兴趣，都想看一看胡适怎样反应。只见他听了以后，既不激动，也不愉快，而是异常地平静，只微笑着说了一句：“他们要我吗？”短短的五个字道出了他的心声。①

对胡适的走，季羡林是很不以为然的。据罗荣渠在他的日记《北大岁月》中记载，得到胡适离开的消息，季羡林曾说：“胡适临阵脱逃，应该明正典刑。”②

原本对胡适尊敬有加的季羡林，此时却认定胡适应该明正典刑。短短几天之内，季羡林似乎对胡适的态度有了很大的变化。

---

① 欧阳哲生选编. 追忆胡适[M]. 北京：社会科学文献出版社，2000：6—7.

② 罗荣渠. 北大岁月[M]. 北京：商务印书馆，2006：429.

原因何在？这可能与当时局势的变化有关，国共内战的局势已经日益明朗化了，国民党要败退了。

与季羡林一样变化的还有陈垣。1949 年 5 月，那一位跟胡适学术交往密切的陈垣很快写出了《给胡适之的一封公开信》，与胡适划清了界限。后来，陈垣的人生相对比较顺利，他依然当辅仁大学的校长，而当辅仁大学被划入北京师范大学时，他又成了北京师范大学的校长。季羡林的这种随着时局变化而变化的个性，似乎也得到了回报。

1950 年代，季羡林被认定是知识分子思想改造运动的典范。同时季羡林被统战部鉴定为进步知识分子的代表。对季羡林，报告书中写道：

> 受旧社会影响较小，解放后接受新事物较快，政治思想进步较大。这种人约有五十四人，以季羡林为代表。季羡林在抗战胜利后不久回国，解放前对现实略有不满。解放后当选北大工会文教部长，积极工作，努力学习政治理论及时事政策，参加抗美援朝运动等工作。通过这一系列现实的教育和他自己的努力，政治上进步较显著。①

说起来，1949 年之后的季羡林，特殊时期除外，多数时候，季羡林的日子还是相对好过的。当然，如果我们不苛责前贤，在对待胡适的问题上，季羡林似乎还是守住了他的人生底线。1950 年代的批判胡适运动中，受过胡适提携的季羡林保持了可贵的沉默。当时间来到八十年代时，季羡林开始为胡适辩诬。他在 1980 年代

---

① 谢泳. 逝去的年代——中国自由知识分子的命运[M]. 福州：福建教育出版社，2013：308.

写的《为胡适说几句话》体现了他的学术勇气与人格良知。到了新世纪，季羡林更是多次提到胡适对他的帮助，他还担任了《胡适全集》的主编，并为此写了一万七千字的总序，从这个意义来讲，季羡林值得人们尊敬。

胡适与周德伟

从1990年代开始，学术界通过对民国知识分子的研究，开始追寻中国的自由主义传统，到1998年前后达到一个小高潮。然而，当时中国学术界所找到的自由主义传统，不论是《新月》时期的胡适、罗隆基，还是《观察》时期的储安平，他们或多或少都受到伦敦政治经济学院的教授拉斯基的影响，而拉斯基的理论并非纯正的古典自由主义。

拉斯基是英国工党的理论家，其思想带有左倾色彩，基本上属于民主社会主义者。民国时期中国的自由主义知识分子多数属于民主社会主义者，他们的诉求无外乎政治制度上的民主宪政与经济制度上的计划经济。他们是政治、思想上的自由主义者，但在经济上，却轻视私有财产，漠视民营经济。

对此，人们禁不住要问：民国时期有真正的古典自由主义者吗？他们有什么主张？

民国时期真正的古典自由主义者是哈耶克在中国的两个学生。他们分别是周德伟与蒋硕杰，可惜当时两人在知识界的影响还相对边缘，没有成为思想界的主流。蒋硕杰在1940年代的《新路》上曾有文章指出计划经济的危险，他是坚定的市场经济的捍卫者。

比蒋硕杰更早宣传哈耶克主张的则是周德伟。作为哈耶克的第一个中国弟子，当民国的一些自由知识分子还沉浸在拉斯基的思想世界的时候，1930年代的周德伟已经在其创办的刊物《中国之路》上阐释哈耶克的经济主张了。这时的周德伟默默无闻，无疑处于思想界的边缘，而他的老师胡适则是中国自由主义的领袖，两人的地位与影响力都不可同日而语，然而在对自由主义的领会与体悟方面，似乎周德伟更胜胡适。

1949 年之后，在与胡适的交往中，周德伟成功地影响了胡适的自由主义理念，使晚年胡适开始走向古典自由主义之路。

作为自由主义在中国的代言人，晚年胡适的这一转变是具有象征意义的。这意味着中国的一些自由主义者开始从计划经济的迷雾中走出来，开始真正领会到私有财产在捍卫自由方面的重要意义。考察胡适与周德伟的关系，可以让我们看到胡适在这方面的思想转变。

一、胡适对周德伟的影响

周德伟，湖南长沙人，生于 1902 年，比胡适小十一岁。1919 年，就读于湖南长郡中学的周德伟开始阅读胡适的《中国哲学史大纲》，读过此书后，周德伟将原本零碎杂乱的国学知识系统化了，那时的周德伟可以说是无条件地同意胡适的论断。

1920 年，周德伟考入北大预科，虽然那时胡适在北大推广白话文运动，但此时周德伟受业于林损、刘文典、单不厂等国学名家，这奠定了周德伟良好的古文功底。以后周德伟在作文时喜用半文半白的话语，这在一定程度上减弱了其思想在社会上的流传。

虽然林损每次上课时都诋毁胡适，但这并没有减损胡适在周德伟心目中的分量。这一时期，他亲自找到胡适，以求学时的读书问题求教于胡适。从先秦诸子到清代学术，胡适一口气给周德伟开了一百多种书单。面对如此多的书，周德伟根本看不过来，他只是选择性地看了王充的《论衡》和王弼的《周易注》。在史学方面，受胡适影响，周德伟将读史的重点放在了《史记》的志与年表上，并由此形成了他对历史的特殊癖好。

对于胡适的考证，不论是《红楼梦考证》《水浒传考证》，还是

《儒林外史考证》，周德伟都仔细看了。对于前两个考证，周德伟一点兴趣也没有，倒是对《儒林外史考证》，因为敬佩《儒林外史》中杜少卿的人格，周德伟津津有味地看完了。

事实上，对胡适做的这些考证，周德伟有些不以为然，他认为作为思想界领袖人物的胡适更应该从事思想方面的建设，不应该将时间浪费在这些意义不是很大的考证上。同样，晚年胡适埋首《水经注》，周德伟对此也很不赞同，他觉得胡适应该负起思想上的领导责任，进而从思想方法上让青年人看清极权主义的本质，由此抵御极权主义的蔓延。

这一时期的周德伟，既读陈独秀的《新青年》，也看章士钊主编的《甲寅》。迥异于当时的一些学生，周德伟似更偏爱《甲寅》，他觉得《新青年》的文笔太泼辣。此外，周德伟此时还阅读了胡适翻译的《实验主义》，此书是胡适老师杜威的作品，但周德伟读后觉得这里面的思想实在太粗浅，与杜威相比，周德伟更偏爱斯宾塞、赫胥黎、亚当·斯密。

此一时期的周德伟，还曾参加马克思主义小组，但因反对阶级意识而脱离该小组。此后，周德伟跟随顾孟余，参加了国民党，并曾在武汉主持《武汉民报》副刊。此后，在顾孟余的提携下，周德伟还曾任职于铁道部。

1933 年，周德伟获得公费留英的资格，进伦敦政治经济学院学习。此时的伦敦政治经济学院，最有名的教授是拉斯基，而周德伟并不喜欢拉斯基，他跟随经济学教授罗宾斯与哈耶克从事经济学研究。受到这两位经济学教授的影响，周德伟对历史主义及历史哲学重新进行了反思，他觉得胡适似乎有历史主义的倾向，因此在思想上开始远离胡适。1946 年，周德伟曾去拜访胡适与周鲠生，此时名满天下的胡适早已忘记周德伟这个学生了。

二、两人在许多问题上的共识

虽然这一时期两人在一些思想上有分歧，但两人在许多问题上还是有很多共识的，这些共识表现了两人的思想卓见。两个人的共识主要表现在四个方面：个人主义、联省自治、民主宪政以及儒家传统。

作为自由主义领袖，胡适在新文化运动中曾大力宣传个人主义。在《易卜生主义》中他曾写道：“你要想有益于社会，最好的法子莫过于把你自己铸造成器。……真实的为我，便是最有益的为人。”而在国民党宣称舍己为群的国家主义时，胡适曾明确反对，他曾有名言说：“现在有人对你们说‘牺牲个人的自由，去求国家的自由！’我对你们说：‘争你们个人的自由，便是为国家争自由！争自己的人格，便是为国家争人格！自由平等的国家不是一群奴才建造得起来的！’”

与胡适相一致，周德伟对集体主义的危害看得甚为清楚。他在《功效主义重估》中曾写道：“人民无条件服从，个人必须放弃主动的行动，无条件牺牲自己，成就某一集体。但哪一集体方为合法的集体，方为至高无上之集体，舍武断外实无从决定。故集体主义的教条，必然为排他的，必然为极权的。”

胡适与周德伟在联省自治问题上的看法也是一致的。

民国初期，面对南北两个政府，国民党内部产生了分歧，孙中山主张通过革命战争的方式来完成统一，因此主张北伐。陈炯明不同意孙中山的主张，他主张联省自治。后来因为主张上的不同，孙中山与陈炯明的矛盾公开化，也就有了“六·一六”事变。

这一时期，胡适曾在《努力周报》上发表文章支持陈炯明，并支持陈炯明所主张的联省自治。当时，湖南的赵恒惕也是联省自治的支持者与实践者。后来到台湾后，周德伟跟赵恒惕关系比较密切，他曾为赵恒惕写过《赵公八十寿序》。在给胡适写信时，他曾把这篇序一并送给胡适看。

胡适收到这封信之后，曾给周德伟写过一封信，信中写道：“我读了你的寿序与长信，也很感兴趣，当年我也曾赞成联省自治的运动，也赞成各省制成省宪的运动。1922 年 9 月 8 日我曾在《努力周报》上发表长文，题为《联省自治与军阀答陈独秀》。回想前事，真如梦境了。”

此后胡适与周德伟两人见面，周德伟还曾建议胡适把主张“联省自治”的文字补充到《胡适文存》中去。由此看来，两人对于当年的“联省自治”运动都持赞同意见。

1928 年，周德伟在天津创办《天津双周刊》，在这一刊物上，周德伟写了许多关于民主宪政问题的文章。留学归来后，周德伟在湖南大学教书期间创办《中国之路》。在这一刊物上，周德伟积极宣传哈耶克的思想主张，向读者阐释民主宪政的价值。可以说，在民主宪政问题上，胡适与周德伟两人都是坚定的拥护者与守护者。

周德伟与胡适在儒家问题上也有很多共同语言。作为哈耶克的学生，周德伟自然不是全盘反传统论者。与之相反，他还是儒家的信徒，学者邵建就曾说周德伟是一个儒家自由主义者。其实，胡适对儒家也抱有同情之了解。

五四新文化运动时期，胡适在给《吴虞文录》写序的时候曾说吴虞是“只手打倒孔家店的老英雄”，结果导致很多人由此认定胡适是儒家的反对者。其实胡适对儒家是很推崇的，晚年胡适曾多次通过孔子的主张来阐释他的自由主义理念。

1948 年，胡适写信给陈之藩，信中胡适写道：“对于孔家店，向来不主张轻视或武断的抹杀。”

1954 年，胡适在台湾大学讲演《中国古代政治思想史的一个新看法》，在演讲中，胡适认为中国古代思想史主要有四个大的事件：“第一是无政府主义抗议的出现，即老子为代表的思想；第二是孔子、孟子所代表的自由主义的教育哲学；第三是极权政治的兴起；第四是无为政治的代兴。”这里胡适明确地将孔子的教育主张看作是自由主义的教育哲学。

1959年胡适在日本东京接受记者采访时，在提到《吴虞文录》的序时，胡适对其中提到的“只手打孔家店”解释说：“中国过去许多反动的东西，都喜欢挂上孔子的招牌，为了打倒这样反动的东西，自然应该打倒这些招牌。这与打倒孔子该是两回事。”

通过以上几个事例，可以看出胡适对儒家与孔子的态度。当然，胡适的这种主张并不代表他赞同儒教。后来台北大专院校校长集会决议成立孔孟学会，打算邀请胡适为发起人。胡适回信拒绝了。信中胡适写道：“我在四十多年前，就提倡思想自由，思想平等，就希望打破任何一个学派独尊的传统。我现在老了，不能改变四十多年前的思想习惯。所以不能担任孔孟学会的发起人之一，千万请老兄原谅。”

由此可见，胡适与周德伟都对儒家以及孔子抱有了解之同情，但是对于定于一尊的儒教，胡适则不敢苟同，他担心这会影响到思想的自由与思想的平等。

三、周德伟对胡适的影响

1949年之后，周德伟与胡适的交往开始密切起来。在此前后，胡适与杭立武、雷震等人创办了《自由中国》，而作为“国民政府”公务员的周德伟，则在其住地紫藤庐跟张佛泉、殷海光等学者交流切磋自由主义的理念。这一时期，周德伟将哈耶克《通往奴役之路》送给殷海光，建议殷海光翻译此书。

殷海光的译本在《自由中国》上连载，这引起了胡适的注意。

而在1952年周德伟就曾给胡适写过长信，信中就谈到了计划经济对自由的危害。在1954年3月5日“自由中国半月刊社茶话会”的演讲中，胡适曾念出周德伟信中的一些内容，在信中，周德伟曾写道：

> 中国士大夫阶级中，很有人认为社会主义是今日世界大趋势；其中许多人受了费边社会主义的影响，还有一部分人是拉斯基的学生。但是最重要的还是在政府任职的许多官吏，他们认为中国经济的发展只有依赖政府，靠政府直接经营的工业矿业以及其它的企业。从前持这种主张最力的，莫过于翁文灏和钱昌照，他们所办的资源委员会，在过去二十年之中，把持了中国的工业矿业，对于私有企业（大都是民国初年所创办的私有企业）蚕食鲸吞，或则被其窒息而死。他们两位（翁文灏、钱昌照）终于靠拢，反美而羡慕苏俄，也许与他们的思想是有关系的。①

这里周德伟已经明确指出，抗战时期的国进民退政策，其实是导致后来经济崩溃的一大根源。

1920年代胡适访俄时曾对俄式社会主义抱有一定的好感与期待，但后来很快就消失了。由于胡适对经济学不够了解，因此，在经济自由主义方面，胡适并没有理论上的自觉。

胡适的这一思想盲点，作为自由主义者的殷海光也同样存在。殷海光在《通往奴役之路》的序中曾写出自己当时的思想困惑：

---

① 胡颂平编著.胡适之先生年谱长编初稿第七册[M].台北：台湾联经出版公司，1984：2374.

> 我是一个自由主义者。正同“五四”运动以后许多倾向自由主义的年轻人一样，那个时候我之倾向自由主义是未经自觉地从政治层面进入的。自由主义还有经济的层面。……中国许多倾向自由主义的知识分子酝酿出“政治民主，经济平等”的主张。这个主张是根本不通的。这个主张的实质就是“在政治上作主人，在经济上作奴隶”。我个人觉得这个主张是怪别扭的。但是，我个人既未正式研究政治科学，更不懂得经济科学。因此，我虽然觉得这个主张怪别扭，然而只是有这种“感觉”而已，说不出一个所以然来。①

周德伟推荐殷海光读哈耶克的书，由此解开了殷海光的思想困惑，同样，胡适在经济自由主义上的理论自觉也无疑是受到周德伟的影响。

胡适这篇演讲发表之后，罗敦伟给胡适写信，批评胡适不应大力批评计划经济。胡适曾将此信给周德伟看过，并希望周德伟替自己回复罗敦伟。

此后，两人交往更加密切，可惜这些交流胡适并没有详细地写在日记里，幸而周德伟在回忆中记述了他跟胡适交流的一些内容。周德伟回忆说：

> 过了几天胡先生又来参加我的晚宴，饭后一个钟头，别的客人都走了，胡先生独留，与我深谈。他说：“经过若干次的讨论及阅读你的著作，知道你有你的思想系统，我现在愿意知道一切来源及背景。”我说：“胡先生的历史癖要以我

---

① 殷海光．思想与方法[M]．上海：上海三联书店，2004：653—654．

为对象了。”胡先生说：“你不反对吗?”我说既承下问，当然应供给一切有关的情报。我从古典经济学派谈起，往上溯到休谟、柏克的著作，往下谈到新古典学派、北欧学派、奥国主观学派的著作，又旁溯到康德及晚近的知识论及精神科学的内容，举出了几十种有名的大著。胡先生说：“旧的著作如休谟、柏克、康德、亚当·斯密我都知道了，北欧及奥国经济学派我无力穷追，我感兴趣的是当代学人在此方面的著作，我在这方面太隔膜了，请你开一书单给我，以供返美之后的涉猎。”我遵命开了上文已指出的米塞斯、哈耶克、卢布克的著作，并加上了 R. Popper 的《公开社会及其敌人》(*The Open Society And Its Enemies*)，并说：“除后书外，多少与经济有关系，后书且强烈反对历史主义”。他说：“没关系。”并请我将这些书取出，亲自抄上出版地址，我又谈到：“自英国休谟、柏克以来发展的个别主义及功效主义哲学，为对抗共产主义的有力武器。不过个别主义另有一支为卢梭及笛卡尔派所代表，过分强调理发的功能，被全体主义者所利用，这是假的个别主义。”胡先生说：“这是崭新的说法。”我说：“一点也不新，哈耶克在社会科学的再革命中已经说出。我最近正着手做一个工作，将英国的经济派的个别主义功效主义，与奥国主观学派的学说结合，成果即将问世(功效主义重估)。”胡先生听了非常注意。①

通过这些，我们可以看到，胡适曾通过周德伟来重新梳理自己对自由主义的理解。后来，正是因为周德伟、殷海光、胡适等人的

---

① 周德伟. 周德伟社会政治哲学论著[M]. 台北：龙田出版社，1981：372.

推荐，哈耶克、波普尔等人的著作开始受到台湾学者的注意，而哈耶克、波普尔等人还曾先后去台湾进行学术交流。到台湾后，哈耶克曾跟殷海光有过直接交谈，而波普尔到台湾后，担任翻译工作的则是齐邦媛，在汉语世界里，齐邦媛是比较早将“Open Society”翻译成“开放社会”的人。对此，齐邦媛在其回忆录《巨流河》中有生动的回忆。

识人之明

——胡适与蒋硕杰

作为哈耶克的嫡传学生，蒋硕杰在1949年去了台湾，其知名度在中国似乎很小。不过，蒋硕杰对台湾经济的起飞做出了重要的贡献。作为台湾"国民政府"经济转型的顾问，蒋硕杰在学理上扭转了当时决策者迷恋计划经济的误区，让执政当局最终选择了"民进国退"的自由市场经济之路。如果说蒋硕杰是一匹千里马的话，那么这匹千里马的伯乐则是胡适。

一、英国相识

蒋硕杰，1918年出生，湖北应城人，其父蒋作宾是辛亥革命的元老。蒋硕杰曾在北平上小学，当时，受胡适白话文运动的影响，北平的小学课本已经采用白话文。1927年，为了躲避北伐战乱，蒋硕杰被迫前往上海念书，但由于上海的国文教科书采用的还是文言教材，这让只会白话文的蒋硕杰苦不堪言。晚年的蒋硕杰在回忆这件往事时，曾感慨地说："那时候北方因为改行白话文，我觉得好像把北方小学的程度给降低了。"①

后来，蒋硕杰去了日本读书，当时他的父亲蒋作宾是驻日大使。"七七"事变后，蒋硕杰决定去英国伦敦政治经济学院念书，主攻经济学。在伦敦念书时期，他师从哈耶克，并屡屡受到哈耶克

---

① 陈慈玉，莫寄屏访问．蒋硕杰先生访问纪录[M]．台北："中央"研究院近代史研究所，1992：3.

的青睐，哈耶克还曾亲自为他申请奖学金。1945年，蒋硕杰毕业时，其毕业论文获得“赫其森银牌奖”。也正是在此前后，胡适约见了蒋硕杰。

此前，陈岱孙曾向胡适举荐过蒋硕杰。当时的胡适，已被国民政府任命为北大校长，学识优秀的蒋硕杰自然是北大网罗的对象。

这时，胡适还迷恋考据《水经注》，一见到蒋硕杰，就让他帮忙找寻各种版本的《水经注》。胡适据蒋硕杰回忆：

> 我跟胡适之先生第一次见面是在剑桥。那时我学位考试已结束，正准备回国，适之先生曾经为联合国教育科学文化组织之国际会议到英国开会，顺便到剑桥来看看图书馆里有没有《水经注》特别的版本，他自己还没有看过的。我就给他介绍一位剑桥的中文教授Prof. Gustav Haloun，是个德国人，他非常热心的帮胡先生到图书馆找书。①

根据这一时期蒋硕杰写给胡适的信来判断，当时在牛津与剑桥两大图书馆都没有找到《水经注》的相关史料。

初次见面，胡适给蒋硕杰留下了很好的印象，蒋硕杰曾回忆说：“他（胡适）人非常和气，知识渊博得很，跟他谈话，一见如故，而且觉得好像到处都可从他那里学到点东西。”②

当时的驻英大使是顾维钧，蒋硕杰还将胡适和顾维钧做过比较，他说：

---

① 陈慈玉，莫寄屏访问.蒋硕杰先生访问纪录[M].台北：“中央”研究院近代史研究所，1992：35.

② 陈慈玉，莫寄屏访问.蒋硕杰先生访问纪录[M].台北：“中央”研究院近代史研究所，1992：35—36.

我对顾大使(顾维钧)的印象是很粗浅的,我觉得他是非常能干的人,但是对年轻人没有吸引力,跟胡适之完全不一样,胡适之让人一见面就受他强烈的吸引,顾先生则有点冷冰冰的感觉,讲话也带点官僚气。……胡适之不同,胡先生是学文学的,讲起话来就很动听,声调也讲究抑扬顿挫,使人听来不感困倦,所以很受学生欢迎。①

二、北大同事

蒋硕杰回国之后,一开始并没有去北大,而是应张公权的邀请,去东北做了经济顾问。然而,此时的张公权,崇拜的是凯恩斯,在经济理念上倾向于计划经济。而作为哈耶克弟子的蒋硕杰,其经济理念恰恰与凯恩斯相反。由于理念不同,其经济主张缺乏施展的空间,不得志的蒋硕杰选择了辞职,去北大做了教书先生。

不过这一时期,蒋硕杰并非一无所获。他的最大收获是认识了他的未婚妻马熙静。马熙静是老中国银行行长马延喜的女儿,马延喜跟张公权又是老同事,在他们的撮合下,蒋硕杰跟马熙静相识相恋。在北大任教期间,蒋硕杰与马熙静举行了婚礼,证婚人就是胡适。

北大教书期间,蒋硕杰通过清华大学教授刘大中,认识了资源委员会的钱昌照。当时钱昌照拿出一笔钱,创办了《新路》杂志。蒋硕杰在《新路》上发表了不少文章。在《经济制度之选择》中,他写道:

① 陈慈玉,莫寄屏访问.蒋硕杰先生访问纪录[M].台北:"中央"研究院近代史研究所,1992:36.

在全面的社会主义之下，生产事业尽属国营，全国的就业人员，除极少数自由职业者外，尽属政府之公务员或雇员。有野心的政府即可利用之以控制全国人事之黜陟。在集体的计划经济之下，则一切商品之生产与分配以及生产因素之配布，更无不在政府统制之下。如此庞大的权力如何能防止其不被滥用？英儒艾克敦 Lordacton 尝谓："权力必使人腐败，绝对的权力绝对使人腐败。"然则社会主义下政府之经济统制大权，能不使统制当局腐化否？这是决定经济制度时必需慎重考虑的大问题。①

此时的蒋硕杰，与他的老师哈耶克一样，对计划经济充满警惕，他严厉批判了生产事业的全面国营化策略。

对蒋硕杰的经济主张，胡适非常赞同。1948 年，在国民政府"金圆券"政策失败后，胡适曾向蒋介石推荐蒋硕杰，然而，当时国民政府行政院院长翁文灏，也是计划经济的迷信者，对于蒋硕杰的建议并不感兴趣，这样，蒋硕杰再次失去了施展才华的机会，而国民政府也在金融崩溃的局面下败退台湾。

1948 年年底，身在北大的蒋硕杰面临留下还是离开的抉择。蒋硕杰选择了离开，离开北平后，蒋硕杰来到了上海，碰见了也在上海的胡适。胡适建议他去台湾大学教书，并把他推荐给了台大校长傅斯年。对这一时期的情形，蒋硕杰回忆说：

到了上海又托人买船票，在那儿还看到胡适之先生。胡适之先生也说这是他一生最痛苦的时候。当时他也刚从北平出来，跟我就差几天，他是政府派飞机去接的，我是自

① 蒋硕杰. 经济制度之选择[J]. 新路，第一卷第三期.

> 己想办法出来。他说现在傅斯年要接任台大校长，像北大、清华的人出来，他一定都愿意吸收到台大去。我就去看看傅斯年，他果然就欢迎我到台大，就这么口头上讲好。①

胡适的推荐得到傅斯年的重视，在跟陈诚聊起蒋硕杰的时候，傅斯年说蒋硕杰是台大最好的经济学家。后来，陈诚每次见到蒋硕杰，都要鞠躬行礼，以表示尊敬。

三、海外相知

虽然傅斯年很看重蒋硕杰，但蒋硕杰还是很快离开了台湾，主要是因为蒋硕杰找到了更加适合自己的工作平台。在伦敦政治经济学院经济系教授罗宾斯与哈耶克的推荐下，蒋硕杰前往美国，任职于国际货币基金组织。此时的胡适也在美国，两人时有通信往来。

这一时期，蒋硕杰曾把两封来自北大同事的信寄给了胡适。胡适把这两封信都抄写到了自己的日记中。1950年9月9日，胡适在日记中写道：

> 蒋硕杰先生寄来陈振汉、赵廉澄给他的两封信。陈函云：
>
> 至于文化方面，政府所持政策为“坚决改造，逐步实现”。……截止今日，所有变动，一为所谓“政治课”（辩证唯物论，历史唯物论，新民主主义论）之重视——全校普遍学习，每一学生每周至少九小时。一为教学方法上之改

① 陈慈玉，莫寄屏访问. 蒋硕杰先生访问纪录[M]. 台北：“中央”研究院近代史研究所，1992：57.

进——注重小组讨论，课程内容计划等。一为课程之改变及内容之马列化——经济方面，目前如经济学概论，经济分析，等课，均已取消（如清华），或改为选修课（如北大），下年起，全国各大学均将无此课程。以前吾人所学之理论，将仅在思想史中，或专题中得一位置，亦仅为批判式的。……

北大（经济）系中新增“政治经济学”（马列主义经济学）系文法两院必修，共四班，由樊弘及弟等分授。此外新增课程，有《资本论》研究，新民主主义经济，苏联经济，土地改革与问题，均系请校外人士担任。解放前之经济学概论……半年后改选修，周炳琳先生所开经济分析，则自始即改为选修，下年起亦均暂时取消。至于其他较专门课程（新名词称“业务课”），内容方面亦均有所增改。①

1950年9月10日，胡适在日记中继续抄写道：

大致为减少纯理论的分析，增益有关实际政策的材料。……

至弟个人除授政治经济学一门外，仍授近代中国经济史及一经济史专题研究，益以各种会议甚多，较前殊为忙碌。一般而论，国内年内大学教育，在政治意识与实际联系上较前进步。水准则反低落。此亦一时无可避免之现象。

赵廉澄函云：

此间自去秋以来，课程大有改革，政治课均为必修，业务课竭力精简，尤以经济理论为甚。教授方法重小组讨论，

① 曹伯言整理．胡适日记全集第八册［M］．台北：联经出版有限公司，2004：511—512．

提倡团体学习，轻视个人研究。凡此种种将使学术水准日渐降低。

枚荪先生自去年三月初摆脱院务，弟亦于七月间辞去系务。……

目前新闻纸无消息，有如井蛙，颇为闷损。……①

蒋硕杰给胡适这两封信，其背后是不是在庆幸他和胡适所做出的最明智的人生抉择呢？我们不得而知。不过从这两封信中，我们至少可以窥见当时知识分子内心的真实想法。

1958年，胡适去台湾做了“中央研究院”院长。紧接着，1958年4月11日，“中研院”举行了院士选举，在这次选举中，蒋硕杰成为新当选的院士之一。在向新闻媒体介绍新当选的院士时，胡适说，“蒋硕杰是经济学者中最长于理论者”。②

1959年7月1日，当“中央研究院”举行第四次院士会议时，蒋硕杰还做了会议发言。据《胡适之先生年谱长编初稿》记载：

蒋硕杰在会中报告了中国旅美经济学者的研究情形。他说，中国学人中的何廉、刘大中、顾应昌、吴元黎、李卓敏、费景汉、周舜莘等，都是经济学方面的人才，他并说，经济学现在已到了不分国界的时代，一位美国学者在苏俄参观后回到美国说，苏俄也已采取了西方经济原理。③

---

① 曹伯言整理. 胡适日记全集第八册[M]. 台北：联经出版有限公司，2004：512.

② 胡颂平编著. 胡适之先生年谱长编初稿第七册[M]. 台北：联经出版公司，1984：2670.

③ 胡颂平编著. 胡适之先生年谱长编初稿第七册[M]. 台北：联经出版公司，1984：2950.

两年后，胡适猝然逝世。他没有看到“国民政府”采纳蒋硕杰经济政策之后台湾经济起飞时的美好时刻，但是，他对蒋硕杰的赏识却验证了他作为伯乐的眼光。

若问道术多变化，请向兴亡事里寻

——胡适与朱光潜

晚年的冯友兰，自我反省之余，曾写下“若问道术多变化，请向兴亡事里寻”的诗句。胡适与朱光潜的关系，似乎也可以用这句诗来形容。两人关系也随时局的变幻而多次变化。

当胡适发起的新文化运动提出“选学妖孽”“桐城谬种”的口号时，朱光潜对新文化运动充满了反感。毕竟，朱光潜是安徽桐城人，从小接受的就是桐城派古文的教育。不过，他很快适应了新文化运动的潮流，也开始动手写起了白话诗。对此，朱光潜回忆说：

> 我看到胡适提倡白话文章，心里发生过很大的动荡。我始而反对，因为自己也在“桐城谬种”之列，可是不久也就转过弯来了，毅然决然地放弃了古文和文言，自己也学着写起白话来了。①

逐渐适应写白话文的朱光潜，很快以《给青年的十二封信》震动了文坛，他的文字娓娓道来、笔法深入浅出，很快成为新一代青年的偶像。此时的朱光潜，正在欧洲留学，并完成了《诗论》的初稿。而恰恰就是凭借《诗论》，朱光潜赢得了胡适的青睐。对此，朱光潜回忆说：

---

① 朱光潜. 欣慨室随笔集[M]. 北京：中华书局，2012：4.

> 我的一位高师同班友好徐中舒把我介绍给北京大学文学院院长胡适，并且把我的《诗论》初稿交给胡适作为资历的证件。于是胡适就聘我任北大西语系教授。①

1930年代，担任北大文学院院长的胡适，希望在文学院推进新文化运动，他解聘了老辈学者林损，将周作人、梁实秋、徐志摩等人聘为研究教授。在胡适看来，朱光潜无疑是继周作人之后非常优秀的文艺理论家。

朱光潜到北大后，在胡适的支持下，很快成为了《文学杂志》的主编，他们所组成的京派文学家团体，与上海的以“左联”为首的海派作家遥相对抗，成为1930年代颇有影响力的文学派别。

1934年，北大法文系教授梁宗岱婚变，梁宗岱的妻子在胡适的帮助下，与梁宗岱打官司。这一时期，胡适成为梁宗岱妻子的代理人，而朱光潜则是梁宗岱的合法代理人，两人曾就梁宗岱的问题进行商讨，使事情顺利解决。事后不久，梁宗岱被北大解聘。

1932年12月9日，“一二·九”学生运动爆发，针对学生的反日爱国行为，胡适有保留地支持。在胡适看来，盲目的罢课行为，不但不会救国，还有误国之嫌。对此，北大校长蒋梦麟于1932年12月31日召开北大全体学生会议。会议上，胡适苦口婆心地劝诫学生，结果却遭到了有政党背景的学生的嘘声。当时，朱光潜也在现场，他站在胡适一边。1951年11月26日，朱光潜在《人民日报》发表《最近学习中几点检讨》。文中说道：

> 记得抗战前有一次胡适在北京大学三院演讲，劝学生不要罢课，当场就有许多学生在下面嘘，我心里很不舒服，

---

① 朱光潜.欣慨室随笔集[M].北京：中华书局，2012：6—7.

以为简直是胡闹。①

与胡适一样，朱光潜似乎在群情激奋的时刻保持了清明的理性与睿智的判断。不过，在1949前后的去留问题上，两人做出了截然不同的选择。

1937年的旧历新年，朱光潜去胡适家拜年，当时胡适刚看了曹禺的《雷雨》与《日出》，两人就这两本戏剧展开了讨论。随着“七七”事变的爆发，胡适前往美国寻求美援，后来担任驻美大使，而朱光潜则先后担任四川大学文学院院长、武汉大学教授，抗战期间，他被介绍加入了国民党。抗战胜利之后，朱光潜拒绝担任安徽大学校长，他继胡适之后，成了北大文学院院长，而此时的胡适，则是北大的校长。国共内战时期，两人在很多问题的看法上都不谋而合。此时的胡适，创办了“独立时论社”，朱光潜是独立时论社的社员。这一时期，朱光潜在《中央日报》发表《世界的出路——也就是中国的出路》。文中说道：

> 说得具体一点，美国在治政方面代表民主自由，在经济方面却代表资本主义；苏联在经济方面代表共产主义，在政治方面却代表集权专制。……民主自由在美国和资本主义联在一起，共产主义在苏联与集权专制联在一起，都是极不幸的错乱的结合，目前世界分裂和冲突，祸根也正在此。世界的唯一出路就在纠正这种错乱的结合，使民主自由与共产主义能携手并进。②

① 朱光潜. 欣慨室随笔集[M]. 北京：中华书局，2012：197.

② 朱光潜. 欣慨室随笔集[M]. 北京：中华书局，2012：175.

朱光潜的这一认知，与1920年代的胡适思想是相通的。1948年年底，随着国民党在国共内战中节节败退，蒋介石政府开始想争取平津知识分子。在相关名单上，胡适名列首位，而加入国民党的朱光潜则名列第三。在儿子胡思杜坚决不走的情形下，胡适选择离开，朱光潜则选择留下。

朱光潜之所以做出留下的选择，可能与他女儿的身体有关。在接受采访时，朱光潜的女儿朱世乐回忆，朱光潜之所以不走，主要是因为她患了骨结核，不能动，只能静养。也恰恰是在这一期间，蒋介石派飞机来接一些教授离开北平。权衡了利弊得失之后，为了自己的女儿，朱光潜选择了留下。

选择留下的朱光潜，与胡适划清界限，多次写文章批判胡适。1951年12月1日，朱光潜在《新观察》第三卷第九期发表《澄清对于胡适的看法》。远在海外的胡适很快看到了这篇文章，他将文章粘贴在了自己的日记中，并题注曰："此文是一个会做文章的人写的。"文中，朱光潜写道：

> 陈援庵给他的信他在报纸上看到之后，硬不相信那是陈援庵写的，理由是陈援庵一向不写白话文。他的儿子胡思杜写了一篇检讨他的文章，他在美国看到了，也硬说这不能是出于他儿子的本意。①

从上面这一段文字可以看出，对于胡适在海外的相关言论，朱光潜其实是非常清楚的。文章最后，朱光潜写道：

> 拿他这面镜子照一照我自己，我竟是一个胡适的"具体

---

① 朱光潜.欣慨室随笔集[M].北京：中华书局，2012：204.

> 而微”。我有封建意识的包袱，也有买办思想的包袱。他所走过的路，我也都走过，走的远近略有不同。我也宣传过帝国主义的文化，也主张过缓步改良，也曾由主张学术不问政治的冬烘教授转变成国民党的帮凶，站在反动的维护封建权威的立场仇视过学生爱国运动。①

这段文字被胡适重点划线了，或许在胡适看来，这段文字是朱光潜联系胡适来自我批判的画龙点睛之笔吧。朱光潜批判胡适之后，我们不知道胡适的内心想法，不过在公开场合，胡适公开宣称自己理解朱光潜的处境。据周策纵回忆：

> 1950年代，朱光潜先生被逼发表一篇文章批评胡适，说以前有一天，他去看胡适，见他书房桌上到处摊开着许多书，这就证明他平日无实学，临时东抄西摘。这篇文章，纽约华文报纸也有转载，我的一位熟人去问胡先生，读过有什么反应？胡先生大笑说：“朱光潜先生文章写得很好！在那种环境里他怎能不写？我非常同情他。”②

1981年，留美学者周策纵拜访朱光潜，将胡适的这段话告诉了朱光潜，而朱光潜的反应也很有意思：

> 他（朱光潜）望了望陪我（周策纵）去的那位年轻人，然

① 曹伯言整理．胡适日记全集第八册［M］．台北：联经出版有限公司，2004：652.

② 周策纵．周策纵作品集②：文史杂谈［M］．北京：世界图书出版公司北京公司，2014：267.

后低下头来,用十分富于感情的音调说:“你知道吗,我的大半生都在北京大学教书,我如果不到北大来,还不知终生会怎么样了。我到北大就是胡先生尽力介绍来的!”他说到这里就咽住了,沉默了许久,说不出话来。①

从朱光潜的这一回应看,此时的他,早已完全抛弃了 1950 年代初期对胡适的那些看法。

考察朱光潜笔下胡适形象的变迁,也正应了文章开头冯友兰的那句诗:“若问道术多变化,请向兴亡事里寻。”

① 周策纵.周策纵作品集②:文史杂谈[M].北京:世界图书出版公司北京公司,2014:267.

同是校长不同命

——胡适与陆志韦

胡适与陆志韦，一位是“国立北京大学”的校长，一位是私立燕京大学的校长。1950年代，院系调整与合并，曾经的燕京大学成为了北京大学的所在地。可以说，燕京大学与北京大学之间的关系——剪不断理还乱。而这两位校长在一些事情的看法上颇有差异，后来的命运也颇值得玩味。

1948年春天，胡适夫妇曾偕一位美国老人来到陆志韦家。陆志韦自然知道胡适的意图，未等其开口就让儿子陆卓明带领胡适去游燕园。多年后陆卓明还曾回忆起当时的情景：

> 胡先生忙说：“燕园早游够了，你带他（指美国老人）去吧。”我带美国人在校园里慢慢走了一圈，回到燕东园时，胡适夫妇已在我家院门外告别。胡先生说：“这次回来（从南京官场回来）只有四天，特地来看看你，明天就走，不知以后何时再见。”他的语气并不高兴，父亲也板着脸。母亲调和说：“你们一见面就吵，分别还要吵！”他们走后，父亲叹口气说：“他也劝我走啊！”①

胡适与陆志韦是老朋友，早在“五四”时代，陆志韦毫无疑问

---

① 陈远. 燕京大学 1919—1952［M］. 杭州：浙江人民出版社，2013：201.

是胡适的“同志”。胡适提倡白话文运动，陆志韦积极支持。那时候，在胡适“自古成功在尝试”的鼓吹下，写白话诗歌的青年才俊层出不穷。陆志韦就曾通过胡适的安徽老乡陶行知给胡适邮寄过他写的新诗。为此，陶行知还特地给胡适写了一封信，原信①如下：

> 适之吾兄鉴：
>
> 东南大学陆志韦先生曾有诗稿一册寄与吾兄阅，不知阅否，如以为可用，即请寄汪孟邹先生。并赐告知行，此上。
>
> 敬祝
>
> 健康
>
> 陶行知启

对陆志韦的新诗，胡适还是非常欣赏的。1923年9月12日，胡适在日记中写道：

> 亚东寄来陆志韦的《渡河》。志韦先作《不值钱的花果》，印行分赠朋友，后乃添入新作，成此集。我初读他的稿本，匆匆读过，不很留意。今细读此册，觉其中，尽多好诗。②

可惜，随着年龄的增长，不论是胡适，还是陆志韦，后来似乎

① 方明主编.陶行知全集第十一卷[M].成都：四川教育出版社，1992：86.

② 曹伯言整理.胡适日记全集第四册[M].台北：联经出版有限公司，2004：90—91.

都缺少写新诗的兴致了，或许新诗就应该是青年人的玩意。不写新诗后，两人都专注于各自的学术研究。当然，这一时期，两人也有着密切的交往。

随着抗战的爆发，胡适远去美国，两人的交往遂停顿下来。但是，抗战胜利后，胡适成为北大校长，陆志韦成为燕京大学校长，两人的交往也就更加密切了。

1947 年 8 月 8 日，北平助学委员会成立。助学委员会的宗旨是“基于同学互助互爱之精神，以集体力量协助清寒同学解决经济问题”。这个助学委员会的顾问就有胡适与陆志韦。可以说，在资助学生这一方面，两人都是不遗余力的。但是，两人的个性及处事方式却颇不同。

1947 年 5 月 17 日，面对平津两地学潮的蔓延之势，北平行辕委员会主任李宗仁特地约请平津高校的负责人商谈，并交换了如何处理学潮的意见。第二天，报纸以《李主任昨约平津教育界交换学潮意见》为题做了报道。

座谈中，胡适先是以李主任顾全公教人员的困苦配给美国面粉为例，称赞李主任忠厚宽仁，并代表教育界向其致谢，接着“说到今冬各校燃煤问题的严重，请求李主任设法”，并对学潮表示感到惭愧。

一方面，胡适肯定学生运动的合理性，认为，在一个变态的社会中，当社会腐败不堪的时候，出来主持正义并摇旗呐喊的总是青年学生，因为他们血气未定，而且充满着理想的朝气。但另一方面，他又认为，学生通过罢课的方式来游行示威，未免因小失大。在他看来，救国的最好方式乃是努力学习，把自己铸造成器。而天天喊标语口号虽然可以快意一时，但对于拯救国家却未免于事无补。

与胡适不同，陆志韦则情绪激动，并将更多的责任指向了国民政府。报道中写道：

> 随后燕大陆志韦校长也说话了。他的语调是激昂的，内容是坚定的。他认为国家对于私立学校不应该歧视。他用最沉痛的话，说："我没有对不起国家，只有国家对不起我。""办了几十年的教育，真是越办越灰心了！"①

在陆志韦看来，国民政府对于作为私立大学的燕京大学有歧视，并由此对国民政府极不满。而在此之前，当胡适提出《争取学术独立的十年计划》的时候，陆志韦就在《大公报》写文章呼吁：政府补贴大学的时候，不应该只看到国立大学，还应该注重私立大学。

1948年，面对风起云涌的学生运动，国民党开始派人进校园逮捕学生。在这种情况下，作为燕京大学校长的陆志韦与作为北大校长的胡适，在风格上完全不同。当时吴兰所写的《陆志韦与胡适》就点出了两人的区别。

先说陆志韦。当时陆志韦没有能力阻止国民党派人进入燕京大学抓捕学生，而当学生被抓捕之后，陆志韦召集学生开会，痛哭流涕，言辞激烈地批评国民政府。在陆志韦看来，在燕京大学的历史上，学生被捕的事情只发生在1941年12月8日上午。那时，日本突袭了珍珠港，燕京大学再也不能庇佑于美国政府的保护了。然而，那是外国侵略的时候，现在却是自己的同胞逮捕学校的学生，因此比起日本人逮捕学生的行为来，国民党的行为也就更加可恨，更加可耻。

---

① 曹伯言整理.胡适日记全集第八册[M].台北：联经出版有限公司，2004：282.

在这件事情上，陆志韦明确地站在了国民政府的对立面。

胡适所在的北大则不同，震慑于胡适的影响力，国民党并没有派人进北大逮捕学生。但是却给北大负责人提供了一份关于北大学生的黑名单。胡适如何处理这件棘手的事情呢？

胡适让人贴出布告。限被传同学四十八人于6月23日下午3时以前到训导处报到，然后由训导处陪赴到特刑庭投案；否则，被拘传的学生，由学校予以停止学籍的处分。

对于胡适的做法，许多教授明确表示反对，向达与樊弘都表达了异议。但胡适有自己的想法，他希望学生敢做敢当，应该有负责任的精神。况且，对于每一位被拘捕的学生，胡适都帮他们请了律师，而且要求国民政府不能对学生进行军事审判，而要在普通法庭进行审判。

胡适一方面配合国民党的行为，但这种配合是有前提的，即必须严格按照法律法规办事，必须确保学生有充分的法律保障。胡适配合国民政府，是认为党派之争不应进入学校。让胡适颇头疼的，其实是在党派之争中，各种党派纷纷利用学生来增加胜利的砝码。本着一人做事一人当的精神，胡适希望学生可以自己负起自己的责任。

由于对国民政府已经彻底绝望，陆志韦最终选择了留下。后来，胡适与陆志韦还有一点相似的地方，就是，他们两位都遭到了他们儿女的严厉批判。遭遇批判之后，两人的反应也不相同。

1950年9月，胡思杜发表了《对我的父亲——胡适的批判》。远在美国的胡适很快看到了这篇文章。看到这篇文章之后，胡适很可能想起了张元济跟他说的一句话。1929年，当胡适向国民党当局展开“人权与约法”的论战时，张元济写信劝胡适，其中有一句说：“邦无道，其默足以容。”

无独有偶，燕京大学校长陆志韦也遭遇了相似的命运。在工作组的指派下，他的女儿陆瑶华当面批判了自己的父亲。在台上，陆瑶华义愤填膺地说：

> 我现在要控诉我的父亲陆志韦，他如何蒙蔽我，使我在这次运动中丧失了人民立场，欺骗了群众。……①

林焘回忆当时批判陆志韦的情境时曾说："安排这样几个人上台控诉，目的显然是让陆先生感到已经'众叛亲离'，无疑会对陆先生形成很大的精神压力。"②在这种情形下，除了屈服，他别无选择。

在被胡思杜批判之后，胡适的考据癖再次发作了，他曾专门对这种儿女批判父母的行为追根溯源，他认为这种行为来源于苏俄。

1952 年 12 月 11 日，胡适在台中的新球场做了名为《今日世界》的演讲，在演讲中，胡适对类似事件做了考据，将这种事情追溯到苏俄时期的少年团团员鲍尔立克莫诺洛夫，他说：

> 鲍尔立克莫诺洛夫是一个小孩子，是苏俄共产主义少年团团员，他的父亲是个农民，因为苏俄政府实施集体农场计划，没收人民的粮食，为免一家人饥饿而死，将几百斤小麦偷偷地藏在地窖里，邻居们也有照着这样做的，这个事情被莫诺洛夫这个小孩子看到了，就跑去报告，于是藏匿粮食的统统被警察没收了，所有藏匿粮食的人也被押起来判了

---

① 陈远. 燕京大学 1919—1952 [M]. 杭州：浙江人民出版社，2013：237.

② 陈远. 燕京大学 1919—1952 [M]. 杭州：浙江人民出版社，2013：235.

罪，几个月后莫诺洛夫失踪了，警察四处搜索，在树林里发现了他的尸首，他是给恨他的人杀死的，警察遂又迁怒于莫诺洛夫的父母和邻居，把他的父母和邻居统统处死，并举行大规模的公葬仪式，命令铁幕内所有各城市村镇都要以一条街取名为莫诺洛夫街以纪念莫诺洛夫。①

胡适接着说：

这就是莫诺洛夫主义的来源，其作用纯粹是以莫诺洛夫作青年模范，要所有作儿女的都监视自己亲爱的父母和邻居，并且控告他们。②

当胡适在追根溯源反思这种现象的时候，陆志韦则在写检讨。

① 自由中国社编. 胡适言论集(乙编)——时事问题[M]. 台北：华国出版社，1953：13.

② 同上.

政治的归政治，学术的归学术

——胡适与顾廷龙

作为中国古典文献学、版本学以及目录学权威的顾廷龙，在许多人眼中，乃是一个纯粹的学者，与政治毫不沾边。他与胡适的交往，也多是学术上的应酬往来。1949 年之后，顾廷龙依然珍惜并收藏着胡适的书信，这从另外一个侧面展现了这位学者内心的坚守与价值标准。

顾廷龙与胡适相识，源于顾颉刚的介绍。1932 年，顾廷龙在燕京大学研究院国文系念书，顾颉刚是他的老师，但按照辈分，顾颉刚与顾廷龙还是本家，顾廷龙还是顾颉刚的叔叔呢。这一时期，两人有了许多交往。据《顾廷龙年谱》1932 年 6 月 21 日记载：

> 先生在顾颉刚家，获识胡适，即以《吴窓斋年谱稿》请教。胡适告知，其家先世与吴氏通好，藏有其手札，翌日即借得一册，皆为吴大澂致胡适之尊人守三者。①

此时的顾廷龙，正在撰写《吴窓斋年谱稿》。见到胡适之后，免不了向他请教。吴窓斋即吴大澂，是晚清时期的一位高官，精通书画。胡适的父亲胡传（字守三）是吴大澂的幕僚，两人一起共事多年。胡适遂把吴大澂写给胡传的书信借给顾廷龙使用，两人的交谊由此开始。

---

① 沈津编著. 顾廷龙年谱[M]. 上海：上海古籍出版社，2004：26.

一年后，顾廷龙从燕京大学毕业。毕业之际，燕京大学请胡适演讲，据《顾廷龙年谱》记载：

吾毕业之日，校方请胡适博士讲演，题为“往哪里去？”就是以他的名字作题。①

校方用胡适的名字做演讲的题目，而胡适不以为忤，这也显示了胡适的胸襟与气度。此后不久，在归还吴大澂与胡传手札时，顾廷龙还特地写了跋。胡适对此非常满意。1934年9月9日，胡适日记中记载：

写信与顾起潜(廷龙)，谢他跋吴愙斋与先父手札册子，他的跋极好，考据诸札年月均甚可靠。②

后来，在学术研究上，胡适开始求助于顾廷龙。胡适一直提倡“大胆假设，小心求证”。此时，胡适的学生罗尔纲正在研究太平天国的历史，其中一个名叫黄畹兰卿的人曾上书太平天国，为其出谋划策。经过研究，胡适做出了一个大胆假设，这个黄畹兰卿极有可能就是晚清文人王韬。因为胡适手边并没有关于王韬的史料，胡适特地写信，求助于顾廷龙，而顾廷龙则通过《昆新青衿录》一书，证明了胡适的假设。对此，胡适非常高兴。1934年10月14日，胡适在日记中写道：

---

① 沈津编著.顾廷龙年谱[M].上海:上海古籍出版社,2004:26.

② 曹伯言整理.胡适日记全集第七册[M].台北:联经出版有限公司,2004:141.

> 得顾起潜(即顾廷龙)来信,果证明我的最后假设:王韬的秀才是新阳籍,原名利宾,而字兰卿。他的上太平天国书正是黄畹兰卿!①

1935年,顾廷龙已经编好了《吴窸斋年谱稿》一书,他通过顾颉刚,特地赠送胡适一本。1935年5月5日,胡适在日记中写道:

> 上午会客。颉刚来谈,带给我顾起潜(顾廷龙)先生赠我的《吴窸斋年谱稿》,匆匆翻读,甚喜其详实。可惜起潜不曾问我借看先君日记,故郑州河工一段太略。②

1937年,"七七"事变之后,全面抗日战争爆发。胡适与顾廷龙在学术上的交往戛然而止。胡适前往美国出任驻美大使,顾廷龙则身在上海,致力于抢救古书旧籍。

在上海的这一时期,顾廷龙经常跟张元济在一起,他们偶尔也会聊起胡适。有一天,顾廷龙谈起请张元济写自传与年谱的事情,张元济跟他说,在你之前,胡适早已劝过他多次了。对此事,1941年10月22日的《顾廷龙年谱》中记载如下:

> 先生劝张(元济)撰《自撰年谱》,张称胡适亦劝过,惜兴会不至,提不起笔。③

---

① 曹伯言整理.胡适日记全集第七册[M].台北:联经出版有限公司,2004:150.

② 曹伯言整理.胡适日记全集第七册[M].台北:联经出版有限公司,2004:196.

③ 沈津编著.顾廷龙年谱[M].上海:上海古籍出版社,2004:213.

同样是在这一段时期，顾廷龙还抄写过敦煌莫高窟的书目，而在抄写的时候，经他核对，这个书目恰恰就是 1927 年胡适在欧洲阅览《敦煌写经》时的书目。

1942 年，胡适卸任驻美大使，重新开始自己的学术生涯。这一时期，胡适与王重民书信来往密切，受王重民的影响，胡适对考据《水经注》版本有了浓厚的兴趣，这成为胡适与顾廷龙学术来往中最重要的事情。

抗战胜利之后，胡适被国民政府任命为北大校长。1946 年，胡适从美国回到上海，接受记者采访时，他提到自己正致力于《水经注》版本的考据。因胡适声名卓著，报纸披露这一消息后，各种版本的《水经注》纷至沓来，给他增添了不少史料。但一向主张“上穷碧落下黄泉，动手动脚找材料”的胡适并不满足，这一时期，他总是频频给顾廷龙写信，托他帮忙找史料，但凡两人见面，话题总离不开《水经注》。此外，两人还一起去天津图书馆看了全祖望五校《水经注》的新版本。

在此前后，西北大学也发现了关于《水经注》的新版本，为此，西北大学校长杨钟健特地致电胡适，并将此版本邮寄给了胡适，在给顾廷龙的信中，胡适特地谈起此事，不无得意之情。甚至到了北平围城期间，外边已然是苍黄风雨，胡适依然“躲进小楼成一统”，孜孜不倦考据《水经注》。1948 年 11 月 28 日给顾廷龙的信中，胡适还津津乐道地写道：

> 我近年到处宣传我正治《水经注》，其用意正欲使各地的《水经注》都出现耳。……在此天翻地覆中作此种故纸堆

生活，可笑之至！①

写此信半个月之后，1948 年 12 月 15 日，胡适急匆匆从北平飞到了南京。临走时，胡适还不忘将《水经注》的考证文稿带上。

到南京之后，面对局势的恶化，胡适的心绪很不好，在南京纪念北大五十周年校庆时，胡适泣不成声地说：

我是一个弃职的逃兵，实在没有面子再在这里说话。②

当时，在跟驻华大使司徒雷登交谈时，他表达了自己的后悔之情。据胡颂平《胡适之先生年谱长编初稿》记录：

胡适之先生忧心忧国，对当时美驻华大使司徒雷登曾老泪纵横地表示其遗憾，承认他在抗日胜利后，只知钻到自己有兴趣的学术活动里，而未在思想战场上努力……胡氏表示如果还有任何事他能作而能挽救中国，他一定去做。③

忏悔归忏悔，但是，让具有考据癖的胡适从故纸堆里走出来，实在太难了。1949 年 2 月，从南京来到上海之后，胡适忍不住重新开始了《水经注》的考据。为此，他特地去上海合众图书馆找顾廷龙，还将考证《水经注》的文章给顾廷龙看了，并且还请顾廷龙抄写了相关文稿。当时，跟胡适在一起的还有张元济、叶景葵诸

---

① 胡颂平编著. 胡适之先生年谱长编初稿[M]. 台北：联经出版公司，1984：2057.

② 耿云志编著. 胡适年谱[M]. 福州：福建教育出版社，2012：307.

③ 胡颂平编著. 胡适之先生年谱长编初稿[M]. 台北：联经出版公司，1984：2066.

人。除考据癖之外，胡适还有传记文学癖，他时时刻刻劝人写自传与年谱，这一次，碰上这两位年高德劭的前辈，胡适再一次旧事重提。据《顾廷龙年谱》记载：

> 胡适在合众图书馆阅书时，适张元济、叶景葵皆在，胡力劝两先生撰著《年谱》，两先生皆含糊应之。先生自告奋勇，谓胡曰："我能成之。"①

当两位前辈的态度模棱两可时，顾廷龙替他们解了围，自告奋勇地承担了这项任务。可惜，后来由于运动频繁，顾廷龙终究没有完成任务。

1949年4月6日，胡适乘船去了美国。在去美国之前，胡适还是忘不了上海合众图书馆的这些老朋友。据《顾廷龙年谱》记载：

> 胡适乘威尔逊总统号轮船离沪赴美国。胡适离沪前，至合众图书馆向先生等道别，并写字数幅。又为先生父亲之遗墨题记，云："程明道作字时，甚敬。他说，'非欲字好，即此是学。'我在儿童时，读朱子《小学》，记得此语，终身颇受其影响。今见竹庵先生病中遗墨，一笔不懈不苟，即是敬的精神。"②

胡适走了，顾廷龙留了下来。后来，在1950年代轰轰烈烈的批判胡适运动中，顾廷龙没有写过批判胡适的文章。不仅如此，他

① 沈津编著. 顾廷龙年谱[M]. 上海：上海古籍出版社，2004：440.
② 同上.

还特意珍藏了胡适写给他的书信。要知道，在那样一个时期，保存胡适书信是要冒着巨大风险的。“文革”时期，吴晗被打倒，很大的一个原因就是找到了他青年时代跟胡适的来往书信。当时的许多学者，明哲保身计，把胡适给他们的书信都烧掉了。顾廷龙保存胡适书信这一行为的背后，其实也意味着顾廷龙对胡适的价值判断。他对于胡适所从事的学术工作还是欣赏的。

1979 年春，上海《中华文史论丛》编辑郭群看到顾廷龙藏有“胡适之先生《水经注》论著附手札”一书，认为很有学术价值。为真正贯彻双百方针起见，郭群决定在《中华文史论丛》1979 年第 2 辑发表。从当时的学术环境来看，做出这个决定，其实是很不容易的。因为，这意味着胡适将会被新时期的人们重新审视与认定。

晚年的顾廷龙，在跟朋友交流时，多次提起他跟胡适交往的情形。1949 年，胡适曾给顾廷龙写过字。1994 年，煌煌四十二巨册的《胡适遗稿及秘藏书信》出版时，为这套书出版题签的，恰恰就是顾廷龙。

政治的喧嚣并没有影响两人学术的交往。或许，在顾廷龙与胡适看来，与政治相比，学术有更久远的价值。

在学者与革命者之间

——胡适与朱谦之

约翰·密尔喜欢怪才。

在他看来，一个时代的好坏，可以用怪才数量的多少来衡量。在《论自由》中，约翰·密尔说：

> 一个社会中怪癖性的数量一般总是和那个社会中所含天才异秉、精神力量和道德勇气的数量成正比。今天敢于独行怪癖的人如此之少，正是这个时代的主要危险。①

从约翰·密尔的这一角度来看，五四新文化运动时期似乎是二十世纪中国最美好的时代。因为，恰恰是在这一时期，中国产生了许多千奇百怪的人，发生了许多有趣的故事。

朱谦之就是那个时候的一个怪人。

一、不要学位，要学问

1920年3月26日，北大教授胡适收到一个叫朱谦之的学生的信。对这个学生，胡适应该有印象。因为一个多月前，1920年2月5日的胡适日记中，胡适曾记载“中午一点钟，朱谦之曾拜访。”②

---

① 约翰·密尔.论自由[M].北京：商务印书馆，1982：72.

② 曹伯言整理.胡适日记全集第二册[M].台北：联经出版有限公司，2004：620.

信[①]很短，怪学生朱谦之写道：

适之先生：

我现在自决，从此以后不受任何被动的考试了。因此很对不住先生，望先生原谅。

哲学门一年级学生朱谦之

信的内容很简单，他觉得考试是一种灌输式的压迫教育，决定放弃北大学位，反抗压迫人的考试制度。

此后不久，朱谦之在《北京大学·学生周刊》上发表了《反抗“考试”的宣言》[②]，他写道：

杜威先生说：

现在教授的方法，全是注重记忆，注重背诵，注重考试。因为把知识看作可以灌来灌去的现成东西，所以用蛮记的法子灌进去，又用背书和考试的法子，来看究竟灌进去了没有？来看那些被灌的儿童是否也能像先生的样子把装进去的东西拿出来摆架子了？美国有一种农家，养鸡鸭出卖，卖的时候，常常把鸡鸭吃得饱饱的，可以多卖一点钱，但是鸡鸭喂饱了便不肯再吃了。所以他们特地造一种管子，伸进鸡鸭喉咙里，但把食物硬灌下去，使他们更胖更重。现在的教授方法，就是硬装物到鸡鸭肚子里去的方法。考试的方

---

① 耿云志主编.胡适遗稿及秘藏书信第二十六辑[M].合肥：黄山书社，1994：50.

② 耿云志主编.胡适遗稿及秘藏书信第二十六辑[M].合肥：黄山书社，1994：51—52.

法就好像农夫用秤称鸡鸭的重量，看他们已经装够了没有？

我朱谦之因受了这种启发，现在是宣告不受任何等的“称鸡鸭式”底考试了。

但是诸君——我觉悟的朋友——你为什么不表示反抗的态度？我想诸君都是觉悟了！都不愿受那非人的待遇了！

那么就请诸君同声反抗！

请诸君把考试的“笔”抛去！

哲学门一年级朱谦之

可以看出，朱谦之对通过灌输方式来考察学生的做法深恶痛绝。为反抗这种教育模式，他再也不去参加任何科目的考试，主动放弃学位。

朱谦之虽然不要学位，但对学问却非常看重。胡适的课，他经常去听，听完之后，还时不时到胡适家中请教。

这一时期的朱谦之，颇感困难的是生计问题。一个穷学生，在生计都有问题的情形下，身在北大却不要学位。要知道，学位虽代表不了学问，但至少可以唬唬人，混口饭吃吧。朱谦之这样的行为，显得像是怪人。但，胡适似乎特别青睐这个怪人，他特意帮助朱谦之找了一份半工半读的工作。为此，朱谦之特地写信感谢他，信中写道①：

适之先生：

来示收到了！能够使谦一面读书，一面为社会服务，那么学成以后，不能不说是先生之赐！

---

① 耿云志主编. 胡适遗稿及秘藏书信第二十六辑[M]. 合肥：黄山书社，1994：53.

寄上近作《周易哲学》一册，请先生当作从前“中国哲学史”的试稿，把他看一遍，并加批评。

谦于阳历年终(或晚些)，当能回京一走。祝先生康健！

你诚实的谦之

十二月十七日

由此可以看出，此时的朱谦之，对《周易》哲学有很大的兴趣。此外，他对杜威哲学也感兴趣。杜威来华时，他特地将杜威的哲学书系统看过一遍，并写了一篇评论杜威哲学的文章。文章写成后，还特地给胡适邮寄了一份。

虽然朱谦之热爱学问，但学问毕竟不能当饭吃。他虽然有一肚子学问，但依然生活艰难。穷困的人，经常产生的冲动是仇富。而要实现均贫富的梦想，最好的方式，自然是革命。这一时期的朱谦之，是一个无政府主义者，也是一个激进的革命者。

二、“智识即罪恶”

朱谦之要革北洋政府的命，北洋政府自然要抓他。然而，北洋政府统治下的笨警察没有抓住朱谦之，倒错把朱谦之的朋友给抓起来了。听闻此消息后，悲愤交加的朱谦之二话不说，很快就去投案自首了。他一投案，他的朋友也就被放出来了。这一点，很可以看出朱谦之作为革命者的仗义。

与这一件事相类似，朱谦之总喜欢替人承担罪责。1921 年，胡适的朋友谢楚桢写了一本《白话诗研究集》，希望胡适帮忙推荐一下。翻看之后，胡适觉得写得很差，拒绝了谢楚桢。后来，易君左等人对这本书极尽吹捧之能事，北京高师学生苏梅在看过这本书之后，写了一篇批评文章，批评了这本书，结果却遭到易君左等人不堪入耳的谩骂。一向爱管闲事的胡适忍不住批评了易君左们，因为此前谩骂苏梅的文章是用笔名写的，等到胡适批评他们时，易君左们不承认谩骂文章是他们写的。

为调和胡适、苏梅以及易君左等人的矛盾，朱谦之特地找到胡适，非要给自己背上这个黑锅不可。1921年5月19日，胡适在日记中写道：

> 今晚朱谦之君来，问我能否不登那个启事，我把我的理由告诉他，他就不劝我了。他又说，"我是快要出家的人了，我后天临走时登一广告，说(呜呼苏梅)是我做的。"我劝他不要如此，因为这虽是仗义，其实是虚伪。他合十赞成，就去了。①

在胡适的劝说下，朱谦之最终没有登广告。不过这一时期，在跟胡适来往的时候，朱谦之极力劝说胡适出来革命。当朱谦之投案自首，进了警察厅之后，警察问起他跟胡适的关系时，他还为胡适不参加革命而耿耿于怀。这一点，胡适日记可以证实。1921年8月12日，他在日记中写道：

> 到编译所，朱谦之与郭沫若来谈。谦之见我的《四烈士冢上的没字碑歌》，大喜，以为我的思想变了。谦之向来希望我出来做革命的事业，我不赞成他的意思。他在警察厅说他曾劝我革命，但我不赞成。此语外人以为是假的，其实

---

① 曹伯言整理.胡适日记全集第三册[M].台北:联经出版有限公司,2004:52.

是实有的事。①

朱谦之希望胡适出来领导革命，遭到他的拒绝，为此，朱谦之无比郁闷。不过，作为革命者的朱谦之，对于知识的态度也发生了变化。此前，反抗考试制度的朱谦之，只是反抗压迫人的考试，并不反对知识。他不仅不反对知识，他还是知识的热烈追求者。

成为革命者之后，朱谦之对知识却充满了仇视。据《鲁迅全集》中对《智识即罪恶》一文的注释三：

> 朱谦之在1921年5月19日《京报》副刊《青年之友》上发表的《教育上的反智主义》一文中说："知识就是赃物……由知识私有制所发生的罪恶看来，知识最赃物，即就知识本身的道理说，也只是赃物，故我反对知识，是反对知识本身，而废止知识私有制的方法，也只有简直取消知识，因为知识是赃物，所以知识的所有者，无论为何形式，都不过盗贼罢了。"又说："知识就是罪恶——知识发达一步，罪恶也跟他前进一步。因为知识是反于淳朴的真情，故自有了知识，而浇淳散朴，天下始大乱。什么道德哪！政治哪！制度文物哪！这些人造的反自然的圈套，何一不从知识发生出来，可见知识是罪恶的原因，为大乱的根源。"②

据孙玉石的研究，这个注释其实是不完整的。孙玉石在《1981

① 曹伯言整理.胡适日记全集第三册[M].台北:联经出版有限公司，2004:272.

② 鲁迅.鲁迅全集第一卷[M].北京:人民文学出版社，2005:392—393.

年版〈鲁迅全集〉第一卷注释修订札记（下）》中指出：朱谦之关于“智识即罪恶”的论证，引用了瞿秋白的观点。朱谦之写道：

> 我的朋友瞿秋白先生说得好：“把知识当做一种所有物，就是盗贼明枪暗夺的行为，侵人家的权利，我可以说知识是赃物。”①

朱谦之的这个观点，似乎并没有引起胡适的重视，不过却遭到了胡适的同路人——鲁迅的迎头痛击。看到这篇文章后，鲁迅在《晨报·副刊》的“开心话”栏目中写下了《智识即罪恶》一文，讽刺了朱谦之的这一观点。

朱谦之的这一观点，在当时也有一定代表性。这一点上，瞿秋白与朱谦之是一致的。

一方面，作为知识分子，朱谦之致力于知识的追求；另一方面，作为革命者，朱谦之则主张“智识即罪恶”。他的命运，似乎就隐藏在他这一自相矛盾的观点中。

在给胡适的信中，虽然他反抗考试制度，但他却是用功于学问的知识分子。而当他从知识分子这一角色转化为革命者这一角色时，对平等的追求，导致了他“智识即罪恶”的观点。

在朱谦之看来，有的人有智识，有的人没有智识，这导致了人类的不平等。如果追求平等，那些接受过教育的青年知识分子与没有接受任何教育的人，在人生起点上是完全不平等的。从这一思路出发，他没有致力于让那些没有受教育的人去接受教育，而是认为智识成了人与人之间不平等的原因，因而也就成了罪恶的源泉。他和瞿秋白所提倡的这一观点，带有浓厚的“反智论”色彩。

---

① 孙玉石. 走近鲁迅余抄[M]. 北京：北京大学出版社，2010：97.

如果智识即罪恶，那么拥有智识的人是不是也充满罪恶呢？如果智识即罪恶，那么是不是“知识越多越反动”呢？从这一点出发，知识分子的原罪论呼之欲出。

朱谦之的一团矛盾之处就在这里。一方面，作为学者，他学问欲极强，致力于学术研究；另一方面，作为革命者，他则鼓吹“智识即罪恶”。

1949 年之后，朱谦之开始不断做自我检讨。他多次批判过帮助过他的胡适。在对于知识的态度上，他和胡适不同。胡适喜欢人们叫他“胡博士”，他对博士的看重，从另一方面印证了他对知识的热爱与尊重。

1972 年，朱谦之死了，那是“文革”时期。他当时的命运很悲惨，他从青年时代就嗜好学问，此时，他毫无疑问地成为了“反动学术权威”。而按照他的“智识即罪恶”的论述，“学术权威”自然是反动的，罪恶的。作为革命者的朱谦之，他所呼吁的“反智论”，一旦付诸实践，也就把作为学者的朱谦之吞噬了。

政治与学术之间的歧途

——胡适与周一良

1936 年秋天，二十三岁的青年周一良经陈寅恪的推荐来到中研院史语所做助理员。当时，所里有签到的制度。签到时，周一良总是看到一位头发永远蓬松的青年人也来签到。这位青年人是考古所的，名字叫刘燿。后来，抗战爆发。周一良得到老师洪业的帮助，前往美国哈佛大学留学，而刘燿则去了延安，奔向革命道路。

周一良绝不会想到，当年那个叫刘燿的青年人（后改名为尹达），十九年后，也就是 1955 年，以《历史研究》主编的名义，要求周一良写文章批判胡适。在这篇名为《西洋汉学与胡适》的文章中，周一良上纲上线地批评了自己曾非常尊敬的老师胡适，并且荒谬地将费正清说成是美国特务，以至于周一良最好的朋友杨联陞在写给胡适的信中委婉地为周一良辩护。

写下这篇文章三十五年之后，七十七岁的周一良在美国回首人生，对当时上纲上线批判胡适极为愧疚。在李又宁女士的邀请下，他又写了《追忆胡适之先生》一文来表达忏悔之意。

从青年时代的尊敬崇拜胡适，到中年时代言辞激烈地批判胡适，再到晚年重新尊敬胡适，周一良与胡适的交往，跟二十世纪的政治变化息息相关，考察两人的交往，自然可以窥见那个时代的风云变化。

一、青年时代的交往

作为二十世纪中国学术界的中心人物，胡适对周一良有着深刻影响。据周一良回忆，他第一次接触胡适的书是在十六七岁所读的《中国哲学史大纲》上卷。读完此书后，觉得此书既平易又清新，宛如给中国的古书赋予了新的意义与生命。此后，周一良的表兄送给他一本胡适所编的《词选》。这本书使周一良对长短句有了浓厚兴趣。胡适编选《词选》的初衷，主要是为《白话文学史》的写作奠定基础，但“无意插柳柳成荫”，此书却启发了周一良对于词的爱好。正应了胡适的那句名言：“无意插柳，柳可成荫。有心栽花，当然要发。”

周一良尊重胡适，似乎还与胡适的婚姻有关。当时，胡适为了不伤母亲的心违背自己的意愿娶了江冬秀为妻。而周一良出身文化世家，对传统礼数非常看重，胡适的这一行为，让周一良由衷钦佩。

由于幼年时代在家读私塾，周一良并没有系统上过中学，一无数理化的知识，二无高中文凭。按理说，周一良升大学无望。但是，恰好燕京大学在当时创办国文专修科，不需要文凭，只需要考中文与史地，周一良遂以第一名的成绩进入燕京大学。也正是在燕京大学期间，他第一次近距离地看到胡适。

那是胡适在北平协和医学院礼堂的一次演讲。那一次，胡适演讲时带着呢帽，演讲开始时，他不是将帽子放在演讲前的桌子上，却随手扔在了地板上，这让出生于文化世家的周一良非常诧异。很快，周一良领会到胡适之所以这么做，乃是西方绅士风度的表现，是为了表达对听众的尊重。后来，周一良每次演讲，也模仿胡适的这一动作，并且自以为非常得体。作为文化偶像的胡适，其一言一行，都会影响到青年人，这又是一个显著例子。

虽然1930年代前期，两人都在北平生活学习，但此时两人还没有太多交集。此时的周一良，最崇拜的也还不是胡适，而是陈寅恪。周一良酷爱京剧，每次听完陈寅恪的讲课，都禁不住感叹：

真过瘾，就像听了一出杨小楼的拿手好戏！①

也正是陈寅恪，将周一良推荐给了傅斯年领导的中央研究院历史语言研究所，也才有了周一良与尹达的相知相识。

胡适与周一良真正结识，应该是在1940年代的美国。“七七”事变发生后，全面抗战正式开始。此后不久，胡适奉命出使美国，后任驻美大使。周一良则在他燕京大学老师洪业的推荐下，前往美国哈佛大学念书，后来获得博士学位。当时，周一良在哈佛大学非常活跃，曾担任哈佛大学中国学生会会长，为了中国留学生服兵役之事，周一良曾作为学生代表去拜访胡适，当时一起见面的还有作为特使去美国的宋子文。

1942年，胡适从驻美大使的位置上退下来之后，有意重操旧业，回到学术研究的旧路。一开始，他先是跟当时留学美国的王重民频频通信，后来应哈佛大学的邀请，前往哈佛大学做短期演讲，住在赵元任家里，而周一良恰好是赵元任家的熟客，两人由此相互熟识。

在赵元任家中，胡适发现了一批颇有文史天才的青年学者，这些青年学者之中，胡适最看重的就是周一良与杨联陞。1943年10月14日，胡适在日记中写道：

晚上在周一良家吃晚饭。同坐的杨联陞、吴保安、任

---

① 周一良.毕竟是书生[M].北京：北京十月文艺出版社，1998：24.

华，都是此间最深于中国文字历史的人。周夫人亦是有学问的。

一良说，唐文宗第一个年号是大和。不当作太和，钱大昕曾有考证。（援庵《中西回史日历》作太和，注云，“太本作大”。）

……此间人颇多，少年人之中颇多可与大谈中国文史之学的。①

作为文化领袖，胡适最留意文史方面的人才。每次发现相关方面的人才，胡适总禁不住眉飞色舞。“平生不解掩人善，到处逢人说项斯”正是胡适的恰当写照。从此则日记中，不难看出胡适在认识这些文史天才之后的喜悦之情。

跟周一良、杨联陞熟悉之后，胡适决定邀请他们去北大教书。胡适是在北大“暴得大名”的，因此，他是有北大情结的，而邀请周一良去北大教书，正意味着胡适对他们两人学术研究的高度认可。1944年6月29日，胡适在日记中写道：

喜见新黄到嫩丝，悬知浓绿傍堤垂。
虽然不是家园柳，一样风流系我思。
戏改杨联陞的《柳》诗，却寄杨君及周一良君。

（我上周去信，约杨、周两君去北大教书，他们都有宿约，不能即来。）②

---

① 曹伯言整理.胡适日记全集第八册[M].台北：联经出版有限公司，2004：181.

② 曹伯言整理.胡适日记全集第八册[M].台北：联经出版有限公司，2004：196.

胡适日记中的这首诗颇耐人寻味。诗中，似乎用“家园柳”暗喻北大，“虽然不是家园柳”，似是指两人都不是北大出身（杨联陞是清华大学毕业，周一良是燕京大学毕业）。而“一样风流系我思”则直抒胸臆，表达了胡适对这两人的赏识。这两句诗可以看出，胡适并没有门户之见。可惜，当时周一良与燕京大学有约定，而杨联陞则与清华大学有约。

1944年12月17日，是胡适五十三岁的生日。16日，就有很多朋友去看望他，这天晚上，胡适在饭店请朋友吃饭，在座的就有周一良夫妇。①

抗战胜利前夕，周一良的妻子邓懿生了他们的第二个儿子。1945年7月21日，周一良给胡适写信，希望胡适可以给这个儿子取个好名字，信中说道：

> 小儿出世，蒙您厚赐，不胜感谢。今年夏间哈佛没有日文课程，一良幸得以全力应付家事。中国人常说为儿孙作马牛，其实来美国作父母，马牛犹作不到家也。
>
> 一良仿六朝人旧习，先给小儿起了个胡名作小字，叫Roland。因为这字的原义是glory of the country，并没有宗教意义。目前沦陷区音息不相闻，没法通知家父。所以我们想请您给取个中国名字（排行字是“启”）。希望长者的福德智慧他异日能企及一二！好在这事不亟亟，您几时高兴想起再告诉我们！②

---

① 曹伯言整理. 胡适日记全集第八册[M]. 台北：联经出版有限公司，2004：205.

② 周一良. 郊叟曝言·前言[M]. 北京：新世界出版社，2001：4—5.

可能是此时的胡适过于忙碌，他并没有给周一良的二儿子取名。但是，从这件事中，我们可以看出两人关系之亲密，尤其可以看出周一良对胡适的尊敬之情。后来，周一良的父亲为了庆祝自己的儿子得了博士学位，给这个孩子取名周启博。

抗战胜利之后，因北大校长蒋梦麟入国民政府做官，违背了他自己所制定的《大学组织法》的规定，引起了北大教授的抗议，遂提出辞职。而此时的胡适，众望所归地成为北京大学的校长。因此时胡适远在美国，由傅斯年暂代北大校长。

1945 年 10 月，傅斯年致函胡适，为北大网罗人才。在傅斯年眼中，周一良是第一人选。在给胡适的信中，傅斯年写道："周一良、王毓铨、胡先晋，乞先生一斟酌，就地决定。""周一良甚好，乞先生接洽一下，但他恐非教授不可（也值得）。"①

与此同时，赵元任在给傅斯年的史语所推荐人才时，也大力推荐周一良。由此可以看出，当时胡适、傅斯年、赵元任等人对周一良的赏识程度。

抗战胜利之后，周一良回到北平，按照宿约，来到燕京大学执教。不过，此时的周一良过得并不惬意，由于赏识自己的老师洪业去了美国，周一良到燕京教书时，只是副教授，这让自视甚高的他不很满意。更让他不高兴的是，学校给他提供的房子极为狭小，并不能安顿他们一家，周一良只好把妻子和孩子安顿到天津家中，并在北平天津两地来回跑。

1947 年暑假，北大与清华都以教授的待遇邀请周一良前往任教。为安顿好周一良，作为北大校长的胡适还特地为周一良找宿舍。最终，周一良一面在清华大学做教授，一面还兼职北大教师。

① 中国社会科学院近代史研究所中华民国史组编. 胡适来往书信选 下册[M]. 北京：中华书局，1980：55.

也是在此前后，周一良的父亲周叔弢得知胡适正在考据《水经注》后，特地让周一良把自己收藏的《水经》一卷让胡适研究。周一良送给胡适的《水经注》对胡适的学术研究非常有用，他曾在此书抄本后面写了跋，其中写道：

> 卅六年一月十日周一良先生来看我，把他家叔弢先生收藏的一本东原自定《水经》一卷带来给我研究。我今年才得空写成两篇文字，其中一篇是比较这两个本子的。简单说来，周本是从东原在乾隆三十年写定本抄出的精抄本。……周本抄写最精致可爱。今年一良奉叔弢先生命，把这本子赠送给我，我写此跋，敬记谢意。胡适，卅七、八、十二。①

除此之外，此时胡适与周一良也就一些学术问题进行了探讨与商榷。一则关于佛教初来中国时的史迹，一则关于佛典中的虚字。对前一个问题，胡适不太同意周一良的观点，写了一封长信与他商榷。对后一个问题，胡适非常同意周一良的看法，并特地举了一些例子来证明他的观点。

虽然此时两人学术交往密切，但此时的周一良似乎受到了时代风潮的影响，对胡适也似有不满之意，据他回忆，此时的他，曾在家信中称呼胡适为“文化买办”。从这个称呼中，似乎也可以看出周一良的思想倾向。

二、周一良对胡适的批判与忏悔

1948 年 12 月 15 日，胡适乘坐飞机从北平去了南京。此后胡

---

① 周一良. 郊叟曝言・前言[M]. 北京：新世界出版社，2001：5.

适从上海出发，去了美国。 而周一良此时则听从父亲的建议，留在了下来。

1950 年代，周一良追随时代潮流，开始批判胡适。 由于以前跟胡适交往密切，而且关系不错。 在批判胡适时，周一良的内心似乎还有一些挣扎。 在第一次批判胡适时，周一良明显有自己的分寸感，他后来回忆说：

> 批胡运动开始时，我们这些旧知识分子摸不着头脑。我心里想，将来还会见面，自己的批判应该有根据，以理服人，不宜乱说。①

周一良这篇批判胡适的文章发表在 1954 年 12 月 9 日的《光明日报》，题目叫《批判胡适反动的历史观》。 文中说道：

> 胡适的唯心论学术思想的影响，特别他的提倡考据学，对于我们这一辈人的恶劣影响是很大的，我自己就是其中之一。……在研究工作中，我也受到"辨伪"的影响。例如在研究初期佛教传入中国的历史，不注意当时社会经济和佛教所以能够流行的原因，却花很大工夫考证早期佛教著作《牟子理惑论》的时代。②

在这里，与其说周一良是在批判胡适，不如说是在检讨自己所受到的胡适影响。 很快，周一良这种有理有据的分寸感就被当时

---

① 周一良. 郊叟曝言·前言[M]. 北京：新世界出版社，2001：3.

② 胡适思想批判(论文汇编)第一辑[M]. 北京：生活·读书·新知三联书店，1955：114.

激烈狂热的情绪所淹没。在尹达（原名刘燿）的要求下，周一良也开始运用“时代的语言”，上纲上线地批判胡适，在《西洋汉学与胡适》一文中，周一良将胡适痛贬了一番。

胡适很快看到了这篇文章，周一良远在美国的好友杨联陞也看到了这篇文章。在给胡适的信中，杨联陞提到周一良虽然在这篇文章中痛贬了费正清，但两人见面时，周一良似还对费正清非常客气。这句话的背后，杨联陞似乎想在胡适面前为周一良说好话，其潜台词似乎是想表达：虽然周一良批判了你（胡适），但他依然对你（胡适）很尊敬。

对于周一良的批判，胡适没有在意。他当时在美国忙着考据《水经注》，此时他最后悔的就是没有把周一良父亲送给他的那本《水经》带出来。

1955 年 7 月 4 日，远在美国考据《水经注》的胡适需要周一良父子送给他的这本书，于是胡适给王重民写了一封信，希望王重民可以把这本书邮寄过来。

当时的形势下，最棘手的不在于写信，而在于如何将这封信传到王重民手中。举国批判胡适之后，还有哪位学者胆敢跟胡适保持通信来往呢?

为此事，胡适托当时还在联合国当秘书的关淑庄（她是丁声树的妻子）联系丁声树，希望丁声树可以将此信转交给王重民。鉴于当时的社会形势，丁声树在给他妻子关淑庄的信中只字没提胡适要书这件事，此事遂不了了之。后来，一直到死，胡适也没有把考据《水经注》的文字整理成定稿，其中一个很重要的原因就在于资料的缺乏。

虽然周一良痛批了胡适，但胡适对周一良的学术研究，依然非常推崇。1960 年 1 月 20 日，回到台湾担任“中央研究院”院长的胡适，因学术研究的关系，想起了周一良。据胡颂平记载：

今天先生谈起《从〈牟子理惑论〉推论佛教初入中国的史迹》一文，原是十二年前给周一良信中的一段。周一良是燕京大学出身研究文史最有希望的人。他少时就请老师在家（天津）学日文，又懂英、德、法、梵、藏的语文，很有天才的人。那时他在北大教书，也是“中研院”史语所的研究员。他的没有出来，实在是个很大的损失。①

在胡适看来，倘使周一良能够出来，成就将不可限量。与胡适不谋而合，许倬云在其回忆录中说：当年周一良到美国哈佛大学留学，如果学成后留下来，他在美国汉学界一定是个龙头，他日文好，可以研究日本的东西，英文也好，中文的学问又扎实，还懂中亚学问，可以说是龙头中的龙头！他回国结果就淹没在政治洪流中了，十分可惜。②

虽然在1950年代，周一良对胡适多有批判，并自认为这种批判是诚心诚意的。但是改革开放以后，随着思想解放运动的深入，晚年周一良的思想似乎又开始有向胡适回归的趋势。

1990年5月16日，晚年周一良写了《追忆胡适之先生》一文，文章最后，周一良写道：“我深深感到，胡先生仍是1930年代的胡适之，政治上、学术上的自由主义者，始终未变。我相信，在中国近代文化史上，他是一座永远推不倒的丰碑。”③

---

① 胡颂平编著．胡适之先生年谱长编初稿第九册[M]．台北：联经出版公司，1984：3162.

② 陈永发，沈怀玉，潘光哲访问，周维明记录．家事、国事、天下事——许倬云先生一生回顾[M]．南京：南京大学出版社，2012：175.

③ 周一良．郊叟曝言・前言[M]．北京：新世界出版社，2001：5.

这段评价的背后，其实也蕴含着周一良对自己1950年代的否定。从尊敬胡适到批判胡适，再到重新尊崇胡适，周一良回到了原点。

兄弟终究是兄弟

——胡适与胡先骕

1909年，胡适在中国新公学做英文教员时，教出了杨杏佛与饶毓泰这两名得意门生。后来杨杏佛与饶毓泰也步胡适后尘，前往美国留学。在他们的介绍下，胡适与胡先骕订交。

两人订交之后，书信来往频繁。那时在美国的胡适，正处于“文学革命的结胎”时期。对胡适白话诗的主张，胡先骕是有力的反对者，然而，在一定程度上，恰恰是这些反对的声音，促使胡适进一步思考，成就了他后来一举成名的名篇《文学改良刍议》。在这篇文章中，胡适提出了“八不方针”。其中第五项是务去烂调套语。为证明何谓烂调套语，胡适就举了胡先骕所写的一首词做例。

当陈独秀、胡适发动的文学革命风生水起时，胡先骕依然逆潮流而动，表示了自己的反对意见。1919年2月，胡先骕在《东方杂志》刊《中国文学改良论》一文，其中说道：

> 在陈、胡所言，固不无精到可采之处，然过于偏激，遂不免因噎废食之讥；而盲从者方为彼等外国毕业博士等头衔所震，遂以为所言者，在在合理，而视中国文学，果皆陈腐卑下不足取，而不惜尽情推翻之。①

---

① 胡宗刚. 胡先骕先生年谱长编[M]. 南昌：江西教育出版社，2008：69—70.

这一时期，两人因见解不同，争论激烈。几乎胡适每出一本书，胡先骕都要针锋相对批评一番。胡适出版《尝试集》，风靡一时，胡先骕就写《评尝试集》，严厉批评胡适白话诗格调低下。胡适写《五十年来之文学》，为文学革命提供历史的合理性时，胡先骕就写《评胡适五十年来之文学》，反对胡适提出的那些理由，并为旧体诗辩护。颇有意味的是，当胡先骕写出《评尝试集》之后，投遍了南北各日报以及各种文学杂志，结果各家报刊要么不愿意刊登，要么不敢刊登。这种情形成为胡先骕和他的朋友们创办《学衡》的动力。

这一时期，两人的关系似颇为紧张。备受各大报刊冷落的胡先骕，将此种情形归罪于胡适，并称胡适是“学阀”。1925 年，胡先骕在《东南论衡》第一卷第六期发表《学阀之罪恶》，其中说道：

> 吾国学阀之兴，始于胡适之新文化运动。胡氏以新闻式文学家之天才，秉犀利之笔，恃偏颇之论，以逢迎青年喜新厌故之心理，风从草偃，一倡百和，有非议之者，则儇薄尖刻之恶声报之。①

而胡适对胡先骕等人也不满意，当学衡派的人问胡适对《学衡》的印象时，胡适说：“老胡没有看见什么《学衡》，只看见了一本《学骂》。”②

实事求是地说，此时胡适对青年的影响力，远胜胡先骕。不

① 胡宗刚. 胡先骕先生年谱长编[M]. 南昌：江西教育出版社，2008：116.

② 曹伯言整理. 胡适日记全集第三册[M]. 台北：联经出版有限公司，2004：425.

过，胡先骕在对许多问题的看法上远胜胡适。在对私有财产的坚守以及对苏俄认知的判断上，人文主义者的胡先骕远胜自由主义者的胡适。1924年，胡先骕在《文学之标准》中写道：

> 在民本主义政治，于共同遵守之法律之下，各人有绝对之思想行动言论信仰之自由。而个人自由之大者，莫过于财产。盖财产者资生之具，一切物质生活之基础。苟遵法律而取得之，则国家社会皆无干涉个人之权。①

而1926年胡适所写的《我们对于近代西洋文明的态度》一文，在对私有财产的问题上，还流露出暧昧的态度。

此外，早在1924年，胡先骕就已经对苏俄有一定认识。② 胡先骕并没有游历苏俄，而胡适在1926年年底游历苏俄之后，曾多次公开颂扬。

虽然胡适与胡先骕在很多问题上都有分歧，但两人还是维持了朋友之谊。在这方面，最早显示善意的似乎是胡适。1927年，胡先骕去清华，碰见吴宓，吴宓邀请他继续给《学衡》撰稿，批评胡适，胡先骕似不太愿意，其中一个理由就是：胡适对我颇好。由此可以看出当时两人的关系。

1930年，作为中基会主任委员的胡适拟定了中基会编译委员会委员名单，名单之中就有胡先骕。两年后，胡先骕致信胡适，将陈清华的经济学著作推荐给了中基会编译委员会。1933年胡先骕写

---

① 张大为，胡德熙，胡德焜编. 胡先骕文存（上卷）[M]. 南昌：江西高校出版社，1995：261.

② 胡宗刚. 胡先骕先生年谱长编[M]. 南昌：江西教育出版社，2008：116.

《蜀游杂感》，在胡适主编的《独立评论》连载。在编辑后记中，胡适评价胡先骕说：“胡先骕先生是静生生物调查所所长，他是国内植物学界的一个领袖。”可以说，这一时期的两人，来往密切，都为中国科学社的发展做出了重要贡献。

1937年，“七七”事变之后，胡适去美国做驻美大使，而胡先骕在这一时期担任中正大学校长。两人的来往，无形之中中断了。抗战胜利之后，胡适担任北大校长，而胡先骕则在北平担任静生生物研究所所长一职，这一时期，两人的政见非常相似，在国共两党之间，他们都选择站在了国民党的一边。为发表政见，胡适在崔书琴的帮助下，组建了“独立时论社”，而胡先骕则是独立时论社的社员。

1948年，国民政府节节败退。胡先骕产生了组党的念头，在他看来，最好的党魁莫过于胡适了，然而，胡适拒绝了胡先骕等人的建议。1948年3月15日，胡先骕致函任鸿隽说：

> 此间各教授颇有组党之意，而深以胡适之不能领导为憾。吴景超、钱端升、周炳琳等已有一新组织与另一派人不能相合也。①

此后不久，中央研究院选举院士，胡适与胡先骕都当选。1948年3月23日，胡先骕在南京出席中央研究院评议会，与胡适等谈组织社会党，并一同摄影留念，胡适题为：“皆兄弟也。”②

① 胡宗刚.胡先骕先生年谱长编[M].南昌：江西教育出版社，2008：474.

② 胡宗刚.胡先骕先生年谱长编[M].南昌：江西教育出版社，2008：475.

也就是在这一时期，蒋介石有意让胡适当总统，听闻这一消息之后，胡先骕非常兴奋，他也希望胡适出来做总统。后来，胡先骕在《对于我的旧思想再检讨》中写道：

> 我到南京，有一次二陈（立夫、果夫）曾请我与胡适之吃饭，他们的党徒我认识不少。他们要我参加国大的选举，我拒绝了。国民党重新登记党员，我也没有登记。我那时是希望有一种第三种力量，能获得政权来澄清政治，我劝胡适之组党，便由于这种思想。在那时似乎有这种可能性，因为国内对于国民党反动派不满，而又怕共产党革命成功的人都希望有进步思想的人士组织第三种力量，来获得政权。美国人也是如此希望的，胡适之便是美国所寄以希望的一个人物。蒋介石要拥护胡适之做总统，后来是他的党徒恐怕万一选出来不是胡适之，则结果更坏，蒋介石才自己竞选的。我愿意胡适之当选总统，我并不是佩服胡适之。我认为他太保守了，而且我也知道胡适之虽当总统，仍是一个傀儡。但是他是一个名流，他当选总统，可以一新社会的耳目，一些进步人士可以获得一部分政权，政治实施总可会有些进步。①

不过，胡先骕的希望，未免有些一厢情愿。一来，胡适不愿放弃自己的独立性，因此对做总统一直非常犹豫。二来，国民党内部也不允许选出一个非国民党党籍的总统来。此事最终不了了之。

1948年年底，胡适选择了离开北平。胡先骕虽然在给任鸿隽

---

① 胡宗刚. 胡先骕先生年谱长编[M]. 南昌：江西教育出版社，2008：476.

的书信中多次提到要离开北平，最终却留了下来。1950 年，胡先骕在《北京的科学化运动与科学家》中评价胡适说：

> 北京大学诸教授中最知名者，当推胡适。其人其事，世多知者，不再介绍。兹于其治学所成，略一评述，为世之知胡适者更进一层。胡适以家传训故考据之学之根底，加以欧美治学方法，且喜作新奇可喜之论，故时人易为所眩。以著《中国哲学史大纲》著名，实则此书可以讥议之处甚多，且只成上卷，中、下两卷迄未著就，盖作者对于佛学知之甚浅，遂不敢写中卷；而其弟子冯友兰之《中国哲学史》已刊布，度无以胜之，尤不敢执笔。此外《淮南王书》与《戴东原的哲学》两书为其重要著作，再则为散见之文，中以才气小说者为多，曾收《胡适文存》一、二、三集及《胡适论文近著》一集中。我常与陈衡哲女士谈胡适不朽之著作为何？答曰或者是其小说考证。果如此，未免名实不符，将来历史上之评论，恐怕只是新文化运动之倡导人，而学术上之成就，则殊有限。至于其政治经济思想，则甚落后，与其新文化运动殊不相称。①

胡先骕对胡适的评价，很快引来了读者的批判。1951 年 9 月 13 日，《人民日报》刊登了这封读者来信，文中言辞激烈地批评胡先骕的胡适观，信中写道：

> 对于胡适的妥协与反动的本质，只轻描淡写地说了一

---

① 胡宗刚. 胡先骕先生年谱长编[M]. 南昌：江西教育出版社，2008：538.

> 句“至于其政治经济思想，则甚落后”。其间胡适“倡导”了什么新文化运动呢？从“五四”开始的中国新文化运动，是新民主主义性质的文化运动，属于世界无产阶级的社会主义新文化革命的一部分。代表资产阶级知识分子的实验主义者胡适，凭什么说他领导了这个新文化运动呢？对这个问题历史早已有了定论。①

时代的转换实在太快了，曾经文学革命的领袖变成了战犯，这封读者来信，让刊发胡先骕文章的编辑黄萍荪遭受牢狱之灾，也给胡先骕来了当头一棒。

如果胡先骕够聪明，就应该亦步亦趋地跟着时代的潮流与时俱进。然而，胡先骕没有这么做。作为孔子的信徒，胡先骕跟陈寅恪一样，非常重视气节。他不相信李森科的遗传学说，斥之为“伪科学”，这让他受尽批判。他不相信胡适是战犯，坚决不称胡适是战犯。在胡适思想批判运动中，胡先骕也保持了沉默。

胡先骕的一生，似乎都受累于胡适。当胡适因为提倡新文化运动暴得大名时，胡先骕作为反对者成为许多激进青年眼中的落伍守旧者，此时的胡先骕，处处跟胡适针锋相对，而他越跟胡适过不去，也就越不受激进青年的青睐。而当时代轰隆隆的列车需要他跟胡适割袍断义时，胡先骕却下不了手了。他是不是想起了当年胡适在他们两人的照片上写下的那句“两个反对的朋友”的题词？是不是想起了1948年当他和胡适同时当选中央研究院院士时，胡适在他们两人照片上的那句“皆兄弟也”的题词？

在时代的潮流之下，胡先骕坚决不说胡适一句坏话，并为此承

---

① 胡宗刚. 胡先骕先生年谱长编[M]. 南昌：江西教育出版社，2008：545—546.

受了极大的精神压力。但在历史的天平上，总需要有这样的人存在。而这样的人的存在，向世界证明了一个最简单的道理：无论世事如何变迁，风云如何变幻，朋友永远是朋友，兄弟终究是兄弟。

沉默的爱情

——胡适与陈衡哲

一、不能说的秘密

1948年北平被围的时刻，胡适选择了离开。他先是从北平飞往南京，接着又从南京乘车来到上海。任鸿隽与陈衡哲当时就住在上海。当时，陈衡哲与杨绛、钱钟书夫妇来往密切。据杨绛回忆：

> 胡适那年到上海来，人没到，任家客厅里已挂上了胡适的近照。照片放得很大，还配着镜框，胡适二字的旁边还竖着一道杠杠（名字的符号）。陈衡哲带三分恼火对我说："有人索性打电话来问我，适之到了没有。"①

紧接着，杨绛评价道：

> 问的人确也有点唐突。她（陈衡哲）的心情，我能领会。我不说她"其实乃深喜之"，要是这么说，就太简单了。②

---

① 杨绛．怀念陈衡哲，杨绛文集第三卷[M]．北京：人民文学出版社，2004：58．

② 同上．

问的人似乎知道胡适来上海必先去见陈衡哲，唐突问之。陈衡哲“三分恼火”的反应与“其实深喜之”的矛盾颇耐人寻味。

见到胡适之后，陈衡哲还给他推荐了杨绛的剧本，胡适看过之后，觉得杨绛写得不错，很想见见杨绛，于是，在陈衡哲的安排下，胡适就在她家中见到了杨绛与钱钟书。据杨绛回忆，他们“很自在地把坐椅挪近沙发，围坐一处，很亲近地谈天说地。谈近事，谈铁托，谈苏联，谈知识分子的前途等等”。①

他们谈铁托，谈知识分子的前途的背后，则有他们各自不同的人生抉择。而在亲密老友家的这番“不足为外人道”的谈论中，胡适说的话最多。也许，胡适知道这或许是他们最后一次见面了。据杨绛回忆：

> 当时五个人代表三个家。我们家是打定主意留在国内不走的。任、陈两位倾向于不走，胡适却是不便留下的。②

胡适不可能留下，而任鸿隽、陈衡哲则打算留在国内不走。尽管他们彼此心照不宣，但他们都心如明镜。这是他们最后一次见面。这一次，胡适与陈衡哲的离别，是生离死别。

那天，胡适还有一个晚宴，主人家的汽车来接了，胡适要离开了。离开时的细节是耐人寻味的。据杨绛回忆：

> 胡适忙起身告辞。我们也都站起来送他。任先生和钟书送他到门口。陈衡哲站起身又坐回沙发里。我就陪她坐

---

① 杨绛. 怀念陈衡哲，杨绛文集第三卷[M]. 北京：人民文学出版社，2004：61.

② 同上.

着。我记得胡适一手拿着帽子，走近门口又折回来，走到摆着几盘点心的桌子旁边，带几分顽皮，用手指把一盘芝麻烧饼戳了一下，用地道的上海话说："'蟹壳黄'也拿出来了。"说完，笑嘻嘻地一溜烟跑往门口，由任先生和钟书送出门（门外就是楼梯）。

陈先生略有点儿不高兴，对我说："适之 spoilt（宠坏）了，'蟹壳黄'也勿能吃了。"

我只笑笑，没敢说什么。"蟹壳黄"又香又脆，做早点我很爱吃。可是作为茶点确是不合适。谁吃这么大的一个芝麻烧饼呢！所以那盘烧饼保持原状，谁都没碰。不过我觉得胡适是临走故意回来惹她一下。①

"蟹壳黄"是一种带芝麻的烧饼，是胡适老家安徽绩溪的一种小吃。杨绛认为"做茶点确不合适"，然而，陈衡哲专门把它摆了出来。胡适离开后又折回来"戳了一下"那盘芝麻烧饼，笑嘻嘻地跑开……这一切，杨绛都看在了眼里，只是都没有说破。

杨绛与陈衡哲虽相差二十一岁，两人却像"忽然相逢的朋友"，"非常说得来，简直无话不谈"。胡适走了之后，陈衡哲向杨绛说了一个秘密。对此，杨绛回忆说：

有一件事，她（陈衡哲）欲说又止，又忍不住要说。她问我能不能守秘密。我说能。她想了想，笑着说，"这钱钟书也不告诉，行吗？"我斟酌了一番，说"可以"。她就告诉了我一件事。我回家，钟书正在等我。我说，"陈衡哲今晚告诉

---

① 杨绛. 怀念陈衡哲，杨绛文集第三卷[M]. 北京：人民文学出版社，2004：61—62.

我一件事，叫我连你也不告诉，我答应她了。”钟书很好，一句也没问。①

陈衡哲到底有什么秘密“欲言又止，又忍不住要说”，只说给杨绛，连钱钟书都不能告诉呢？对这个秘密，杨绛文中用“因事隔多年而淡忘”搪塞过去了。倘容我做一个大胆的假设，我以为陈衡哲跟杨绛诉说的极有可能就是她跟胡适的爱情。通观杨绛这篇《怀念陈衡哲》的文章，虽然是怀念陈衡哲，但大量的篇幅写的是1949年胡适离开前在上海与陈衡哲的最后一面。作为陈衡哲的“闺蜜”，作为旁观者，对他们那份微妙的情感，杨绛都懂得，只是和当事人一样，埋藏在了心底。

二、“我们三个朋友”

其实，早在留美时期，胡适与陈衡哲、任鸿隽就相识了。胡适常称为“我们三个朋友”。

1917年4月7日，正在留美的胡适与任鸿隽去普济布施村拜访了陈衡哲。此前，胡适与她已经有过数次书信往来。此时，陈衡哲抱定“独身主义”，而胡适母亲也已为他订婚，未来的新娘是江冬秀。

此时的胡适，正在美国酝酿他的文学革命。胡先骕、梅光迪，甚至任鸿隽，几乎所有的男性朋友都不甚支持他，只有陈衡哲支持他，从这一点来说，此时的陈衡哲，已经是胡适的红颜知己了。陈衡哲创作的《小雨点》，更是对胡适提倡白话文运动的响应。

1920年，陈衡哲与任鸿隽从美国归来，两人宣布订婚。恰在

---

① 杨绛. 怀念陈衡哲，杨绛文集第三卷[M]. 北京：人民文学出版社，2004:63.

此时，胡适的女儿出生，胡适为之取名“素菲”。众所周知，陈衡哲的英文名字叫“莎菲”，素菲这个名字似袭用陈衡哲的名字。

此外，任鸿隽与陈衡哲回来之后，已经“暴得大名”的胡适向北大校长蔡元培力荐陈衡哲，她由此也成为民国以来第一位大学女教授。这一时期，胡适、任鸿隽、陈衡哲“我们三个朋友”交往频繁，胡适陪同任鸿隽见了其未来的岳父岳母。

1920 年 9 月 16 日，任鸿隽与陈衡哲结婚，证婚人是蔡元培，胡适允为作赞礼。结婚当日，胡适还写了“无后为大，著书最佳”的对联戏谑他们。

戏谑归戏谑，陈衡哲与任鸿隽结婚之后，很快就怀孕了。怀孕之后，不能上课的陈衡哲很是愧疚，1921 年 9 月 10 日，胡适在日记中写道：

> 莎菲因孕不能上课，他很觉得羞愧，产后曾作一诗，辞意甚哀。莎菲婚后不久即以孕辍学，确使许多人失望。此后推荐女子入大学教书，自更困难了。当时我也怕此一层，故我赠他们的贺联为“无后为大，著书最佳”八个字。但此事自是天然的一种缺陷，愧悔是无益的。①

从这则日记中，我们可以看出当时女性在妇女解放运动中的困境与尴尬。

此后不久，胡适创办《努力周报》，陈衡哲是最积极的撰稿人之一。1923 年，陈衡哲写了小说《洛绮思的问题》，并很快就交给了胡适。信中，陈衡哲一方面希望胡适提提建议，另一方面，她建

---

① 曹伯言整理.胡适日记全集第三册[M].台北：联经出版有限公司，2004：310—311.

议胡适也写一篇类似的小说。

收到这封信之后，胡适很快回了信。信中，胡适谈到他也很想写一篇类似的小说，他想在这篇小说中加入一个康奈尔大学教授 Prof. Crandall 的故事。这是胡适留学时期听闻的一个故事。

Prof. Crandall 跟一个女子订了婚，但还没有结婚。在这期间，这个女子病了，因为病得厉害，她的眼睛瞎了。为了不连累他，这个女子请求跟 Prof. Crandall 取消婚约，但被 Prof. Crandall 拒绝了，两人如期举行了婚礼，后来更生了很好的儿女。

关于《洛绮思的问题》，夏志清认为，“这篇小说我认为影射了陈、胡二人之间不寻常的关系，至少也透露了陈自己对胡的一番爱慕”。胡适的这个故事，似乎也意味深长。在我看来，胡适自比 Prof. Crandall，而那个“瞎眼的女子”似有隐喻他的小脚太太江冬秀的味道。当胡适在小说中看懂了陈衡哲的意思之后，他用这样一个故事来表达他必须信守母亲为他所定的婚约的承诺。

就是在当时，也有人怀疑胡适与陈衡哲有爱情，胡适则专门写文章辟谣，以正视听。他们依然是“我们三个朋友”。

到了 1930 年代，胡陈两家来往更加密切。他们一起去秘魔崖，一起去南京的豁蒙楼，一起去参观中山陵。不过，随着 1935 年任鸿隽被任命为四川大学校长，陈衡哲与任鸿隽去了四川之后，两人见面的机会就少了，这一时期，陈衡哲在胡适主编的《独立评论》上写了不少批评四川军阀的文字，引起许多四川人的不满。在这种情形下，任鸿隽决心辞职。胡适知晓后，觉得不妥，大力说服任鸿隽不要辞职。结果胡适成功说服了任鸿隽，却怎么也说服不了陈衡哲。当年，任鸿隽跟陈衡哲相恋时，任鸿隽曾跟她说：“你是不容易与一般的社会妥协的。我希望能做一个屏风，站在你和社会的中间，为中国来供奉和培养一位天才女子。”最终，为了陈衡哲，任鸿隽放弃了四川大学校长的职位。

1937 年，随着“七七”事变的爆发，胡适赴美，之后更是担任驻美大使一职。很长一段时间，他们天各一方，偶有书信往还。

抗战胜利之后，胡适成为北大校长。但他直到 1946 年 7 月才真正回到国内。这一时期的胡适，社会声望达到了他人生中的巅峰，忙得不可开交，再也没有多少时间跟陈衡哲游山玩水了。

也许，爱情对于胡适来说，只是人生中众多事情中的一件，除此之外还有其他。胡适、陈衡哲、任鸿隽，相互成全，“我们三个好朋友”堪称一段佳话，他们维持了很好的友情，唯独沉默了爱情。

三、金坚玉洁

什么是爱？男人与女人对爱的理解似乎不太相同，对此，胡适与陈衡哲就有很大分歧。1931 年 1 月 5 日，胡适在日记中写道：

> 与莎菲谈，她说 Love 是人生唯一的事；我说 Love 只是人生的一件事，只是人生许多活动的一种而已。她说：“这是因为你是男子。”①

也许，对女子而言，爱情是高蹈的，是人生唯一的事，哪怕深埋心底。

1949 年，胡适已经不是那个“我的朋友胡适之”了，他成了人人避之惟恐不及的“战犯”“美帝国主义的走狗”“国民政府的帮凶”。1950 年代，当无数的知识分子开始跟胡适划清界限的时候，陈衡哲保持了沉默。

---

① 曹伯言整理. 胡适日记全集第六册[M]. 台北：联经出版有限公司，2004：419.

1920 年代，陈衡哲曾用“金坚玉洁”来形容她跟胡适的关系。1950 年代或许就是“疾风知劲草”的岁月。

什么是金？当胡适的许多亲朋好友都纷纷上阵的时候，陈衡哲的沉默就是金。什么是坚？当很多人都再不跟胡适来往的时候，1950 年代的陈衡哲依然通过留美的子女跟胡适秘密通信，这就是坚。据陈衡哲的女儿任以都回忆：

> 等到 1949 年两人(胡适与陈衡哲)分手之后，我们家里为了避免触犯时讳，便有个暗语，用“赫贞江上的老伯”来称呼胡适。家父去世后，家母即写信给我，要我赶快通知赫贞江上的老伯。我遵嘱写信给胡伯伯，他回了一封很长的信，很悲伤地说：“政治上这么一分隔，老朋友之间，几十年居然不能通信。请转告你母亲‘赫贞江上的老朋友’在替她掉泪。”可见他们那一代彼此之间的感情是很真挚的。①

要知道，1950 年代还跟胡适秘密通信，很有可能会因为勾结帝国主义分子胡适而被判有罪的，但陈衡哲依然不管不顾。隐语“赫贞江上的老伯”的背后，体现的是陈衡哲与胡适的情感。

1950 年代，发生了许多儿子批判父亲、妻子批判丈夫的行为。为了追求革命，走向进步，有太多的人与自己的亲人划清了界限，但陈衡哲就是跟胡适划不清界限。无形的刀光剑影下，当人的尊严就要被践踏干净时，幸好还有爱情，这似乎是那个年代中的星与光。

想起陈衡哲 1949 年之后面对胡适的这些琐碎小事，我想起了

---

① 张朋园，杨翠华，沈松侨. 任以都先生访问记录[M]. 台北：“中央”研究院近代史研究所，1993：113.

金庸《倚天屠龙记》中的一个故事：张无忌要承受那个活生生拆散了杨逍与纪晓芙恋情的灭绝师太的掌击，就在他快要承受不住的时候，他想起了《九阴真经》中的那句话："他强由他强，清风拂山冈。他横任他横，明月照大江。"

特殊环境下，陈衡哲面对胡适批判时的沉默不语，倒真有点"他强由他强，清风拂山冈。他横任他横，明月照大江"的味道。

梦想在延续

——胡适与蒋复璁

胡适留美时，非常羡慕美国的图书馆。他曾在日记中写道："国无海军，不足耻也；国无陆军，不足耻也！国无大学，无公共藏书楼，无博物院，无美术馆乃可耻耳。我国人其洗此耻哉！"①

为了洗刷此等耻辱，胡适还在这则日记中表了决心：

> 吾归国后，每至一地必提倡一公共藏书楼。在里则将建绩溪阅书社，在外则将建皖南藏书楼，安徽藏书楼，然后推而广之，乃提倡一中华民国国立藏书楼，以比之英之（大英博物馆），法之（国家图书馆），美之（国会图书馆），亦报国之一端也。②

可惜，回到国内的胡适，忙于开展新文化运动，在推动中国图书馆事业发展方面，他虽然做了一些工作，但其主要的精力并没有投注于此。不过，胡适希望建立国家图书馆的梦想，最终由他的一个学生实现了，这个学生就是蒋复璁。

---

① 曹伯言整理. 胡适日记全集第二册[M]. 台北：联经出版有限公司，2004:52.

② 曹伯言整理. 胡适日记全集第二册[M]. 台北：联经出版有限公司，2004:66—67.

二

蒋复璁，号慰堂，浙江海宁硖石人。在晚清民国的历史上，浙江海宁，名家辈出。王国维、蒋百里、徐志摩、金庸等都是海宁人。这其中，蒋百里还是蒋复璁的叔叔。

蒋复璁的中学是在青岛念的，当时的青岛是德国的势力范围，蒋复璁在那里接受了良好的德文教育。后来，他考进北大德文预科班。当时的北大，在校长蔡元培的带领下，兼容并蓄，思想自由，吸引了一批学有所成的青年才俊。北大期间，蒋复璁先跟着二十六岁的教授朱家骅学习德语，之后又进入哲学系，跟着当时另一位二十六岁的北大教授胡适学哲学。

这一时期的情形，蒋复璁曾回忆说：

> 胡先生教的是“中国哲学史”“西洋哲学史”“伦理学”等科目。我还留有胡先生上课的讲义。①

1923年，蒋复璁从北大毕业。经好友徐志摩推荐，他成为清华学堂的老师。在此前后，梁启超、蒋百里、张君劢、丁文江、张东荪等人刚从欧洲游览归来，他们从欧洲携带回来了一万多册关于文史哲以及社会科学的西文书，在此基础上，梁启超打算建一所图书馆，命名为“松坡图书馆”。“松坡”是蔡锷的字，梁启超以此来纪念自己的得意门生蔡锷。当时，松坡图书馆急需人手将书籍进行编目整理，负责此事的恰好就是蒋百里，顺理成章，蒋复璁也就时常到松坡图书馆帮忙。在此期间，蒋复璁开始接受正规的目录

---

① 蒋复璁等口述，黄克武编撰.蒋复璁口述回忆录[M].台北："中央"研究院近代史研究所，2000：34.

学训练，训练他的是梁启超和蒋百里。

自此，蒋复璁逐渐爱上了图书馆这个行业，他希望去德国留学，从事相关研究。他把这个想法告诉了徐志摩，徐志摩为此还专门写信给胡适，希望胡适帮蒋复璁筹划留学费用。此事，胡适并没有办成，倒是投身北伐成为国民党高级干部的朱家骅，帮助他实现了留德的愿望。

二

1930年，蒋复璁踏上留德之路，前往柏林大学进修图书馆学。这期间，他推荐胡适成为了普鲁士科学院的通讯院士。对此，蒋复璁回忆说：

> 我由Water Simon的介绍因而认识Otto Franke，我们两人的感情非常好。Otto Franke是普鲁士研究院中汉学研究的代表，同时在外交部咨商委员会也为一重要人物，德国外交部讨论中国问题时常常要请教他。后来我和他合作，请普鲁士研究院聘胡适先生为通讯研究员。[1]

这里的Otto Franke，即德国汉学的开创者福郎克，他曾是德国驻华公使馆的中文翻译，后来成为德国汉学系统的建立者。Water Simon是福郎克的高足，当时在柏林大学图书馆工作，两人由此认识，蒋复璁并由此认识了福郎克。

当时，法国科学院推选罗振玉为通讯院士，德国科学院也想拉一位中国学者做通讯院士。福郎克征求蒋复璁的意见，他一开始

① 蒋复璁等口述，黄克武编撰. 蒋复璁口述回忆录[M]. 台北："中央"研究院近代史研究所，2000：30.

推荐章太炎，但福郎克认为西方人对章太炎根本不认识，最终，他们选定胡适做通讯院士。

一向爱惜荣誉的胡适，欣然答应。回信中，胡适写道：

前承贵国驻华公使转来6月2日的尊函，敬悉普鲁士学院选举我为哲学史学部通信会员。这是在世界学术界的最大的荣誉之一种，我这个浅学的人，很少贡献，这回接受贵会这样的奖掖，真使我十分感谢，又十分惶恐。

在敝国的历史上有一个大政治家羊祜，曾对客称赞他的一只能舞的鹤。但是这只鹤见着他的客人却不肯舞了。我很盼望这回接受贵会的奖励能鼓舞我努力在学术上多做出一点有价值的贡献，免得在贵会里做一只不舞之鹤，有玷贵会知人之明。

敬此奉复，并盼先生将我的感谢诚意转达贵会。①

三

1932年，完成学业的蒋复璁回国，并接受了朱家骅的任命，成为中央图书馆的筹备馆长。

当时，中美庚子赔款的一部分用来充实北平图书馆，朱家骅有意利用中英庚子赔款来建设中央图书馆，但当时的经费远远入不敷出。为了充实中央图书馆，蒋复璁不断催促国家拨款。与此同时，面对旧书不断上涨的价格，蒋复璁未免有些黔驴技穷。为此，他专门征求胡适的意见。胡适的点拨让他“柳暗花明又一村”，对

① 耿云志，欧阳哲生编.胡适书信集上册[M].北京：北京大学出版社，1996：574.

此，蒋复璁回忆说：

面对这种情况，我曾经请教过老师胡适之先生，他劝我收集新古董，即收集政府机构出版的各种公报及官文书，这种官书花费不大，然而将来即是头等的史料。筹备采纳此意见，随之进行搜罗，各种公报花了两年时间收集齐全，还编了两次官书目录。①

这一时期，两人时有往来，胡适日记中多次提到他。

徐志摩逝世后，为编《徐志摩全集》，陆小曼曾向蒋复璁索要徐志摩写给他的信件，蒋复璁为此还征求了胡适的意见。胡适建议蒋复璁将信给陆小曼，但不要给她原信，最好将原信手抄一遍，将手抄的给她。不过，陆小曼在生前似乎并没有看到《徐志摩全集》的出版，倒是蒋复璁，在台湾出版了《徐志摩全集》。

抗战期间，胡适成为驻美大使，蒋复璁则穿梭于国统区与沦陷区，忙着抢救古书籍与国宝。抗战胜利后，胡适忙于考据《水经注》，对各种版本的《水经注》都有浓厚兴趣。1946 年 10 月 25 日，已经成为中央图书馆馆长的蒋复璁还邀请胡适观看了他们馆藏的《水经注》。当天，胡适在日记中写道：

蒋复璁（慰堂）与尹石公邀在中央图书馆吃中饭，饭后看他们馆里所得善本书。其中有何焯校《水经注》原本，校在朱谋玮本之上。谓水三温泉神女条亦无校语，与沈大成过录本正相同。（大概义门记失无易此条，不在《水经》校

① 蒋复璁等口述，黄克武编撰. 蒋复璁口述回忆录[M]. 台北：“中央”研究院近代史研究所，2000：51.

本，而另见他处?)此本有“何焯”印。石公说，字迹确是义门的手笔。二百年来，虫蛀损坏，重经修衬，校语多残坏，如四十卷尾即无跋记。①

作为学者，胡适在自己的学生所主持的图书馆里看到自己研究领域的珍贵材料，想到多年前自己的图书馆梦想，多少是一种欣慰吧。

四

1949年前后，他们两人都选择了离开。去了台湾的蒋复璁，又开始在台湾建设他的“中央”图书馆。不过，当时国内外形势对台湾都非常不利，蒋复璁的工作也非常困难，再次见到胡适时，蒋复璁借酒消愁了一把。对此，他回忆说：

1958年春天，我陪胡适先生去台中，晚上共餐时，向适之先生倾谈，竟借酒消愁大醉了一场。②

1960年，胡适七十岁生日时，蒋复璁送了一副对联：墨家救国，儒家修身，硕德耆年仁者寿；汉学考经，宋学论道，金声玉振圣之和。

1961年，阿根廷有学者研究禅学，想请教相关问题，蒋复璁再次想到了胡适。在蒋复璁的陪同下，胡适跟那位学者谈论了一个

① 曹伯言整理.胡适日记全集第八册[M].台北:联经出版有限公司，2004:257.

② 蒋复璁等口述，黄克武编撰.蒋复璁口述回忆录[M].台北:“中央”研究院近代史研究所，2000:63—64.

小时。出来之后，阿根廷学者非常兴奋地说道：在日本住了三个月，不如此一小时得益。

作为图书馆馆长，蒋复璁穷其心力，为胡适等人提供了较完善的图书服务，这也是胡适早年图书馆梦想的初衷吧。

饶有趣味的是，胡适关于现代化的图书馆的梦想，恰恰就是由他的很多学生实现的。除蒋复璁之外，胡适的学生毛子水、袁同礼（傅斯年的同班同学），都成为了非常有名的图书馆馆长。毛子水是北大图书馆馆长，袁同礼则是北平图书馆馆长，他们主持的图书馆，对公众完全开放。关于这一点，何兆武的《上学记》里有精彩的描述与深情的回忆。

提携与论争

——胡适与申寿生

1934年，朱企霞给胡适写过信，投过稿。可惜，胡适对他的小说不太欣赏，为此，还给他写了一封情词婉转的退稿信。这封信①写得委婉动人，原信如下：

企霞兄：

谢谢你的信和文稿。

承你送一篇文章给《独立》，我很感激。我总觉得你写的文字不曾经过"说老实话，说平常话"的训练，使人读了起unreal(不真实)的感觉。这篇《莲花谷》也使我感觉你有点无病呻吟的做作。《独立》向不登文学作品，我们只要一些清楚明白说平常话的好文字而已。送上《乡音》《新秀才》两篇，可以代表我们要的文字。《新秀才》一篇是一个今年考北大不取的贵州学生做的。你看了也许不能欣赏这一类的文字。但文字不从这一条路子入手，是不会做好的。至少我的偏见如此看。

适之　廿三，九，十一

胡适表示不太欣赏朱企霞写的小说，他推崇的是像《新秀才》

---

① 曹伯言整理．胡适来往书信选中册[M]．北京：中华书局，1979：256．

这样的文字，这篇文字的作者——这位没考上北大的贵州学生，就是申寿生。

一

1934年，《独立评论》的主编胡适收到一篇来稿——《试谈专制问题》。这篇文章由胡适与蒋廷黻两人的争论展开，分别批评了蒋廷黻与胡适的观点。看到这篇文章之后，胡适非常欣赏他的文笔，觉得他是文字的天才，很快就给他刊登在新一期的《独立评论》上。

这篇文章的作者申寿生，又名申尚贤。他当时是北大的一名偷听生，两次投考北大，皆因数学很差，与北大失之交臂。于是，就在北大附近的拉丁区租了房子，旁听北大名教授的课程。在《独立评论》上看到胡适与蒋廷黻就民主与独裁问题展开论战之后，申寿生自己也有些想法，于是写了篇文章投给了《独立评论》，没想到很快就发表了。

发表之后，初获成功的申寿生很快又写了一篇《作好作歹连拖带打》的政论，此文批评中国的外交政策。胡适很快又给他发表了。两次发表同一个青年人的文章之后，胡适对申寿生很感兴趣，他邀请这位青年人有空去他家坐坐。两人第一次见面是在胡适家中。1934年4月12日，胡适在日记中写道：

> 申尚贤来谈，此人是一个廿三岁的少年，贵州人，在此预备进大学。他为《独立》作了几篇文字，我收了三篇，署名“寿生”。我看了他的第一篇文字，就知道他有文字的天才；上星期他又送一篇来，果大有进步。
>
> 今天我劝他写稿子要写得清楚，不可潦草。我对他说，

程明道说，“吾作字时甚敬，非欲字好，即此是学。”此言甚有理。①

受到胡适鼓励的申寿生，频频在《独立评论》上发表政论文章。他的《文化单位论》，主张中国要充分世界化与现代化，是支持胡适“充分世界化”的一篇重要文章。

当时，胡适正在跟主张“本位文化”的十教授论战，前者主张全盘西化，后者则主张要以中国的传统文化为本位，两者争得不可开交。申寿生从自己的个人经历出发，主张文化一体论，要充分吸收西方的现代化思想，在这一方面，他与胡适是高度一致的。

二

两人除了因政论结缘之外，还有许多共同点。胡适对中国民间歌谣比较感兴趣，曾组织北大歌谣研究会，而寿生也对民间歌谣有兴趣，是北大歌谣研究会的会员。

1935年，胡适去广西桂林等地演讲，写了一首山歌：“相思江上相思岩，相思岩上相思树。三年结子不嫌迟，一夜相思使人瘦。”回到北平后，胡适特地将这首山歌给寿生看。因寿生成长的贵州乡村距广西较近，他对广西的山歌比较熟悉。寿生看了之后，觉得胡适写得不太符合山歌的味道，遂提笔修改为：“相思江上相思岩，相思树儿靠崖栽，她三年不结子不嫌迟，我一夜相思也难挨。”修改之后，寿生还特地将这首山歌唱给胡适听，胡适听了之后，觉得“确是哀婉好听”。

歌谣之外，两人的文学主张也比较一致，都主张写实主义。寿

① 曹伯言整理.胡适日记全集第七册[M].台北:联经出版有限公司,2004:100.

生发表在《独立评论》上的小说《新秀才》《黑主宰》等，都是根据自己的亲身经历写出来的，这些小说描写贵州地区的黑暗与人民生活的困苦，具有非常强的批判性。对这样的写实小说，胡适非常称赏。照例，《独立评论》是不刊登小说的，但胡适却为寿生破了例。在《独立评论》编辑后记中，胡适写道：

> 寿生先生的小说《新秀才》，写的是贵州的情形，据他说："这篇文章全是实情，只怕说的不够，断不会说过火。"①

写实主义的小说，不仅可以暴露社会的阴暗面，引起社会疗救的注意，同时，这些小说也可以作为史料，为后世学者研究当时那个社会的真实情形提供材料。胡适对《红楼梦》的考证，对《儒林外史》的研究，很多时候，都建立在小说对社会现实的反映这一层面上。由此，我们也可以看出胡适的文学观。

除了这些共识，在许多问题上，两人还有不同意见。

三

1930 年代，随着日本帝国主义的步步紧逼，中国国内形势严峻。对此，很多人非常悲观，觉得中国必败。针对这种情况，申寿生写了一篇《我们要有信心》的文章。在这篇文章中，他从多个方面论述了中国文化光辉灿烂的地方，与此同时，他认为日本文化善于模仿，但创造性不强，远逊色于中国。对宋明理学，他更是推崇备至。

胡适看到这篇文章之后，在 1934 年 6 月 3 日《独立评论》第

① 耿云志，欧阳哲生整理. 胡适全集第二十二册[M]. 合肥：安徽教育出版社，2003：150.

103号发表了《信心与反省》。在这篇文章中，胡适赞同寿生的“面对日本，我们要有信心”的观点，但却不赞成他的一些论据。

针对寿生说日本文化善于模仿不善于创造的论调，胡适认为：日本善于模仿正是日本的大长处，所谓的创造，就是在全力以赴模仿过程中所产生的灵感，没有全心全意地模仿人家的长处，就没有所谓的创造。

此外，针对寿生对宋明理学的称赞，胡适批评说：

> 即如寿生先生指出的“那更光辉万丈”的宋明理学，说起来也真正可怜！讲了七八百年的理学，没有一个理学圣贤起来指出裹小脚是不人道的野蛮行为，只见大家崇信“饿死事极小，失节事极大”的吃人礼教：请问那万丈光辉究竟照耀到那里去了？①

批评归批评，对申寿生，胡适还是青睐有加的，虽在一些问题上有争论，但他是喜欢在《独立评论》上发表文章的可爱青年。1935年1月2日，胡适回顾自己的1934年时，其中就写道：

> 因编《独立》，时时发现中国民族的可爱方面。……从投稿里，我时时发现可爱的纯洁青年，这是三可爱。（去年发现一个萨小招，今年发现一个申寿生，都很可爱。）这也是我们这种“无所为”的工作的报酬了。②

① 耿云志，欧阳哲生整理. 胡适全集第四卷[M]. 合肥：安徽教育出版社，2003：503.

② 曹伯言整理. 胡适日记全集第七册[M]. 台北：联经出版有限公司，2004：161.

这一时期，两人交往非常密切，寿生经常出入胡适家中，1935年5月12日，胡适日记写道：

上午来客有申寿生、蒋明缣、孙洵侯等，讨论到“文化”问题，争论甚烈，甚有趣。①

四

胡适与申寿生还有一场关于抗战的争论。从年龄角度来看，这场争论似乎是理性的中年人跟感性的青年人之间的争论。从爱国这一角度出发，他们都是爱国者，但所采取的具体方式迥然不同。

1935年，随着日本帝国主义的不断施压，华北地区的最高当局宋哲元、秦德纯、萧振瀛等人有了谋求脱离中央、造成华北自治的想法。当然，自治是假，日本帝国主义主导下的傀儡政权是真。华北一旦自治，恰成第二个伪满洲国的局面，这也正是日本帝国主义逐步蚕食中国的一种策略。

在这种情形下，1935年12月9日，北平学生在共产党的领导下，发动游行示威，反对华北自治，要求国民政府抗击日本帝国主义的侵略。对学生游行示威的要求，胡适充分理解。他在《为学生运动进一言》中写道：

那一天的学生反对自治大请愿，虽然平津各报都不许记载，却是天下皆知的壮举。天下人从此可以说，至少有几

① 曹伯言整理.胡适日记全集第七册[M].台北：联经出版有限公司，2004：203.

千中国青年学生是明白表示不承认那所谓自治的傀儡丑戏的。①

在肯定了学生游行示威的正当性之后，对学生运动，胡适也提出了自己的期望，他希望学生不可一而再再而三地游行示威。在他看来，学生频频向国民政府游行示威，很可能更加激化中日矛盾，造成误国的不良后果。更何况，学生罢课，与敌无损，与己有害。文章最后，胡适写道：

青年学生的基本责任到底还在平时努力发展自己的知识与能力。社会的进步是一点一滴的进步，国家的力量也靠这个那个人的力量。只有拼命培养个人的知识与能力是报国的真正准备工夫。②

这里，胡适所提倡的，无疑还是“你要想有益于社会，最好的办法莫如把你自己这块铸造成器”。唯有组成中国的一个个具体的个人强大了，国家才会强大。

申寿生看到胡适的这篇文章之后，非常悲愤，他非常不同意胡适的观点，为此，他专门给胡适写了一封抗议信，信中写道：

先生知道《为学生运动进一言》在社会上之影响吗？大学生多置而不看，中学生多看而心伤。……现在是有卖国

---

① 耿云志，欧阳哲生整理. 胡适全集第二十二册[M]. 合肥：安徽教育出版社，2003：412.

② 耿云志，欧阳哲生整理. 胡适全集第二十二册[M]. 合肥：安徽教育出版社，2003：414.

的自由，无爱国的自由。“自治”可以请愿，可以登诸报章，而维护统一，却受刀斫，大刀飞舞谓之和平劝导，这是舆论、是民意的一种表示吗？……先生需知，凡这次参加游行的青年，他们都是深知游行罢课是不够的。他们之一面罢课游行，一面进图书馆，是不得不如此的。难道可以牺牲一片国土，而不可牺牲几天课堂生活吗？这时罢课游行与战时去卖命或埋头实验室，殊无两样。先生奈何不详察事实，竟为奸人作前驱的“理论”呢？望先生此后言论有以慰国人！①

这一段话，最可以看出青年申寿生的爱国热情。但，爱国仅仅靠热情是靠不住的。战争，靠的绝不仅仅是热情，而是建立在科学基础上的器械与装备。而科学的进步与发展，更有赖于青年学生在学校实验室努力才行。当时，陈寅恪的观点跟胡适非常一致。吴宓在日记中写道：

寅恪之意，盖以胜败系于科学技术与器械军力，而民气士气所补实微。②

除此之外，由申寿生的这段话中，还可以看出，当时有不少人，因胡适在当时的一些文章，都将他视作汉奸。1933 年的时候，瞿秋白在《出卖灵魂的秘诀》中写道：

胡适博士不愧为日本帝国主义的军师。但是，从中国

---

① 白吉庵.胡适传[M].北京：人民出版社，1933：372.

② 吴学昭整理.吴宓日记第六册[M].北京：生活·读书·新知三联书店，1998：168.

> 小百姓方面说来，这却是出卖灵魂的唯一秘诀。①

事实果真如此吗?

“一二·九”学生运动中，学生游行示威的目的是反对华北自治。而在此之前，帮助国民政府维持华北地区向心力的，恰恰就是以胡适为首的大学教授。当时，为反对华北自治，在面对二十九军将领时，胡适慷慨陈词：只要在北平一天，就要做二十年的打算。若是北平失陷了，我们在后方任何一个地方搭茅棚也可讲学。

胡适面对宋哲元、秦德纯、萧振瀛等华北地区最高行政首领时候的表现，马相伯在他的《一日一谈》中有形象生动的描述：

> 胡适之此次在北平，当该地长官邀集北平各大学教职员及地方教育界领袖商谈国事时，某长官说，某国(指日本)交了一个名单给他，要他立即照单逮捕，并说这个名单一共有二十几个人，皆是平津教育界领袖，是反对该国的“嫌疑犯”。某长官的用意其实是在讨好此次来开会的人，他说：“你看！我们如何能做这桩事！”无非是对这些教育家一个警告，意思就是说：你们这些人要小心些。这件事立即引起胡适的愤怒，他声色俱厉地答复道：“我们到你这来，就是准备使你们逮捕的，并且准备你们把我们送到某国司令部去！但是我们无论如何，要保国家的领土！”云云。②

对胡适的行为，马相伯击节赞叹，他写道：

---

① 鲁迅.鲁迅全集第五卷[M].北京：人民文学出版社，2005：82.

② 马相伯口述.一日一谈[M].桂林：漓江出版社，2014：168.

> 就适之平时为人与其学养说，我也确实未尝十分注意，然而这次一鸣惊人，使我老人复感觉周身热血升腾，觉得国家前途，还有希望。尚望适之本此精神努力奋斗，并希望平津一班教育家均与适之戮力同心，共此艰苦，勿让适之独为君子！①

这件事可以看出一个怒发冲冠的胡适之。谦和雅量、笑语迎人是胡适的标志。但在历史的重大关口，他自有铮铮铁骨。只是，他的硬骨头，面对的是宋哲元，面对的是背后的日本侵略者，绝不是青年学生。当申寿生等热血沸腾的青年学生将他视为汉奸时，胡适的角色是极其尴尬的。在青年眼中，他是汉奸，而在日本侵略者眼中，他又是反日的急先锋与嫌疑犯。

作为青年学生的代表，申寿生与胡适的这次论争，体现出胡适在面对日本帝国主义与中国青年学生时的尴尬角色。他就像是风箱里的老鼠——两头受气。

① 马相伯口述. 一日一谈[M]. 桂林：漓江出版社，2014：168.

第三辑　问题及史料篇

为什么用吴宓来说服胡适?

据说吴宓是少数没有批评过胡适的知识分子。 而且，当得知他 1952 年写的一篇文章被用来说服胡适时，吴宓非常愧疚。

在 10 月 3 日的日记中，吴宓写道：

今日作《壬辰中秋》五首。

吴宓所作的《壬辰中秋》五首中的第一首为：

心死身为赘，名残节已亏。
逼来诅楚状，巧作绝秦资。
恋旧从新法，逢人效鬼辞。
儒宗与佛教，深信自不疑。①

从其日记和诗作中不难看出吴宓的心境。

令人奇怪的是，在知识分子的思想改造运动中，有无数的知识分子写了思想检讨，为什么不是别人而恰恰是吴宓的检讨被选择用来说服胡适呢?

要明白这一点，似乎要从吴宓与女儿吴学昭之间的关系入手。吴宓的女儿吴学昭是燕京大学的学生。 1940 年代末期，随着当时

---

① 吴学昭整理. 吴宓日记续编 1949—1953 [M]. 北京：生活·读书·新知三联书店，2006:432.

国内潮流的变化，吴学昭思想急剧左倾，这与一直坚持中国文化本位的吴宓在价值立场上大相径庭。

关于吴宓、吴学昭父女在思想上的矛盾，学者张求会在《裂痕初现：1948—1949 年的父女情》中有详细阐释。在这篇文章中，张求会提到了吴宓写给堂弟的一封信。信中吴宓写道：

> 处今之世，父子、兄弟、夫妇、知友，人各异心，不能强同。分党分区各自效命而互为敌国，亦至寻常之事。即如三女学昭到燕京后，思想已完全左倾。1948 年七八月昭忽来武大，住近两月。与宓父女亲情固有，然各友其友、各行其是，宓与各守疆界。已而昭竟一再努力设词，欲改造宓之思想，宓乃诚恳语之曰，我们在私为父女之情，在公为异路之人；宓决不求改变昭，请昭亦勿来改变宓。且以宓五十余岁之人，一生读书思想写作，态度早已固定，昭纵努力，亦必不能影响及宓也云云。幸得欢欣握手而别，今昭音信早绝。①

面对女儿对自己的劝说，吴宓不为所动。“各友其友、各行其是”，是 1948 年的吴宓在处理父女思想矛盾时所主张的原则。

但是，到了 1952 年，面对更大的精神压力，吴宓放弃了父女之间“各行其是”的原则。据张求会披露：1952 年，吴宓在《改造思想，坚定立场，勉为人民教师》中特别写道：“1948 年暑假，我在武汉大学答复我第三个女儿学昭‘各行其是’的话，我决不再说。因为是非只有一边，此是则彼非。”②

---

① 吴学昭编. 吴宓书信集[M]. 北京：生活·读书·新知三联书店，2011：360.

② 沈卫威. 情僧苦行：吴宓传[M]. 北京：东方出版社，2000：216.

此时的吴宓，虽然内心深处还坚持自己的价值立场。但在公开场合，他已经从坚持自己的价值立场转变为向女儿学习的价值立场。也就是说，吴宓已经从坚持中国文化本位的价值立场转变为追求进步的革命价值立场。

吴宓父女之间的离合，与胡适父子有相似之处。

众所周知，胡适是自由主义知识分子的精神领袖，但他的儿子胡思杜，与吴宓的女儿吴学昭一样，在时代潮流的推动下，思想也开始左倾。1948 年年底，胡思杜没有随胡适飞往南京。留下来的胡思杜，经过华北革命大学的学习，思想觉悟有了很大提高。1950 年 9 月，胡思杜在《大公报》上发表《对我父亲——胡适的批判》一文，对胡适做了严厉的批判，文章最后，胡思杜写道：

> 在他(胡适)没有回到人民的怀抱来以前，他总是人民的敌人，也是我自己的敌人，在决心背叛自己阶级的今日，我感受了在父亲问题上有划分敌我的必要，经过长期的斗争，我以为在思想上大致划分了敌我，但是在感情上仍有许多不能明确割开的地方，除了自己随时警惕这种感情的危害性以外，我并要求自己树立起工农大众的感情来，在了解工农的伟大，自己胜利地参加土改后，我想一定会杜绝消极狭隘的、非无产阶级的个性感情的。①

同样有思想左倾的子女，一开始，他们都对“子女对自己的改造”不以为然。然而，到了 1952 年，吴宓表态：放弃自己的价值立场，向女儿的价值立场靠拢。吴宓的思想转变，契合了政府对胡适的期待，在他们看来，虽然 1950 年胡适对胡思杜的批判不以为

① 胡思杜. 对我父亲胡适的批判[N]. 大公报，1950 年 9 月.

然，但他们也希望胡适像吴宓那样，最终向他们的儿女学习，走向革命道路。

此事还有后续，远在美国的毛彦文（吴宓的梦中情人）看到吴宓的检讨后写了一篇文章。文章中，毛彦文写道：

> 十余年前海伦(毛彦文)在西雅图华盛顿大学从事中国大陆问题研究时,曾看到一本由香港美国领事馆翻译成英文的大陆杂志(忘其名),登载许多在大陆有名学者的坦白书。内有吴(吴宓)的一篇,大意说:他教莎士比亚戏剧,一向用纯文学的观点教,现在知道是错了,应该用马克思观点教才正确。①

毛彦文关于吴宓内心痛苦的论断，可以从这一时期的吴宓日记中得到印证。

当时，在追求进步与革命的道路上，老一辈知识分子似乎远逊于新一代知识分子：父母们要向儿女们学习，老师们要向学生们学习。

在老一辈必须向新一代青年学习的背后，也许还蕴含着新一代必将战胜老一代的进化论的思维模式吧。

---

① 毛彦文. 往事[M]. 天津：百花文艺出版社，2007：55—56.

胡适为什么主张市场经济？

民国时期的自由主义知识分子，在追求民主宪政的制度层面上，基本达成了共识。然而，在经济层面上，由于对“平等”的过度热情，以及受到“不患寡而患不均”文化传统的影响，很多人无形中陷入了计划经济的制度迷思之中。而胡适，则是一个罕有的例外。

一、1920年代：财政公开与轻视私有财产

1922年，胡适在《努力周报》发表《我们的政治主张》一文。文中，胡适提出政治改革的目标，即建立一个“好政府”，并由此提出了三个基本要求：要求一个“宪政的政府”、一个“公开的政府”和一种“有计划的政治”。

这三种主张中，“宪政的政府”指向的是政治制度层面；“公开的政府”意在强调政府财政的公开，指向的是经济层面；“有计划的政治”则要求政府在治理国家方面要提高效率，不能没有基本的计划。

有学者从胡适主张“有计划的政治”推论胡适此时主张“计划经济”，这似乎是对胡适的误读。此时的胡适，在经济层面，关注最多的其实是财政公开。当时，北洋政府在教育方面屡屡欠薪，导致大学学潮频发，胡适希望通过公开财政的方式来解决大学学潮。当然，要求财政公开，也符合自由主义的基本理念。

这一时期，在经济层面上，胡适并没有主张计划经济。他在经济层面的缺陷是对私有财产的忽视。在留学美国期间，胡适对私

有财产是非常重视的。而到了1920年代，随着社会主义思潮的兴起，对土地公有制的呼声此起彼伏。与此同时，资本主义社会下贫富差距愈来愈明显。胡适对私有财产的态度有了微妙的变化。1926年，在《我们对于西洋近代文明的态度》一文中，胡适写道：

> 19世纪以来，个人主义的趋势的流弊渐渐暴白于世了，资本主义之下的苦痛也渐渐明了了。远识的人知道自由竞争的经济制度不能达到真正“自由，平等，博爱”的目的。向资本家手里要求公道的待遇，等于“与虎谋皮”。救济的方法只有两条大路：一是国家利用其权力，实行裁制资本家，保障被压迫的阶级；一是被压迫的阶级团结起来，直接抵抗资本阶级的压迫与掠夺。于是各种社会主义的理论与运动不断地发生。西洋近代文明本建筑在个人求幸福的基础之上，所以向来承认“财产”为神圣的人权之一。但十九世纪中叶以后，这个观念根本动摇了，有的人竟说“财产是贼赃”，有的人竟说“财产是掠夺”。现在私有财产制虽然还存在，然而国家可以征收极重的所得税和遗产税，财产久已不许完全私有了。①

这段文字可以看出胡适对私有财产的暧昧态度。这种态度上的暧昧，从自由主义的基本理念来审视，是致命的失误。人的私有财产，是捍卫自由的最基本保证。洛克的《政府论》中，在论述国家合法性时，其中重点提到了国家对人的私有财产的合法保护。可以说，没有对人的私有财产的保护，就没有自由。

---

① 胡适.胡适文存第三集[M].北京：首都经济贸易出版社，2013：11.

二、无为而治下的经济自由

1930年代是计划经济风靡世界的时代。一方面，随着苏俄五年计划的成功，无数知识分子对计划经济青睐有加。另外一方面，资本主义市场经济下爆发的经济危机让人对市场经济产生了怀疑。为了挽救经济，罗斯福新政所采取的政府干预经济的措施也让人对"凯恩斯主义"产生了好感。在这一潮流引导下，"独立评论"派的知识分子中，有很多人成为了计划经济的支持者，翁文灏、丁文江、钱昌照等人都开始大力鼓吹计划经济。与他们的经济主张相反，此时的胡适则大力提倡"无为而治"，在《建设与无为》中，胡适写道：

> 我不反对有为，但我反对盲目的有为；我赞成建设，但我反对害民的建设。盲目的建设不如无为的休息。①

当时的胡适，主张无为而治，希望政府将自己的权限缩小到"警察权"的范围，也就是说，希望国家充当"守夜人"的角色，不要对经济进行干涉。胡适这种反对政府干涉经济的做法，暗合了市场经济的原则。

1937年，"七七"事变爆发。随着国家危机的加深，"独立评论"派知识分子纷纷加入政府，为国家分忧解难。应蒋介石的要求，胡适前往美国，从事民间外交，后来成为驻美大使。而那些留下来的知识分子，在为政府设计经济制度时，再次产生了分歧。这种分歧，最典型地体现在农本局局长何廉与经济部长翁文灏身上。

---

① 欧阳哲生编. 胡适文集第十一卷[M]. 北京：北京大学出版社，1998：423.

作为民国时期第一流的经济学家，何廉的经济主张与胡适相似。他主张政府不要自己办企业来干涉经济，发展经济最好的方式莫过于大力支持民营经济的发展。在回忆录中，何廉写道：

> 那时在中国，国民党人赞成一概搞国营企业，而私人企业则赞成百分之百的企业私营。……中国的企业，从1860年代初开始，先是由政府所有和经营（官办），1890年代后是私人经营，政府监督（官督商办）。这是贪污腐化的根源。……而在这个体制中，我尽力设法将政府的控制减少到最小限度。在心底里，我是反对流行的赞成完全由政府控制的主张的。①

作为经济学家，何廉从晚清洋务运动“官办企业”的发展中汲取了经验教训，坚决反对搞国营企业。站在何廉一边的还有蒋廷黻，作为中国近代史的开山祖师，蒋廷黻对洋务运动中“官办企业”的惨痛教训也深有感触，此外，刚从驻苏俄大使一职卸任的蒋廷黻可能也看到了苏俄计划经济的弊端。

不同意何廉经济主张的除了国民党人之外，还有翁文灏与钱昌照。受苏俄的影响，他们认为计划经济的实施可以迅速实现国富民强的目标，而这无疑有利于抗日建国的工作。因此，翁文灏与钱昌照所掌握的资源委员会，主张大力发展国营企业。

对资源委员会的做法，胡适表达了自己的异见。1945年2月3日，胡适写信给资源委员会的成员王征。信中，胡适写道：

> 关于我们曾讨论的一个问题，我近来也偶然想想，我还

---

① 何廉．何廉回忆录[M]．北京：中国文史出版社，2012：226．

是感觉今日国内的朋友们太注重大规模的建设计划了。套一句老话:"为政不在多计划,在力行如何耳。"这一句两千年的老话,在今日仍有一部分的真实性。大乱之后,应该多注重与民休息。政治的纲纪不可不立,经济的骨干不可不有,交通的纲领不可不完成。然而"天网恢恢,疏而不漏"一句话源出于主张自然无为的老子。后人多注重"不漏"二字,而忘了"恢恢"二字,和"疏"的一字。疏是不细密,恢恢是大而宽。"恢恢而疏",老百姓才能充分发展其自身的能力,从各方面谋生存,谋树立,谋发展。我曾听我家乡老辈说他们的祖上在太平天国乱后的恢复情形,故深信老百姓有此恢复能力。所虑者"天网"或太密耳。①

由此可以看出,胡适从"无为而治"的角度出发,反对政府干预下的计划经济。而他不仅是这么说的,也是这么做的。

1948 年 9 月 27 日,针对许多自由主义知识分子倾向于苏俄"经济平等""经济民主"的主张,胡适在演讲中说到:②

我走过许多国家,我没有见到一个国家牺牲经济自由可以得到政治自由;也没有见到一个国家牺牲政治自由可以得到经济自由。俄国人民生活程度三十年来提高了多少?人民生活痛苦减轻了多少,经济自由得到了没有?牺牲政治自由而得到经济自由的,历史上未有先例。

---

① 中国社会科学院近代史研究所中华民国史组编. 胡适来往书信选 下册[M]. 北京:中华书局,1979:8.

② 林建刚编著. 读懂胡适[M]. 南宁:广西人民出版社,2014:251.

而且，当国民政府所推行的“金圆券”政策失败之后，胡适向蒋介石推荐了刘大中、蒋硕杰两位年轻的经济学家来处理这一经济难题。可惜，对胡适的推荐，作为行政院院长的翁文灏态度消极，此事不了了之。而翁文灏态度消极，可能与蒋硕杰等人的经济主张有关。蒋硕杰是哈耶克的学生，他坚决反对国家对经济的过度干涉，而翁文灏则是凯恩斯的信徒。

推荐主张市场经济的刘大中、蒋硕杰两位来处理这一经济难题，也一定程度上体现出胡适对市场经济的偏爱。

三、1950 年代：胡适的忏悔与台湾经济的起飞

当许多自由主义知识分子迷恋经济平等时，胡适并没有陷入这一陷阱之中。晚年，他对私有财产也有了新的看法。

1920 年代，由于对“平等”的关注及对贫富分化严重的资本主义的反感，胡适一度讴歌苏俄式经济政策。与此同时，他对私有财产的态度也显得暧昧。那时，他对自由与平等内在的紧张关系似乎并没有察觉。

这个问题，直到胡适晚年才得到解决。随着他在《自由中国》上看到哈耶克的《到奴役之路》，胡适开始反思他 1926 年对私有财产的认识。除此之外，哈耶克的嫡传弟子周德伟也对胡适有一定影响。在跟胡适交流时，周德伟曾说：“私有财产，乃人民保障自由的最大武器，如果没有财产，生产工具被政府集中所有，肚皮给政府控制了，将无任何自由可言。世界上的纯正经济学家，无赞成这种制度的可能及事实。”①

受他们的影响，晚年胡适于 1954 年，在《从〈到奴役之路〉说

---

① 周德伟.自由哲学与中国圣学[M].北京：中国社会科学出版社，2004:288.

起》的演讲中，胡适说道：

什么叫做资本主义？资本主义不过是“勤俭起家”而已。我们的先哲孟子说：老百姓的勤苦工作是要“仰足以事父母，俯足以蓄妻子，乐岁终身饱，凶年免于死亡”。老百姓的辛勤终岁，只是希望在年成好时能吃得饱，年成不好时可以不至于饿死。这怎能算是过分的要求？但这个要求可以说是资本主义的起点。我们再看美国立国到今天，是以什么为根据的？他们所根据的“圣经”是《富兰克林自传》——一部资本主义的圣经。这里边所述说的，一个是“勤”，一个是“俭”。“勤俭为起家之本”辛苦血汗的所得，若说他们没有所有权是讲不通的。从这一个作起点，使人人自己能自食其力，“力何有于我哉！”这是资本主义的哲学，个人主义、自由主义的哲学。这是天经地义，颠扑不破的。①

同样是在这篇演讲中，针对翁文灏、钱昌照等人的经济主张，胡适也有严厉的批评，他引用周德伟写给他的信说：

中国士大夫阶级中，很有人认为社会主义是今日世界大势所趋；其中许多人受了费边社会主义的影响，还有一部分人是拉斯基的学生。但是最重要的还是在政府任职的许多官吏，他们认为中国经济的发展只有依赖政府，靠政府直接经营的工业、矿业以及其他的企业。从前持这种主张最力的莫过于翁文灏和钱昌照；他们所办的资源委员会，在过

---

① 胡颂平编著. 胡适之先生年谱长编初稿第七册[M]. 台北：联经出版公司，1984：2377.

> 去二十年之中，把持了中国的工业、矿业，对于私有企业（大都是民国初年所创办的私有企业）蚕食鲸吞，或则被其窒息而死。他们两位（翁文灏、钱昌照）终于靠拢，反美而羡慕苏俄，也许与他们的思想是有关系的。①

胡适竭力主张自由经济。到了1960年代，败退台湾的“国民政府”最终采纳了蒋硕杰、刘大中等人的经济主张，大力发展市场经济，这也一定程度上成就了台湾经济的飞跃式发展。

从要求政府财政公开、高效治理国家，到反对政府干预经济，再到晚年的警惕，无不体现出胡适在经济层面的远见卓识与深谋远虑。

---

① 胡颂平编著．胡适之先生年谱长编初稿第七册[M]．台北：联经出版公司，1984：2374．

从主战到主和

——胡适抗战时外交策略的变化

一、对中日战争的“大胆假设”

关于治学方法，胡适有一句名言：“大胆假设，小心求证。”胡适就是运用这种方法，写了许多考证文章。1930年代，胡适也曾用“大胆假设”来预测中日的局势。

1930年代初期，面对日本帝国主义的侵略，不同于青年学生的高调抗日，胡适希望与日本妥协，谋求几年和平喘息的时间。在胡适看来，日本是一个现代化的国家，而中国则是正在努力走向现代化的国家，按照当时中国的军事实力，贸然与日本开战，无异于民族自戕。

然而，一只闻着肉味的老虎是不会放下口中的美餐的。充满虎狼之心的日本帝国主义步步紧逼，逐步蚕食中国。面对这种情形，低调的胡适开始从国际局势的演变方面来找寻拯救中国的途径。

1935年6月20日，在给国民政府教育部部长王世杰的信中，胡适对中日战争的局势做出了自己的“大胆假设”：

> 此时必须假定两个可能的局势，作我们的一切国策的方针：
>
> 在最近期间，日本独霸东亚，为所欲为，中国无能抵抗，世界无能制裁。这是毫无可疑的眼前局势。

在一个不很远的将来，太平洋上必有一度最可惨的大战，可以作我们翻身的机会，可以使我们的敌人的霸权消灭。这也是不很可疑的。①

从历史的后见之明来审视胡适的预测，我们不得不惊叹胡适的预见力。不过，胡适的这个预测，也并不是他自己的凭空想象。他的思想灵感，似乎来源于英国历史学家汤因比。

1933 年 8 月，胡适在美国报纸上看到了汤因比对国际局势的判断。在谈到日本时，汤因比从日本的国民性出发，认定日本在侵略中国之后，绝不会满足，它很可能还会侵略美国，而进攻强大的美国，对当时的日本而言，无疑是开启其民族自杀政策的形为。汤因比写道：

况且，在某种情形之下自杀，本是日本民族的遗风。如果这种情形一旦发生了，整个日本民族毅然走上“切腹”的路，也不是绝不可能的事。②

受汤因比的启发，胡适在 1934 年 4 月 29 日的《大公报·星期论文》上发表的《一个民族的自杀——述一个英国学者的预言》一文中，胡适除了介绍汤因比对日本局势的判断之外，还做出了他自己的论断，他写道：

---

① 耿云志，欧阳哲生编．胡适书信集中册[M]．北京：北京大学出版社，1996：645．

② 耿云志，欧阳哲生编．胡适书信集中册[M]．北京：北京大学出版社，1996：444．

在日本这一只铁手套掷下之后，第一个牺牲者当然是我们自己。但我们在准备受最大最惨的摧毁的时刻，终不能不相信我们的强邻果然大踏步地走上了“全民族切腹”的路。①

二、对中日战争的“小心求证”

1937年，“七七”事变爆发。日本开始大举进攻中国。应蒋介石的邀请，胡适前往庐山参加了牯岭茶话会。当蒋介石向胡适询问华北的情形时，胡适直接诘问蒋介石：中央是不是真的不要华北地区的土地与人民了？

胡适慷慨激昂的话让蒋介石非常动容。多年以后，王世杰在回忆这一段历史时说：

你（指胡适）那天说的话颇有决定性的影响。那天下午，蒋先生见冯玉祥，冯也责备中央放弃华北。那天晚上，蒋先生在室中独自走路，走来走去，到九点钟，忽下命令，令孙连仲、庞炳勋的军队开进河北。战局就此决定了。②

按照王世杰的说法，胡适的一番话坚定了蒋介石抗战的决心。此后不久，蒋介石希望胡适前往美国，从事民间外交并派王世杰去游说。

① 耿云志，欧阳哲生编. 胡适书信集中册[M]. 北京：北京大学出版社，1996:446.

② 章清. 殷海光的生平与志业[M]. 郑州：河南人民出版社，2006：页码.

一向偏爱个人自由的胡适不想进入政府做官，他委婉地拒绝了王世杰。王世杰只好让傅斯年再去游说胡适。游说胡适的时候，民族主义情绪强烈的傅斯年在国破家亡的时刻，嚎啕大哭，他希望胡适在国家最危难的时候，牺牲他最看重的个人自由，为国家分担自己的公民责任。

傅斯年的哭谏，让胡适做出了他人生中艰难的决定之一。1942 年 9 月 10 日，在给王世杰、傅斯年、钱端升、翁文灏、周炳琳、张忠绂的信中，胡适回忆当时的情形说：

> 我出国五年，最远因起于我写给雪艇（即王世杰）的三封长信（廿四年六月），尤其是第三封信（廿四、廿六、廿七）；次则廿六年八月尾蒋先生的敦促，雪艇（即王世杰）的敦劝；但最后的原因是廿六年九月一夜在中英文化协会宿舍孟真（即傅斯年）的一哭。
>
> 孟真的一哭，我至今不曾忘记。五年中，负病工作，忍辱，任劳，都只是因为当日既已动一念头，决心要做到一点成绩，总要使这一万三千万人复认识我们这个国家是一个文明的国家，不但可与同患难，还可与同安乐。四年成绩，如斯而已。①

胡适最终去了美国，后来更是做了驻美大使，成了“过河卒子”。对胡适的这一行为，许多人嘲笑胡适成了国民党的马前卒，成了国民党的帮凶与帮闲。

胡适去美国做驻美大使，他的妻子江冬秀很不以为然，1939 年

---

① 耿云志，宋广波编．胡适书信选[M]．北京：外语教学与研究出版社，2012：309.

9月21日，胡适专门写信给江冬秀，解释自己做驻美大使的原因：

> 我是为国家的事来的。吃点苦不要紧。我屡次对你说过，“留得青山在，不怕没柴烧”。国家是青山，青山倒了，我们的子子孙孙都得做奴隶了。①

此前，胡适已经对中日战争有了预测，当有人询问他应对战争的看法时，胡适的回答是：苦撑待变。苦撑在我，待变在日。

苦撑，指的是中国方面。此时面对日本的侵略，没有其他国家援助我们，我们只好用空间换取时间，苦撑下去。

待变，“待”的则是国际局势的变化。尤其指的是日本侵略政策的变化。一旦日本侵略美国，美、中将结成抗日同盟，一旦有了美国的帮助，中国对日战争的胜利自然也就有了保障。

到美国之后，胡适旅行数万里，做了上百次的演讲，为中国的抗战鼓与呼。他的演讲，激起了美国民众对日本的仇恨，遭到日本大使馆的强烈抗议。当时，美国政府援助中国的最重要障碍是美国的《中立法》，为修改《中立法》，胡适付出了许多努力。此外，在胡适和陈光甫等人的努力下，中美之间签订了“桐油贷款”。

这期间，胡适的一个重大贡献还在于他阻止了日本与美国谋求和平的努力。据罗家伦《胡适之先生出任驻美大使的经过》披露：

> 1941年秋天，日本派莱栖和野村为特使，前往美国商量太平洋的和战问题，他们提出一个方案，要美日双方同意

---

① 耿云志，欧阳哲生编．胡适书信集中册[M]．北京：北京大学出版社，1996：791.

一个三个月的妥协。①

与胡适关系密切的罗斯福总统特地将这件事告诉了他。在征求了国民政府的意见之后，胡适竭力阻止了美国与日本谋和的行为。

1941年12月7日上午11时左右，罗斯福总统约见了胡适，并对他说：

> 那两个家伙（指日本特使莱栖和野村）来过了，我已经拒绝了他们的建议。请你告诉蒋委员长叫他放心，可是太平洋战事随时可能爆发，可能在菲律宾、关岛这一带。②

跟罗斯福聊完之后，胡适先是去了美国国务院查看动静，之后回到大使馆，就在他吃晚饭的时候，白宫来了电话，罗斯福要跟胡适通电话，电话中，罗斯福叫道："胡适，Japs对我们在珍珠港用空军海军一道开始攻击了，战事已经开始，请你打电话报告你本国政府。"③

> 1945年，在跟罗家伦谈天时，胡适曾回忆他接到罗斯福这个电话时的心情，他对罗家伦说："这时候我觉得大事已定，心里一块石头才放下去。"④

---

① 罗久芳，罗久蓉编校．罗家伦先生文存补遗[M]．台北："中央"研究院近代史研究所，2009：115．

② 同上．

③ 同上．

④ 同上．

由这个细节，可以看出胡适当时的心情。他当然有理由高兴，日本对美国的侵略，恰好证明了他对中日战争的预言，一旦美国参战，有了美国这个盟友，中国抗战的胜利也就有了很大保障。

果然，珍珠港事变第二天，美国对日宣战。紧接着，国民政府正式对日宣战。

完成这一件大事之后，胡适美美地睡了一觉，这一次他睡得很沉，一下睡了两个小时。此时的他，完全可以休息了。他出使美国，就是为了“小心求证”而来，而他终于求证成功了。

民国知识分子为什么偏爱拉斯基?

众所周知，民国的自由主义传统，从国外思想资源的角度来讲，主要来源于三个人，他们分别是五四新文化时期来过中国的约翰·杜威、伯兰特·罗素，以及伦敦政治经济学院的哈罗德·拉斯基。杜威的学生胡适，罗素的信徒徐志摩、张东荪，拉斯基的学生罗隆基是民国时期自由主义的代表。

杜威与罗素对民国知识分子影响甚大，其中一个主要原因是他们都曾在中国待过很长的一段时间，杜威在中国待了两年多，去过中国的许多省份。罗素也在中国待过一段时间，还曾在中国做了许多讲座。

令人奇怪的是拉斯基，他从来没有到过中国，同时他对中国问题也没有相关研究，然而，他在民国自由主义知识分子中的影响力却非常大。据吴韵曦《拉斯基与民国思想界》一文介绍，“在美国任教期间，听他讲课的有张奚若、蒋廷黻、金岳霖、曾炳钧、雷沛鸿、林毕等。1920 年代，在伦敦政治经济学院受教于他的包括罗隆基、王造时、杭立武、钱昌照、卢锡荣、徐志摩、陈源等。”

那么，民国自由主义知识分子为什么偏爱拉斯基呢?

这可能源于他们对“平等”的偏爱。胡适、张君劢、罗隆基等人，幼年时期都曾接受过传统的私塾教育，私塾教育中的核心内容是儒家学说，儒家观念中向来就有“不患寡而患不均”的传统思想。当他们留学英美之后，虽然很多人接受了自由主义学说的熏陶，但对于“平等”的热爱，则一直内隐在他们心灵深处。

自由主义当然也不反对平等，20 世纪初期，随着马克思主义在中国的大规模传播，许多知识分子对资本主义社会中因贫富差距所导致的不平等现象有了切身体会，因此，以胡适为代表的知识分子也曾一度有社会主义的倾向。

1920 年代末期的胡适、罗隆基等人，对资本主义社会，一方面青睐其民主自由，另一方面则对资本主义社会中由贫富分化导致的不平等深恶痛绝；与此同时，对于社会主义，一方面青睐其对经济平等的实践，另一方面则对其采取阶级斗争的残忍手段表示不满。

在此情形下，拉斯基“既捍卫资本主义的自由，又采纳社会主义的平等”的学说自然得到民国自由主义知识分子的青睐。

除了受中国传统文化影响之外，民国知识分子之所以偏爱拉斯基，恐怕还与拉斯基对中国的态度有关。

当时，中国积贫积弱，中国留学生在国外常遭歧视，在中日战争中，英国的保守党多同情日本，而不少工党则对中国抗战表示同情。据 1930 年代曾在伦敦政治经济学院读书的蒋硕杰回忆：

> 那时候在外国念书一直不痛快，外国人都把中国人当作劣等民族，……所以对于中日战争英国人同情日本的相当多，同情中国的多半是工党、共产党，所以自自然然把中国人都赶到共产党那边去了。①

而作为英国工党的领袖之一，哈罗德·拉斯基是同情中国抗战、反对日本的。据金斯利·马丁的《拉斯基评传》介绍：

> 由他（哈罗德·拉斯基）任副主席的中国运动委员会组

---

① 陈慈玉，莫寄屏访问. 蒋硕杰先生访问纪录[M]. 台北：“中央”研究院近代史研究所，1992：18—19.

> 织了一次规模相当大的抵制日本的运动，举行了群众集会，哈罗德到会讲了话；组织了抵制日本的游行，……他们高举旗帜，要求支持正在拒绝装载货物去日本的码头工人。他们的口号之一是："日本给英国獐的玩具，就是日本给中国獐的炸弹。"①

由此，相较于一些保守党的英国学者，具有爱国精神的留英学生，对同情中国的拉斯基，会倍感亲切吧。

---

① 金斯利·马丁.《拉斯基评传》[M]. 北京：商务印书馆，1995：136—137.

关于胡适的两则新史料

一、胡适给杭立武的一封信

笔者偶然从雅昌艺术拍卖网上发现一封胡适写给杭立武的书信。这封信是上海道明有限公司拍卖的。经查，这封信①并没有编入《胡适全集》，胡适的其他文集中也未见收入，而这封信对于我们理解胡适与胡思杜的父子关系很有帮助。胡适的字娟娟可喜，非常好认，兹抄录如下：

立武吾兄：

前在会场中，承见面告小儿思杜护照满期，之迈兄有电问我应否叫他回国。当时我匆匆未及索阅原电文，即说应令他回国。

昨回校后始见尊函附来去两电，始知之迈原电说小儿请求回国旅费，我很诧异。当我 1942 年下任时，政府已付我与两儿旅费，共三份，每人两千余元，我即将两儿的旅费购买美国战时公债，各用两儿本身名义。思杜的一份，已于我回国前托人转交给他了。他已领过旅费，不应再请求回国旅费。此儿甚不安分，或曾向之迈诡辞请求，以至之迈有此电。

① 胡适. 致杭立武信札[EB/OL]. http://auction. artron. net/paimai—art51040316/.

此事使我甚不安。如当可挽回，乞兄告之迈勿付款。如已付款，乞告他托妥人将款取回。我已函告纽约友人将此儿遣送回国，绝不敢冒领公家第二次旅费。

此事竟致烦劳吾兄，十分感愧！此儿在学校成绩甚不佳，故我在八月廿七日曾由沪去电叫他回国，万不料他会向之迈出此"花头"，匆匆奉陈，敬谢厚谊，并祝大安。

弟胡适敬上　卅六，九，八。

胡适的这封信写于 1947 年，收信人杭立武当时是国民政府教育部常务次长。从信的内容来看，胡适写这封信的目的，主要是为了阻止他的儿子胡思杜冒领国家的回国旅费。他发现，胡思杜通过自己的老朋友陈之迈骗取了国家的回国旅费，这是他绝对不能忍受的，所以他特地写这封信向杭立武说明事实真相。

关于胡思杜乱花钱的毛病，晚年胡适在台湾的时候也曾提及。1961 年 5 月 14 日，胡适对秘书胡颂平说：

1946 年坐船由美国回来的途中。那天是 6 月 8 日，是美国的父亲节，我想起我的第二个儿子思杜，我打一个电报给他。父亲节，儿子没有电报给我，倒由我打电报给他，他在印第安那大学读书的。谁知他这个学期根本没有上课，他把我汇给他的钱全部跑马跑光了，还欠了一身的债。结果为了两张支票的事，险些儿被警察找去了，后来由我的一位朋友把他救出来。他的两个衣袋里全是当票，一张是我给他的一架打字机的当票。①

① 胡颂平编. 胡适之先生晚年谈话录[M]. 北京：新星出版社，2006：157.

1948年，回国之后的胡思杜，跟胡适的关系不太愉快。据傅斯年回忆：

> （胡思杜）遂于三十七年夏由在美朋友送其回国。以后彼在北平家中，似不甚愉快，然适之先生对之仍保持其一向对人之涵养，并托毛子水先生管教。①

之所以不太愉快，是因为胡思杜原本可以凭借父亲的名头去山东大学任教，而自己的父亲却坚决不让他去。据邓广铭回忆，胡思杜回到北平后，有很多人给他介绍工作，或请他到大学任教，其中山东大学历史系最为积极，但被胡适拒绝。

胡思杜在美国读的就是历史系，山东大学历史系邀请胡思杜去教历史，胡思杜自然非常乐意。然而，对这件事，胡适却坚决不同意。

在胡适看来，如果说此前胡思杜是利用他跟陈之迈的关系来骗取回国旅费的话，那么，这一次，胡思杜恰恰也是利用他的社会声望去获得山东大学的教职。这也是胡适所不能接受的。

对胡思杜，胡适要求他去北京大学图书馆工作，当时北京大学图书馆馆长就是毛子水，这也就是傅斯年所说的“托毛子水先生管教”。对自己这个儿子，胡适其实早已安排。1944年7月1日，在写给赵元任的信中，胡适写道：

> 小三（指胡思杜）七月六日就上课了。我叫他选一科爱读的历史课，用全力去试试看，余力去学写中国楷书，预备

---

① 胡颂平编著.胡适之先生年谱长编初稿第六册[M].台北：联经出版公司，1984：2150.

替我做抄手。

他这学期五门课，四门全不及格。大概“正途出身”，他是没有希望了！①

在胡适看来，大学都不能毕业的胡思杜当然不能去大学历史系教书，胡适希望自己的儿子在图书馆工作一段时间之后，在熟悉各种古籍图书的基础上，成为自己学术研究的助手。胡适对胡思杜的这种规划可能引起了胡思杜的一些想法，父子之间关系不太和谐，显得有些微妙。

胡适与胡思杜在这件事上的矛盾，不禁让人想起胡适与罗尔纲之间的一段插曲。众所周知，罗尔纲是胡适一手带起来的学生。1936 年，清华大学历史系教授蒋廷黻书生从政之后，打算邀请罗尔纲去清华代他教书。得到这样绝好的机会，罗尔纲大喜过望。然而，出乎罗尔纲意料之外的是胡适的态度，胡适坚决反对罗尔纲去清华教书。胡适的这一态度让罗尔纲很不了解，曾有很长一段时间，心存芥蒂的罗尔纲不再去胡适家问学请教了。后来罗尔纲去向胡适辞行，知道罗尔纲心里不痛快的胡适向他解释了原因，胡适说道：

尔纲你生气了，不上我家，你要知道，我不让你到清华去，为的是替你着想，中国近代史包含的部分很广，你现在只研究了太平天国一部分，如何去教人？何况蒋廷黻先生

① 耿云志，欧阳哲生整理. 胡适全集第二十五卷[M]. 合肥：安徽教育出版社，2003：103.

是个名教授，你初出教书如何就接到他的手？①

听了胡适的解释之后，罗尔纲才最终释怀，两人的这段小矛盾也由此化解。

1948年，胡适与胡思杜的小矛盾，可能正是胡适与罗尔纲类似矛盾的重演。最后，需要指出的是，可能恰恰由于父子之间的不太和谐，胡思杜没有跟随胡适夫妇离开，而是选择了留下。

二、胡适演讲《东西之文化》

2013年10月中旬，杨林森先生在《长春晚报》上发表了一篇题为《胡适先生1926年在长春自强学校的演讲》的文章，发现并整理出了胡适1926年7月19日在长春的一篇题为《东西之文化》的演讲。这篇演讲，以前并没有人注意到，这应该算是新发现的一则关于胡适的重要史料了。

当时，胡适做完这次演讲不久，就从长春前往苏俄参观，而在参观苏俄的时候，胡适在思想上有了很大波动，因此，这篇演讲对于我们研究胡适思想的变迁很有意义。为方便阐述起见，兹将全文转录如下：

东西之文化

东西之文化这题很泛，不易讲起，今天我要说的是：东方文化好呢？或是西方文化好呢？吾们看东方的文化，注重精神，所谓精神文明，也很高妙。西方的文化，注重物质，所谓物质文明，也极澎湃。但我们是保守东方文化呢？或

① 罗尔纲．师门五年记·胡适琐记[M]．北京：生活·读书·新知三联书店，2012：69.

是尊重西方文化呢？这是我今天要讲的。因为这是人生向前的标准，没有把此事认清，向前努力的方针不能确定，所以我要开诚布公，和诸位讨论，分以下的几层说法：

（一）什么是文明？

文明是一个民族，对于环境种种应付的总括的事情总和起来说。

（二）什么是文化？

文化是一种文明受环境影响后，所得的生活方式。

（三）精神文明与物质文明

我认为精神文明和物质文明，不能分开，不可偏重，没有高下，例如一个茶杯，它的实质是属物质，制造时的思力作法是属精神，所以二者是并进者，没有优劣。

（四）什么是唯物的？

所谓唯物的，是只知肉体上的享受，不顾精神上的要求和安慰。现在世人多认西洋文明是这样，但究竟西洋文明是这样吗？我敢武断地说不是！

（五）究竟东西文明孰优？

究竟东西的文化孰优？在讨论这个问题以先，吾们当知道真正的西洋文明，确不是一般人所谓只知肉体，忘却精神的，西洋人崇拜物质是无可讳言的，不过西洋人所以看人生应有物质的享受，是因有三个基本观念：

1. 人类的目的是求幸福。

2. 因为人类的目的是求幸福，所以贫困是罪恶。

3. 因为人类的目的是求幸福，所以疾病是罪恶。

有这样三个基本观念，才造成现在的西洋文明，因为要避去贫困和疾病，所以才想法子去研究科学，去发明物质，西洋文明注重物质是不错的，但是究竟西洋文明，没有精神上的安慰吗？不能应心灵上的要求吗？依我看来，西洋文明是能够安慰精神的，能应心灵上的要求的。吾们想精神的要求是什么？不外理智、感情、想象三种。小孩子生下来，就有求理智的好奇心，他不能得着明白，他的情感上，不能安慰。东方的圣人，教人不去思考，物来顺应，吾们求不得，只有不去求，实在背谬人的本性，所以愈不求，愈得到安慰。西洋的圣人，看环境种种，由怀疑而采求，得一真理，即得一安慰，真理无穷，安慰也无穷，所以能征服自然，改造环境。这样看西洋文明是否只满足肉体，而忘掉精神？东方文明，是否果能得着精神上的安慰，或者自欺欺人？

吾们知道现在的西洋文明，有很高的新宗教新道德，即是：

1. 理智化的新宗教道德。

2. 人化的新宗教道德。

3. 社会的新宗教道德。

什么叫理智化的新宗教道德呢？信仰由于怀疑，吾们所怀疑的得找出真理上的证据，吾们方能真信仰。理智化的即是能给吾们真理上的保障。什么是人化的呢？例如古人对雷电恐怖，现代科学发明，得其真理不但不恐怖，反要利用它，可见人是万能的，吾们有一颗头两只手，吾们可以和自然抗争，古来人所不能的，都归于神，现在要把神所能的，做出在人的身上，要在人间找上帝，这是叫人化的。什么是社会化的呢？东方圣人，只知求理于个人的心，不伸头看看社会，所以没有社会运动种种，结果同胞的最大多数的幸福竟忽略了。而对付外界的能力，因之减灭，西洋则不然，所以有妇女、人权、劳工种种运动，以最大多数的幸福为目的，是为社会化。那么东西的文化，哪方面是吾们应走的呢?由此便能晓得了,总而言之,东方圣人,看不起物质生活,要安贫乐道,以自苦为极,结果看外人的贫困疾病而不为苦。但平心而论,人生没有不求幸福的,西洋人知重视自己的幸福,所以东方文化,看似求精神的要求和安慰,而结果永不能得,西方文化看似偏重物质,而结果自能满足精神的要求和安慰,所以吾们应当走西洋文化的方向,然后才能进步,才能得到满足和安慰!①

通观全文,这篇演讲的思想内容与胡适在 1926 年 6 月发表的《我们对于西洋近代文明的态度》相类似。要明白胡适这篇演讲批评的对象,还要追溯到当时的社会思潮。

1920 年代,随着梁漱溟《东西文化及其哲学》的出版以及梁启超《欧游心影录》的发表,一时之间,“西洋文明是物质文明,中国文化是精神文明”的论调风靡一时。而随着“科学”的破产,一种反思西洋文明、提倡中国本位文化的思潮开始回流。对此,五四新文化运动的领袖胡适非常不满。

在这篇演讲中,胡适重点批判了这种论调,并称西洋文明不仅是物质文明,而且也包括精神文明的层面。从这一点出发,他批判的对象是以梁漱溟、梁启超为代表的文化保守主义思潮,并呼吁人们“应当走西洋文化的方向,然后才能进步,才能得到满足和安慰!”

除此之外,在演讲中,胡适重点提到了社会的新宗教道德的问题。所谓“社会的新宗教道德”,在胡适看来,也就是人类不仅要关注个人的幸福,更要关注“最大多数人的最大幸福”。通过这一

① 杨林森整理. 胡适先生 1926 年在长春自强学校的演讲[EB/OL]. http://ccwb.1news.cc/html/2013-10/14/content_340239.htm.

术语，我们似乎可以看出，此时的胡适，青睐的是以边沁为代表的带有功利主义色彩的自由主义思想。

需要指出的是，边沁的"功利主义"，带有很浓厚的社会主义色彩，并且有不尊重"私有财产"的倾向。英国思想家霍布豪斯在《自由主义》一书中曾批评边沁的"功利主义"，他写道：

> 如果社会发现某些财产只对个人有利，而对共同利益不利，那就有正当理由没收这些财产，同时保护其他根据对共同利益的影响来判断是合理的财产。社会不受个人的"不可侵犯"的权利的限制。社会可随心所欲地对待个人，只要它以集体的利益为出发点。就权利问题而言，边沁主义的原则可被认为是绝对社会主义或甚至极权主义的。①

巧合的是，受边沁影响，当时的胡适似乎对私有财产也并不太重视，在《我们对于西洋近代文明的态度》一文中，甚至还认为："国家可以征收极重的所得税和遗产税，财产久已不许完全私有了。"②

从胡适反对"私有财产"这一角度出发，此时的胡适，似乎有了偏离自由主义的思想倾向。在自由主义的经典文献洛克的《政府论》中，洛克就将自由的基石建立在"人的私有财产神圣不可侵犯"这一基础之上，而政府的主要职责之一就是保护个人的私有财产。在洛克看来，文明社会的核心之一就是保护人的私有财产，如果没有经济上的自由与独立，一个人就不可能得到真正的自由。而此时的胡适，竟然反对"人的私有财产"。

---

① [英] 霍布豪斯. 自由主义[M]. 北京：商务印书馆，1996：32—33.

② 止庵选编. 胡适论社会[M]. 合肥：安徽教育出版社，2007：85.

可以证明此时胡适思想左倾的证据是他对宗教的看法。1926年，苏俄只是胡适的中转站，他最终的目的地是英国。当时，他是中英庚子赔款委员会的委员，他此行的主要目的就是前往英国参加中英庚子赔款委员会的会议。在前往苏俄的火车中，陪同胡适的还有中英庚子赔款委员会的英国委员苏慧廉。据苏慧廉的女儿谢福芸回忆，在去往苏俄的火车上，她与胡适交流了彼此对宗教的看法。此时的胡适，不断强调“宗教是人民的鸦片”这一观点。①

众所周知，“宗教是人民的鸦片”这句话是马克思的名言，由此可以看出，在宗教观上，胡适是认同马克思的。与此同时，对于当时英美国家所宣传的苏俄“红色恐怖”，在跟谢福芸交流时，胡适认为俄国的“红色恐怖”被严重夸大了。②

由此可以看出，其实胡适并不是去苏俄之后才左倾的。他在国内期间，其思想已经开始左倾，苏俄之行只是加固了他的这一倾向而已。

胡适的这一思想倾向，直到1950年代读到哈耶克的《到奴役之路》之后，才有了反思。1954年3月5日，胡适在《自由中国》半月刊社的茶会上做了《从〈到奴役之路〉说起》的演讲。演讲中，胡适公开忏悔说：

> 在民国十五年六月的讲辞中，我说：“十八世纪的新宗教信条是自由、平等、博爱。十九世纪中叶以后的新宗教信条是社会主义。”当时讲了许多话申述这个主张。现在想起，应该有个公开忏悔。不过我今天对诸位忏悔的，是我在那时与许多知识分子所同犯的错误；在当时，一班知识分子

---

① 沈迦. 寻找苏慧廉[M]. 北京：新星出版社，2013：413.

② 沈迦. 寻找苏慧廉[M]. 北京：新星出版社，2013：416.

总以为社会主义这个潮流当然是将来的一个趋势。我自己现在引述自己的证据来作忏悔。诸位如果愿意看我当初错误的见解，可以翻阅《胡适文存》第三集第一篇，题目是《我们对于西洋近代文明的态度》。①

从1926年胡适在长春自强学校的演讲到1954年在《自由中国》社的演讲，我们似乎可以看出胡适思想的内在变迁。

① 胡颂平编著.胡适之先生年谱长编初稿第七册[M].台北:联经出版公司,1984:2375.